国家社科基金后期资助项目
出版说明

后期资助项目是国家社科基金设立的一类重要项目，旨在鼓励广大社科研究者潜心治学，支持基础研究多出优秀成果。它是经过严格评审，从接近完成的科研成果中遴选立项的。为扩大后期资助项目的影响，更好地推动学术发展，促进成果转化，全国哲学社会科学工作办公室按照“统一设计、统一标识、统一版式、形成系列”的总体要求，组织出版国家社科基金后期资助项目成果。

全国哲学社会科学工作办公室

国家社科基金
GUOJIA SHEKE JIJIN HOUQI ZIZHU XIANGMU
后期资助项目

法律漏洞及其填补研究

A Study of Legal Loopholes and the Methods of Their Filling

曹磊 著

法律出版社
LAW PRESS · CHINA
——北京——

图书在版编目(CIP)数据

法律漏洞及其填补研究 / 曹磊著. -- 北京 : 法律出版社, 2024
ISBN 978-7-5197-6731-0

Ⅰ. ①法… Ⅱ. ①曹… Ⅲ. ①法律-研究-中国 Ⅳ. ①D920.4

中国版本图书馆 CIP 数据核字(2022)第 077022 号

法律漏洞及其填补研究
FALÜ LOUDONG JI QI TIANBU YANJIU

曹 磊 著

策划编辑 朱 峰
责任编辑 朱 峰 苗 婕
装帧设计 李 瞻

出版发行 法律出版社
编辑统筹 辞书·融出版编辑部
责任校对 李慧艳
责任印制 吕亚莉
经　　销 新华书店
开本 710 毫米×1000 毫米 1/16
印张 14 **字数** 260 千
版本 2024 年 1 月第 1 版
印次 2024 年 1 月第 1 次印刷
印刷 天津嘉恒印务有限公司

地址:北京市丰台区莲花池西里 7 号(100073)
网址:www.lawpress.com.cn
投稿邮箱:info@lawpress.com.cn
举报盗版邮箱:jbwq@lawpress.com.cn
销售电话:010-83938349
客服电话:010-83938350
咨询电话:010-63939796

书号:ISBN 978-7-5197-6731-0
定价:68.00 元

基金项目
国家社会科学基金后期资助项目，项目批准号：21FFXB058

序言　逻辑嵌入法律的方法探寻

今年恰逢我从教40年。从教以来,我见证了一拨又一拨学生的成长,欣喜地看到很多学生成功走上法律方法研究的道路,曹磊就是其中之一。他自兰州大学硕士毕业后,通过选调进入法院工作,积累了丰富的审判经验。工作过程中,他考取了山东大学法理学专业法律解释方向博士研究生,成为我的弟子,开始对疑难案件的裁判进行系统的方法论研究,并取得了超乎预期的成绩。他在核心期刊发表学术论文30余篇,并先后获批了山东省社科基金课题、司法部项目和国家社科基金课题,作为“业余”的法律方法学者,实在太不“业余”。

多年来,无论是从期刊发表论文数量还是从国家级、省部级课题立项数量来看,学界对于法律方法的关注度日益升温,研究的广度和深度日益拓展。法律方法研究的热潮似乎已经到来。法律方法学者最大的困惑是如何将理论贴近实践,最大的追求是使研究成果得以在实务中运用。为此,法律方法研究的大门始终向法官、检察官、律师等实务界人士敞开,热烈欢迎实务界人士参与到相关学术研讨中来。从公开的庭审和案例中可以看到,越来越多的法官自觉运用法律方法指导案件审理、深化裁判文书说理,很多学者自觉从司法实践中寻找理论话题并生产优秀成果,基于指导性案例、同类案例的实证分析越来越多地见诸论文和著作中,其中法律漏洞理论是法律方法论研究切入司法实践的重要突破口。

法律漏洞的概念在中国传播已百年有余,但这一概念一直未获得充分的肯定和重视,相关研究亦多是介绍性的理论移植,因此至今尚未形成系统的具有中国特色的理论。同时,法律漏洞研究需要扎实的逻辑学和法理学功底。所以,当曹磊准备把法律漏洞当成博士学位论文选题时,我多少有些担忧。然而从最终研究成果看,结合中国司法实践的研究对他而言不仅不是一个难题,反而是一个特色和优势。因为他“天然”拥有的法官角色优势,为其研究找到了最佳切入点和契合其知识结构的研究范式。他能够用中国司法案例阐释法律漏洞理论方法,并在多个方面有所创新,实属难能可贵。现在看来,我的担忧大抵可以消除了。

本书围绕法律漏洞的重点和热点展开了富有成效的全面研究。内容主要包括:(1)中外法律漏洞基础理论研究述评;(2)法律漏洞填补的功能定位;(3)法律漏洞的成因、特征及其表现形式;(4)法律漏洞分类的反思与新分类;(5)法律漏洞的司法识别;(6)法律漏洞填补与其他推理方法比较;(7)法律漏洞填补方法及其适用;(8)法律漏洞填补应当遵循的原则以及应受到的约束;(9)超越法官、法院权限边界的纠纷处理与应对。基于法律方法研究视角,本书有以下三个方面的特色:

第一,立足法官视角,由内向外探索法律方法司法应用。随着中国法治的发展,法学研究逐渐从立法中心主义转向司法中心主义。前者主要体现为以价值法学为代表的法理学研究和以立法、修法建议为特点的部门法研究,后者则主要体现为以法律方法研究为代表的法理学研究和以法教义学为代表的部门法研究。如果将面向司法的法学研究称为"第二人称"视角,曹磊则深入司法审判一线,以内在参与者的"第一人称"视角观察法律漏洞、填补法律漏洞,为学界揭示了司法实践中的真问题以及真解决方案。虽然众多学者也是基于法官的立场研究法律方法,但由于职业定位所限,学者还不能真正作为法官深度直接参与个案裁判,尤其是疑难案件裁判的全过程。从这个意义上来说,他所具备的内在观察者视角带有不可替代的独有价值。在从事法律漏洞研究时,他以处理疑难案件为目标,体现了司法应有的克制性和问题导向的实用性,没有动辄展示骄傲的姿态或运用可能引起立法者不快的方法,其态度是克制且具备实践智慧的,这在"法律漏洞填补"的称谓及规范法律漏洞填补操作的具体措施等方面体现得尤为明显。

第二,致力学术梳理,与时俱进丰富法律方法理论体系。法律、法学是中国法治现代化的组成部分。在探寻现代法律方法的研究中,本书立足于中国社会和法律制度,以最大程度贴近司法实践为追求,努力将法律方法理论与中国司法制度、现行法律规定相结合,促进法律方法理论、法律漏洞填补理论的本土化,以期形成有关法律漏洞的中国理论。通过书中法律漏洞问题研究综述可以看出,作者对该研究领域中外学者及其观点如数家珍,能以现有理论为基础展开探索性研究,同时不忘以鲜活案例助力说理的展开和理论的推进。这增强了理论思考回应现实问题的能力,使理论得到实践的检验,进一步树立理论自信。本书将典型案例中的裁判方法与法学理论进行密切勾连,揭示中国法治建设的实践特色和理论逻辑,丰富了适应中国国情和法治语境的法律方法理论。研究成果有助于提升法官在司法实践中对于法律漏洞问题思考的理论自觉,提供法律漏洞识别及填补方法选择的方法论指引,提高疑难案件裁判结论的正当性和统一性,增强人民群众对司法的信心,促进中国特色社会主义法治理论的创新发展。

第三,贴合中国国情,就地取材展示法律方法本土价值。法律方法研究中有很多经典案例,但是被讨论的经典案例以国外居多。虽然这是法律方法引介到中国的必经阶段,但要发挥法律方法对中国法治实践的重要作用,以中国本土司法案例作为研究素材是不可或缺的,也是拉近法律方法论与司法实务工作者之间距离的必要手段。更重要的是,要对起源域外的法律方法论进行本土化改造和完善,本土司法案例是优秀素材和检验标准,因为这些司法案例的发生、发展、裁判和社会影响,都独立于域外的既有理论,体现了中国司法实践的内在规律。本书全部以国内近年来的鲜活真实案例为分析样本,深入剖析"北雁云依案""三联彩石山庄司法处置案"等数十个典型疑难案例,丰富了法律方法研究领域的中国案例库。这种贴合现实的研究方法在抽象与具体间拓宽了法律方法的学习大门,有助于吸引更多年轻学子加入法律方法的研究队伍。

回望曹磊攻读博士到今天的十年,他已经从一名"车轮上的学生"①成长为"法官中的学者",这让我由衷地感到高兴。他有意识地将法律方法运用于司法审判工作,他所荣获的多项"全国法院百篇优秀裁判文书""全国法院优秀案例分析"等荣誉也印证了法律方法理论之于司法实务的非凡价值。这对我们从事法律方法研究的学者而言,也是一种肯定和鼓励。本书立基于我国国情和法律制度实际,在总结本土司法经验的基础上,结合本土案例,凝练出司法实践中的真问题进行研究,由此贡献当代中国司法实践的第一手资料,改变法律方法论尤其是法律漏洞理论偏好于理论进阶的研究范式,契合了法律方法实用研究转向的现实需求。据不完全统计,本书是国内第一本以法律漏洞为研究主题的专著,再次填补了一项"漏洞"。作为导师,我相信这本书对于理论和实务都有重要的参阅价值,因此郑重向读者推荐,也请读者提出批评,鞭策曹磊和他热爱的学术进一步成长。

是为序。

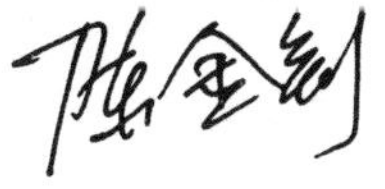

2023 年 12 月 16 日于华东政法大学

① 曹磊进入山大攻读博士时,我已经调任华东政法大学,除了电话、邮件和微信等方式,我对他的指导主要是在共同出行的途中和学术会议上。

前　言

一、论题的提出

（一）法律必然存在漏洞的现实

法律是人们为规范社会生活而设计的交往规则，是人类抽象理性的反映。在设计之初，法律被赋予神圣的“控制任务”并寄予重望。随着人类文明的进步和社会经济的发展，法律在社会生活中的地位日趋重要，其自身也在实践中不断地经受检验。在法律漫长的成长过程中，立法者总是极尽所能地去创造一部完美的法典以涵盖世间万事。然而，现实远比理想更丰富，植根于社会生活的司法实践更是千姿百态，不断有出乎意料的纠纷向法律提出挑战。在屡屡的交锋中，社会生活毫不留情地证实，无论在制定之初设计多么周全的法典，无论赋予制定法多么神圣和不容置疑的权威地位，完美法典仅是立法者一厢情愿、可望而不可即的理想。社会生活的复杂性、立法者的有限理性和制定法的局限性等诸多客观因素，导致制定法存在的漏洞不断显现。在法律出现漏洞的情况下，立法者设想的从上面投入事实，在其中适用预先决定的法律规定，然后从下面自动得出结论的推理过程无法顺利进行。[①] 法律存在的这些不圆满使依法裁判与公正裁判之间产生了矛盾和张力，当事人对于遭遇法律漏洞的疑难案件的裁判往往各执己见，对裁判结果通常抱有利己的判断和预期；一旦裁判结果出乎当事人所料，往往会引起当事人对裁判公正性的怀疑。在司法公开日益深入的今天，此类案件很容易成为社会舆论攻击的对象。因此，对遭遇法律漏洞的案件的处理考验着法官的司法能力与裁判智慧，能否妥当地对案件作出可经受检验的裁判，直接影响当事人及社会公众对司法公信力的评价。法律漏洞问题是影响司法权威、制约司法进步且亟待解决的一个重大问题。

（二）法治对法律漏洞填补的反对

法治要求社会各项事务均应依照法律进行治理，法律有着至上的权威

① 参见［德］阿图尔·考夫曼：《法律哲学》，刘幸义等译，台北，五南图书出版股份有限公司 2000 年版，第 55 页。

地位，诸社会主体均应依法行事。权力机关应当依法定权限和程序科学立法；行政机关应当依照法律的授权严格执法；司法机关应当依照法律规定公正裁判；社会民众应当遵守法律规定，不触碰法律的底线，依照法律规定行使权利、履行义务。我国正在努力建成法治国家，对法治的追求实际上即是对人治传统的一种摆脱。“法治反对解释”命题提出者陈金钊教授认为，法治是规则治理的事业，法律解释首先要受到规则的约束，在规则缺失或者不足的地方才出现法官的自由裁量空间。因此，法律解释的首要任务是从法律规则中寻找法律，而不是以解释的名义进行转义解释或者意义的添加与减损。① 法治在司法中的表现即是强调依法裁判，法官作为裁判者，应忠诚地依照法律进行裁判。这意味着法官的权力限制于“法之下”的适用，拒绝法官超越法律进行思考和判断，禁止法官依照个人标准对法律作出限缩或扩张的解释，不得创设新的规则，更不得背离或超越法律进行裁判。法律漏洞填补属于广义的法律解释活动，相较于狭义的法律解释，其具有更大的自由度和更为明显的对规则的逃逸。在某种意义上，传统法治理论不欢迎法官进行法律漏洞补充活动。

（三）裁判对法律漏洞填补的需要

陈金钊教授指出，“不承认制定法存在漏洞或不确定性是愚蠢的，因为从逻辑上讲，一般性的法律与具体的案件之间，必定存在距离与待定的意义，法官的任务就是把一般性的法律变得明确具体”②。法律漏洞问题的存在是一种现实，依法裁判与法律存在漏洞之间的矛盾只可调和而无法消除，在司法实践中法官必须进行漏洞补充的事实是不可否认的。法律漏洞只会在不断产生和填补过程中逐渐演变而不会绝迹。在法治反对解释、反对漏洞补充的浩大声势下，大陆法系国家法官的法律漏洞补充行为处于纠结的境地：“一方面，社会现实的冲击使得法律漏洞经常显现，在个案的司法裁判过程中进行漏洞补充非常必要；另一方面，法官经常没有被明确授予创制新规则的权力，不得不以隐晦或者间接的方式进行实质意义上的漏洞补充。”③事实上，无论大陆法系还是英美法系，关于法律漏洞是否存在的问题都经历了从拒绝承认到明确认可的过程，关于法官填补法律漏洞的

① 参见陈金钊：《法治为什么反对解释？》，载《河南省政法管理干部学院学报》2007 年第 1 期；陈金钊：《法治反对解释的原则》，载《法律科学（西北政法学院学报）》2007 年第 3 期；陈金钊：《反对解释的场景及主体》，载《北方法学》2007 年第 1 期。

② 陈金钊：《法律解释学：权利（权力）的张扬与方法的制约》，中国人民大学出版社 2011 年版，第 76 页。

③ 孙光宁：《漏洞补充的实践运作及其限度——以指导性案例 20 号为分析对象》，载《社会科学》2017 年第 1 期。

权限亦经历了从严格禁止到默许或承认的过程。这是因为法律的功能包括定分止争，分配利益，维护权利、交易和社会秩序等。法律可以通过发挥其指引功能，规范社会主体的日常行为，使经济活动与交易有序进行。在纠纷无法通过和解、协商等自力救济方式予以解决时，当事人将纠纷提交法院解决，此时的法院处于纠纷解决的最后关口，成为当事人依法寻求保护的唯一希望。法官如果绕过法律的漏洞，径行裁定驳回起诉或驳回诉讼请求，虽然符合法律安定性的要求，但这会使需要保护的利益无法获得法律的救济。① 这意味着法官有义务在没有相应法律规定的时候，对属于其管辖范围的待决案件作出判决。这就是最早确立于《法国民法典》第4条并被其后多国制定的民事法典确立的禁止拒绝裁判原则。

二、研究的对象

（一）法律漏洞

国内外学者对法律漏洞所下定义大致相同。德国学者恩吉施（Engisch，1899—1990）、拉伦茨（Larenz，1903—1993）、魏德士（Ruthers，1930—　）认为，法律漏洞是指以整个现行法律秩序为标准的违反计划的非完整性或不圆满性。② 王泽鉴先生认为，法律漏洞是指关于某一个法律问题，法律依其内在目的及规范计划，应有所规定，而未设规定。③ 黄茂荣认为，法律漏洞是指法律体系上之违反计划的不圆满状态。④ 杨仁寿认为，法律漏洞是指法律规范对于应规定之事项，由于立法者之疏忽未预见，或情况变更，致就某一法律事实未设定的法律现象。⑤ 梁慧星认为，法律漏洞是指现行法体系中存在影响法律功能，且违反立法意图之不完全性。⑥ 王利明认为，法律漏洞是指由于立法者未能充分预见待调整的社会，或者未能有效协调与现有法律之间的关系，或者由于社会关系的发展变化超越了立法者立法时预见范围而导致的立法缺陷。⑦ 综合上述观点以及法律漏洞在现实中的样态，本书将法律漏洞定义为：以整个现行法律秩序为标准，制

---

① 参见吴从周：《概念法学、利益法学与价值法学：探索一部民法方法论的演变史》，中国法制出版社2011年版，第291页。

② 参见［德］伯恩·魏德士：《法理学》，丁晓春、吴越译，法律出版社2013年版，第347页；［德］卡尔·拉伦茨：《法学方法论》，陈爱娥译，商务印书馆2003年版，第251页；［德］卡尔·恩吉施：《法律思维导论》，郑永流译，法律出版社2014年版，第168页。

③ 参见王泽鉴：《法律思维与民法实例》，中国政法大学出版社2001年版，第251页。

④ 参见黄茂荣：《法学方法与现代民法》，法律出版社2007年版，第377页。

⑤ 参见杨仁寿：《法学方法论》，中国政法大学出版社2013年版，第191页。

⑥ 参见梁慧星：《民法解释学》，法律出版社2015年版，第253页。

⑦ 参见王利明：《法学方法论》，中国人民大学出版社2012年版，第426页。

定法所出现的违反立法计划的、应当但未能或难以妥当计划的不圆满性。

本书所研究的法律漏洞限于制定法漏洞，而非法漏洞。依照目前法律规定，最高人民法院作出的司法解释并非制定法。但有学者认为，司法解释相当于全国人大对最高人民法院的授权立法，它具有普遍的拘束力，实际上已经获得了“准法律渊源”的地位。[①] 甚至有学者指出，鉴于司法解释非同一般的裁判依据地位及其在司法实践中的重要性，对于相当一部分法官而言，司法解释的效力与全国人大及其常委会制定的法律效力并无二致。[②]《最高人民法院关于司法解释工作的规定》（法发〔2007〕12 号，以下简称《司法解释工作规定》）明确司法解释具有法律效力，人民法院在作为裁判依据时，应当在裁判文书中援引。鉴于司法解释在理论层面上获得的认可和审判实践中的重要地位，本书将其视为制定法的组成部分对待。

（二）法律漏洞填补

不同法制背景形成的不同法律语境和翻译过程中的语义流变，造成漏洞补充、法律续造、法官造法三个容易引起混淆和误解的概念，在进入正式研究之前，有必要对其进行比较和区分。漏洞补充，是指法官在司法过程中对法律漏洞进行填补的行为，在德国被称为法律续造（rechtsfortbildung）。拉伦茨以法官对法的续造行为是否超越法律计划为标准，将法律续造分为法律内的法的续造以及超越法律的法的续造。[③] 在英美法系国家，漏洞补充（loophole filling）与法官造法（judge-made law）的含义并无区别，因英美法系判例法，所以法官造法不存在是否超越立法计划这一界限。[④] 申言之，法律续造和法官造法均指法官在面临法律漏洞或法律空白时，为完成个案裁判而进行的规则创设活动，其在用法上的区别在于法系的不同。在大陆法系，判例尚不具有如同英美法系一样的地位和效力，法官在个案中进行漏洞补充时所创设的规则，原则上不会对其他案件产生影响，效力仅限于个案，故将规则创设的漏洞补充称为法律续造更接近该行为的本质属性。而英美法系之所以称为法官造法，是因为英美法系为判例法，法律主要由法院判决创造，法官创设规则的个案判决即使不作为先例，

① 参见范愉：《法律解释的理论与实践》，载《金陵法律评论》2003 年第 2 期。

② 参见种林：《最高法院司法解释：中法比较研究》，载陈金钊、谢晖主编：《法律方法》第 16 卷，山东人民出版社 2014 年版，第 171 页。

③ 参见［德］卡尔·拉伦茨：《法学方法论》，陈爱娥译，商务印书馆 2003 年版，第 246 页。

④ 参见［美］罗斯科·庞德：《普通法的精神》，唐前宏等译，法律出版社 2010 年版，第 101 页；［美］本杰明·卡多佐：《司法过程的性质》，苏力译，商务印书馆 1998 年版，第 4、89 页；林立：《法学方法论与德沃金》，中国政法大学出版社 2002 年版，第 5 页。

亦会对其他同类案件产生一定的拘束力。杨仁寿先生认为,漏洞补充,一言以蔽之,实即“法官造法”,此在英美法系国家殆视为当然,在大陆法系国家,其判例的效力虽不若英美法系国家所具权威,唯无可否认,其亦具造法的功能。法律漏洞补充填补了法律空白或漏洞之处,而填补漏洞所使用的“材料”如果是新创造出来的,那么这种行为是一种造法的尝试。[①] 我国在概念移植时,对应不同法系分别使用了“漏洞补充”和“法官造法”两个概念。我国学者在使用上述概念时,多将“漏洞补充”的含义等同于德国法上“法律内的法的续造”,“法官造法”等同于德国法上“超越法律的法的续造”和“违背法律的法律续造”。当然,不同学者对概念的理解不同,其所界定概念的内涵与外延亦有所不同。[②] 本书所使用的漏洞补充(漏洞填补)采广义的概念,基本等同于德国法上的法律续造,但不包括不正当性的“违背法律的法律续造”。

三、研究的立场

(一)注重实践面向

脱离司法实践的法律方法研究,必将导致研究的哲学化和思辨化倾向,使法律方法论成为置之高阁的秘密绝学。笔者以“法官运用法律解释方法情况”为主题进行问卷调查,其中关于“法官对法律方法的种类及如何适用熟悉程度”的问题,回答“非常熟悉”的占 8.2%,回答“熟悉”的占 56.3%,回答“有所了解”的占 33.2%,回答“很不熟悉”的占 2.3%。[③] 可见,很多法官对于疑难案件的处理尚处于经验与法感主导的初级阶段,缺乏系统的法律方法理论知识的指导,这不利于疑难案件的解决。法官对于法律解释方法、法律论证、法律修辞、漏洞补充等方法的认知非常模糊,以这些关键词在中国裁判文书网进行检索,可以检索到的案例寥寥无几。当然,这与当前法学专业缺少法律方法的课程设置以及复杂的法官队伍构成等因素密不可分。但最为重要的原因是,法律方法虽然是法官不可或缺的

---

① 参见杨仁寿:《法学方法论》,中国政法大学出版社 2013 年版,第 191 页;黄茂荣:《法学方法与现代民法》,法律出版社 2007 年版,第 447 页;梁慧星:《裁判的方法》,法律出版社 2012 年版,第 63 页。

② 特别是,“违背法律的法律续造”有两种情况:一种是规则适用严重违反正义出现本书中所谓的“规则悖反”漏洞,此时,法官对法律拒绝适用,属于对法律漏洞的补充;另一种是法律在客观上并未出现“规则悖反”漏洞,但法官认为法律出现应当拒绝适用的情形而选择对法律的背离。

③ 参见曹磊、宋保振:《法官运用法律解释方法的实证分析》,载陈金钊、谢晖主编:《法律方法》第 20 卷,山东人民出版社 2016 年版,第 108~109 页。

本领，但它是一套非常复杂的技艺，想要透彻地掌握并娴熟地运用绝非易事。正如卓泽渊教授在为魏德士教授《法理学》一书译本所作序言中所言，"对于法律适用方法、法律推理方法、法律解释方法、法律漏洞补充、法官对于法律的背离的研究，是远离实践的法理学家所无能为力的，也同样是一个纯技术的法律工作者所无能为力的"。[1] 陈林林教授亦指出，"需要进行填补的法律漏洞多半是在司法过程中发现的。惟有对法官司法过程的探寻和研究，才能全面而客观地展示法律的真实面貌"。[2] 法律方法既不能单纯搞"阳春白雪"脱离司法实践的理论研究，亦不能离开理论而纯粹从司法实践中摸索总结。只有促进法律方法研究转向实践，走形而下的路线，消解法学理论与司法实践各行其是的冷漠，将理论研究所总结出的各种经验与智慧运用到司法实践中解决现实问题，方可真正发挥法律方法实践性、应用性和工具性的论理优势，为法律方法的进一步发展注入新动力。面向司法实践结合具体案例探讨法律方法在裁判过程中的运用，与案件本身发生交流，能使法律方法从"纸面上的法"转向"行动中的法"，更是法律方法摒除"屠龙术"谣言的唯一选择，必然会成为未来法律方法研究的主要方向。因此，构建适合中国司法实践的法律漏洞认定及补充理论体系，是本书的重要目的。

（二）关注本土问题

我国现有法律漏洞理论成果，大多是对德、日、英、美等国理论的学习和移植，特别是现有的理论体系很多是在对西方的模仿中成长起来的。"淮南为橘，淮北为枳。"法律方法理论移植产生了两个明显的排异问题：一个是关于概念的理解与运用。理论研究中所使用的概念大多是翻译过来的，很少能与国内既有概念进行对应，这导致了研究中对同一概念有不同指称内容，或者同一内涵概念使用不同表述方式等概念模糊、误用、混用等情形。造成的危害后果是，不同学术背景和领域的研究者之间就同一问题探讨时的对话障碍，经常会出现不在同一个频道上沟通的情况。另一个是关于案例的方法论解析。国内现有的法律方法、法律漏洞理论研究，研究者所使用的大多仍然是西方法学方法研究中频繁使用的案例，比如美国的帕尔默案、美国的"西红柿是水果还是蔬菜案"、德国的"硫酸是否是武器案"、日本"窃电案"等，对这些法律人耳熟能详的经典案件进行解读，当然有助于法律方法理论的研习。但这些案件所依托的法律制度、法律规定

---

① ［德］伯恩·魏德士：《法理学》，丁晓春、吴越译，法律出版社 2013 年版，导读第 9 页。

② 陈林林：《裁判的进路与方法——司法论证理论导论》，中国政法大学出版社 2007 年版，第 100 页。

与中国大相径庭，很多案例发生于多年以前，法律制度和司法理念已时过境迁，与当前不可同日而语。通过对这些案例的研判实现与中国当前本土案例之间的借鉴与联结，难免产生隔靴搔痒、削足适履的尴尬。为最大程度上消除理论移植时产生的水土不服，提升研究成果的可接受性，本书全部选用国内近年来真实案例作为分析样本，书中结合法律漏洞主题进行深入讨论的案例有 30 余件，涉及的案例更是有近百件之多。本书以最大限度贴近本土真实司法实践为追求，努力将法律方法理论与中国司法制度、现行法律规定相结合，促进法律方法理论、漏洞填补理论的本土化。

四、本书的贡献

（一）理论上的贡献

法律漏洞及其填补是法律方法的重要组成部分，但相较于法律解释、法律修辞、法律论证、利益衡量等方法而言，其适用范围非常有限——仅限于出现法律漏洞的案件，不像其他法律方法一样基本可以适用于所有案件。这是少有学者将法律漏洞理论作为独立的法律方法进行系统研究的主要原因，当然并非唯一原因。现有研究或将法律漏洞视为广义的法律解释在法律解释学著作中进行介绍，或是作为与法律解释并列的方法在法律方法论著中专章进行介绍。国内尚未出版关于法律漏洞理论方面的专著。本书对国内外法律漏洞及其补充理论进行了全面系统的梳理，并立基于我国国情和法律体系实际，结合本土案例，形成了具有显著实践特色的理论体系。笔者以法律必然存在漏洞作为逻辑起点，分析了法官进行法律漏洞补充的价值，重点研究了法律漏洞的类型、法律漏洞的识别、漏洞填补方法的种类、漏洞填补操作应当遵循的原则、漏洞填补方法选择规则以及超越法官、法院权限的漏洞和超越法律管辖边界的事项应对等问题。本书主要有以下四点理论创新：一是在法律漏洞的分类上，提出“以规则与事实不调适程度”为标准的分类方式，结合佩岑尼克（Aleksander Peczenik，1937—2005）的法律方法理论将法律漏洞分为规则空缺、规则不周、规则冲突和规则悖反四种漏洞，这种分类在表述上贴近我国法学研究语境，容易理解和接受，同时四分法可以将各种漏洞大致安排在同一体系内。二是在法律漏洞识别方法上，现有研究对此问题关注并不多，除去德国的卡纳里斯（Canaris，1937—2021）写过一篇《法律漏洞之认定》的论文外，很少有学者单独对于该问题进行深入研究，即使以“法律漏洞的认定与补充”为主题的论文，大多也是将精力集中在漏洞的补充部分，目前尚未有此主题的系统深入的研究。笔者用一章的篇幅着力研究了法律漏洞的识别，将四种法律漏洞分为两类,分别设计了不同的识别程序和标准,以供司法实务操作时适用。三是在漏洞补充方法选择上,本书独创性提出了“对应规则”“近距规则”两个规则,前一规则可以实现漏洞补充方法与漏洞类型之间的关联,后一规则可以解决多个产生竞争关系的漏洞补充方法之间的优先选择问题。四是在漏洞补充的操作规范上,从案例中发现漏洞补充行为失范的原因,提出法官漏洞补充行为应当在权限范围内行使,同时应当尊重合议组织、最高人民法院和立法机关三种外部权力的约束,并遵循“体系正义”“效力限于个案”“非必要不可创设”“充分说理论证”四个漏洞补充原则,此四原则为本书首创。

(二)经验上的贡献

法律思维主要是运用逻辑的规则思考规范与事实之间的关系,法律思维必须捍卫法律、尊重事实,利用方法、技巧和经验等智慧,在事实与法律之间建立恰当的逻辑判断。依照传统的观点,法律被看作是一系列公理,从中可以演绎出作为推论的法律原则和作为定理的规则,然后把这些规则用到实践中,产生确定的法律后果。这种推理方式建立在这样一种基础之上:已有的法律可以演绎出每个案件的裁决。这是典型的法律思维,是形式逻辑的观点。但是,现实中的案件都有其特殊性,法律必然存在漏洞,这决定了采用纯粹形式逻辑的法律思维会产生谬误。因此,司法过程中应当反对绝对化的形式逻辑,法律思维采用形式逻辑并不排斥同时采用经验或价值判断等其他方式。法律在存有漏洞时,推理大前提出现不圆满,纯粹的形式逻辑很难妥当完成裁判任务。此时,如果借助典型案例中的裁判规则进行同质化的借鉴,实现相似事物相似处理的效果,则可以将此类案件从难以“自圆其说”的泥沼中拯救出来。因此,凝聚法官智慧和经验的司法案例的重要性不言而喻。这并不是说之前的法律方法、法律漏洞理论研究不重视案例的价值,而是未能形成深入的互动性研究。笔者作为一名奋战在审判一线的法官,同时又是法律方法研究领域的一员,在理论研究与审判需求的双重动力之下,对两者进行协调的理念是:勿将两者视为对立关系,而应将其视之如车之两轮、鸟之双翼,使之达成统一,相互助力、彼此成就。本书写作过程中,笔者全力以赴地查阅相关文献资料,与身边经验丰富的同事深入研讨案件,特别是在裁判文书写作时格外重视法律方法在案件中的运用,在符合裁判文书写作规范的前提下,运用能够被当事人接受的法学概念、逻辑和表达方式进行说理论证。在本书的写作过程中,就有多个案件是在这种理念的指引下完成裁判的,这些为数不多但倾尽心力的案件大都作为研究样本,成为本书中引以为傲的重要组成。

目　录 Contents

第一章 法律漏洞研究的现状与展望

随着国家法治水平的进步，法官队伍的业务水平和应对疑难案件的能力明显提升。通过查阅网络上公开的裁判文书可以发现，法官尝试运用法律解释、利益衡量、法律论证、法律推理等法律方法解决推理难题的案件比例明显提升。然而，即使法官实际上运用了漏洞补充方法，也鲜有法官在裁判文书中认定案件存在法律漏洞并对其进行填补。这种低调的裁判姿态和含蓄的裁判策略与遭遇法律漏洞的案件数量较少有直接关联，更与学界对该问题向司法实践提供的知识不足密不可分。梳理学界关于法律漏洞及其补充问题的研究成果，归纳已取得的成绩和仍存在的不足，有助于为该领域开拓性的研究确定方向。

第一节 国内外法律漏洞问题研究综述

20 世纪 90 年代起，法学（法律）方法论研究在国内悄然兴起，以法律解释、利益衡量、法律推理、法律论证、法律修辞为研究主题的译著、著作、论文陆续出版和发表。与上述几种法律方法研究进行得如火如荼形成鲜明对比的是，以法律漏洞为主题的研究一直显得较为清冷。形成这种研究态势无外乎三个方面原因：一是立法者极力避免法律出现漏洞。受德国为代表的潘德克吞（Pandekten）立法体系的影响，我国采用概念、体系、原则、规则的立法模式，意图构建以原则与规则相结合的疏而不漏的法网，尽力排除法律漏洞存在的可能。除非借助法律原则、不确定概念和一般条款，穷尽解释方法仍无法完成涵摄推理，法律不会被轻易认定出现了漏洞。二是司法者未被明确赋予填补法律漏洞的权力。我国在制度层面上拒绝法官超越法律进行思考和价值判断，法官对法律的变通和规则的创设一般不被允许。出于对权力边界的警惕，法官宁愿以解释法律的名义解决疑难问题，也不愿正面应对法律漏洞。三是研究者缺乏对法律漏洞的直观认知。法律漏洞多发现于司法案例中，以学者为主的研究者对法律漏洞鲜有感触，未能认识到法律漏洞问题研究的价值所在，而疲于结案的法官又无暇无力开展研究。总结梳理国内外关于法律漏洞及其补充问题的研究，推进理论成果向司法实践的转化，实为当务之急。法律漏洞是指制定法中的漏洞,相关研究多出自德国、法国、奥地利、日本等成文法国家,尤以德国成果最为卓著。

一、德国关于法律漏洞问题研究的代表性成果

法律方法论研究领域,拉伦茨的《法学方法论》一书以其世界范围内广泛深远的影响力独占鳌头。拉伦茨认为,法学的主要任务是法律解释,法律续造是法律解释的延续阶段。法律解释是法院或法官对于法律的意义进行阐明,不仅指把模糊的含义讲清楚,还包括消除法律的矛盾之处、调整法律的不适当和填补法律的空隙。法律不可避免地必然存在漏洞,法官在法律适用过程中具有填补法律漏洞的权限,因此为法官填补法律漏洞提供具体的、可操作的方法是法学方法论的重要任务之一。具体而言,拉伦茨认为法律适用包含三个连续的阶段:第一阶段是法律字义范围内的解释,即狭义的法律解释;第二阶段是超越字义范围,但尚在立法者意图及目的之内的法律适用行为,已经进入漏洞补充范围,属于"法律内的法的续造";第三阶段属于"超越法律的法的续造",此时法律文本已经出现空白,但这种续造行为仍在整体法秩序的框架之内。拉伦茨在法律漏洞补充方面的重要贡献在于对法律漏洞进行分类的基础上,提出了与法律漏洞类型相关联的漏洞补充方法。其一,对于"开放的漏洞"的填补,主要采用类推适用方法;其二,对于"隐藏的漏洞"的填补,主要采用目的性限缩方法;其三,对于"冲突型漏洞"的填补,主要采用法益衡量方法;其四,对于"规整漏洞"的填补,采用创造性补充方法,即可以进行超越法律的法的续造,但这种补充行为应当考量"法律交易上的需要""事物的本质""法伦理性原则"等因素,同时这种创造行为应当在整体法秩序之内进行。①

魏德士认为,法律解释与漏洞补充或法律续造之间存在明晰的区别。法律中的漏洞包含了规范漏洞、法律漏洞、冲突漏洞及领域漏洞等分类。利益衡量不仅作用于规范漏洞、法律漏洞、领域漏洞等作为法的外部体系中,而且它还作用于要求法的内在体系统一性的内部体系中。法院在法律漏洞领域发挥着立法的功能,有义务在对争议的事实情况没有相应法律规定的时候,对属于其管辖范围内的待决案件作出裁判。由于缺乏法律标准,法官不可能理解"他人的(立法者)"的评价,他必须自己制定对将来的类似案件都具有效力的规范。法律方法论最主要的任务就是让法律适用者清楚,什么时候适用法律,什么时候续造法律以及什么时候修改法律。

---

① 参见[德]卡尔·拉伦茨:《法学方法论》,陈爱娥译,商务印书馆 2003 年版,第 246~249 页。

三者必须有明晰的区分。①

齐佩利乌斯(Zippelius,1928—2020)认为,法律漏洞分为两类,一类是表述漏洞,另一类是评价欠缺型漏洞,漏洞补充是补充和校正法律的一种工具。法律漏洞补充必须以合法性作为根本原则,必须进行充分的说理论证,不仅要运用利益衡量理论,还应当充分考虑法的内在体系和外在体系。法律解释和法律漏洞补充活动应当对案例进行类型化,以确定被比较案例类型之间的一致要素和不同之处,然后以相同案例同等对待、不同案例不同对待的原则进行处理,在此原则之下的类比推理是漏洞补充的重要方法。基于法律安定性和分权考虑,法官对法律的偏离并非可以任意为之,而必须具备正义方面占优势的根据以获得合法化。法律续造合法性基础在于法的正义功能,这一功能与民主代表原则相结合,产生这样一个要求,即在共同体中具有多数公认力的正义观念应当得到贯彻。②

恩吉施的《法律思维导论》是法学方法论的经典之作,自1956年问世以来,多次再版,足见其受欢迎的程度。恩吉施认为,尽管有的规定不存在,但它符合立法者及制定法的决定性计划,这并不意味着是必定被描述为我们所要批判的“漏洞”。恩吉施将法律“漏洞”与法律中的“错误”进行区分,他认为两者均应总括在“缺陷”概念之下。对于法律“漏洞”可以通过“法律补充”进行排除,此时的法官起着“超越制定法”和“补充法律根据”的作用;对于法律中的“错误”,将通过“法律修正”来消弭,此时的法官起着“违背法律”和“矫正法律根据”的作用。相较之下,法律漏洞补充受到更多限制,而法律错误的修正则更多地发挥法官的主观能动性,超越法律文本的字义限制。具体而言,法律漏洞是一种原本不应该出现的状态,违背了法律的完整性原则;同时,在不同参照背景下呈现不同的状态,如在法整体的视野中制定法的漏洞并不成为真正的漏洞。为了能够将法律漏洞安排在同一标准之下,恩吉施从制定法出发,将法秩序中的矛盾分为制定法技术的矛盾、规范矛盾、价值矛盾、目的论矛盾和原则矛盾五种类型。此外,应当清楚地区别法律漏洞与法外空间,还应当明确为了适应具体案件而有意放松制定法的约束并不是真正的法律漏洞。关于漏洞补充的方法,类比推理应当置于首位。③

卡纳里斯“漏洞—类推”理论之最大特点乃是其两阶段理论,即将整

---

① 参见[德]伯恩·魏德士:《法理学》,丁晓春、吴越译,法律出版社2013年版,第347页。

② 参见[德]齐佩利乌斯:《法学方法论》,金振豹译,法律出版社2009年版,第92~124页。

③ 参见[德]卡尔·恩吉施:《法律思维导论》,郑永流译,法律出版社2014年版,第172~173页。

个类推适用的过程分为漏洞确定和漏洞补充两个阶段。[①] 而在漏洞确定阶段起到主要作用的正是“主观性理论”。因为漏洞确定的主要工作是区别“漏洞”与“法政策上之错误”(rechtspolitischen fehlers)。漏洞乃是违反立法者计划之不圆满性,其前提是考察立法者的计划,并将之与当下手段进行对比,观察有无违反计划之处以便对手段进行修正。而“法政策上之错误”则是指出立法者计划本身即有错误。[②] 此处显然由于“主观性理论”之影响,卡纳里斯认为法律漏洞存在时可以运用类推适用等法律续造手段,而仅有“法政策上之错误”时则不可。但卡纳里斯亦没有完全限于主观性之理论方向,在漏洞补充阶段,他又引入了被客观性理论方向所强调的“事物本质”“自然法”“法律原则与价值判断”等观点。[③] 由于其漏洞补充须以漏洞存在为前提,所以这就等于用主观性理论为客观性理论建立了一个框架,使两种原本对立的理论在一个更高的层面各得其所,这正是卡纳里斯法律漏洞理论的精妙之处。

二、我国关于法律漏洞问题研究的代表性成果

(一)大陆的主要成果

大陆学者关于法律漏洞理论的研究可以追溯到梁慧星先生 1995 年出版的《民法解释学》,该书至今已再版三次。梁慧星先生重点介绍了拉伦茨、黄建辉、黄茂荣对法律漏洞的分类,并在日本学者石田穰关于明显漏洞和隐含漏洞两分法的基础上,对法律漏洞进行了更为细致的划分,将明显漏洞分为授权型漏洞、消极型漏洞和预想外型漏洞,将隐含漏洞分为白地规定型漏洞、预想外型隐含漏洞、冲突型漏洞和立法旨趣不合型漏洞。同时,梁慧星先生介绍了域外关于法律漏洞的认定标准、漏洞补充的性质及必要性、漏洞补充的界限以及各种漏洞补充方法。在某种意义上,首次将域外学者关于法律解释和法律漏洞的相关理论进行大面积引进,进而引起了国内学者对该领域的重视和关注,具有里程碑意义。[④]

此后,国内法律方法理论研究大踏步前进。在书中专章论述法律漏洞

---

① Canaris, Claus-whilem, Die Feststellung von Lücken im Gesetz, Berlin Dunker & Humbolt, 1983, S. 55.

② Canaris, Claus-whilem, Die Feststellung von Lücken im Gesetz, Berlin Dunker & Humbolt, 1983, S. 33.

③ Canaris, Claus-whilem, Die Feststellung von Lücken im Gesetz, Berlin Dunker & Humbolt, 1983, S. 126.

④ 参见梁慧星:《民法解释学》,法律出版社 2015 年版,第 249~315 页。

的著作主要有:《法律解释问题》(梁治平,1999)、《裁判的方法》(梁慧星,2003)、《法律方法论》(孔祥俊,2006)、《法律方法论》(刘治斌,2007)、《法学方法论问题研究》(舒国滢等,2007)、《法律方法论》(陈金钊,2007)、《法律方法阶梯》(郑永流,2008)、《法律解释学——立场、原则与方法》(陈金钊等,2009)、《法律方法讲义》(葛洪义,2009)、《法律解释学导论:以民法为视角》(王利明,2009)、《法律方法论研究》(陈金钊,2010)、《法律解释学》(王利明,2011)、《法学方法论》(王利明,2012)、《法律方法论》(葛洪义,2013)、《法律解释的原理与方法体系》(魏治勋,2017)、《法学方法论》(舒国滢等,2018)等近 20 部。①

其中,《法学方法论问题研究》一书介绍了德国、法国两国的法律漏洞理论以及美国、英国两国为代表的不成文法系的法律漏洞理论;对法律漏洞的类型、主要法学流派的法律漏洞观、法律漏洞补充的必要性、法律漏洞认定与漏洞补充方法相关基础理论进行了深入探讨;将法律漏洞分为"法律体系内的法律漏洞"与"法律体系外的法律漏洞"两类,并以国内知名案例演示了漏洞补充方法及操作过程;同时,对我国司法实践中的漏洞补充提出了两点建议:一是进一步发展漏洞补充技术,二是完善判例制度和司法解释制度;最后,该书首次从法律论证理论的视角分析了几种主要漏洞补充方法的论证结构,丰富了法律漏洞的研究方法。陈金钊教授在其《法律方法论研究》一书中指出,法律所具有的概括性和模糊性、法律的抽象性特征及立法者的理性局限是产生法律漏洞的主要原因,此外,法律意识形态的多元化、立法权对司法权的不信任及法官对事物类型把握能力的欠缺也应对法律漏洞的产生负有一定责任。而对个案正义之追求与为解决纠纷之要求促使法官必须对法律漏洞进行填补。② 王利明教授在《法律解释学导论:以民法为视角》《法律解释学》《法学方法论》三本书中,均对法律漏洞作了深入探讨,在对既有成果进行全面梳理总结的同时,对各种漏洞补充方法进行了详尽介绍,对不同漏洞补充方法的特征、适用步骤与规则进行了深入研究,其提出的观点尤其是各种漏洞补充方法的适用规则具有

---

① 更加详尽的统计可参见焦宝乾:《近年国内法律方法论研究成果》,载陈金钊、谢晖主编:《法律方法》第 5 卷,山东人民出版社 2006 年版,第 492~515 页;或参见陈金钊、焦宝乾等:《中国法律方法论研究学术报告(2005 年度)》,载《山东大学学报(哲学社会科学版)》2005 年第 1 期,亦可参见其他年度报告。

② 参见陈金钊等:《法律方法论研究》,山东人民出版社 2010 年版,第 539~552 页。

独创性,填补了该领域研究的空白。①

值得关注的是,孔祥俊教授的《法律方法论》系国内首位法官撰写的法律方法论专著,作者的法官身份使其研究独具实务特色。《法律方法论(第三卷)——裁判模式、自由裁量与漏洞填补》②中关于法律漏洞与填补的章节以大量真实司法案例作为分析样本,一改法律方法类著作过于理论化的缺点,具有很强的实用性和可读性。书中全面介绍了英、美、法、意等国家的法律漏洞观,以大陆法系和英美法系的比较和碰撞为视角诠释法律漏洞,让人耳目一新。孔祥俊教授认为,法律漏洞不仅包括违反计划的不圆满性,也包括计划安排的不圆满性,后者则包含“对法学和司法实践的授权”“一般条款”“有意义的沉默”三种情形。为了清楚地确定法律漏洞的内涵,孔祥俊教授将法律漏洞与“立法政策或技术上的欠缺”“法内漏洞”“授权式类推适用”“有意义的沉默”“法律错误”等近似概念进行了区分。同时,结合国内案例对类推适用、目的性扩张与限缩、法律拟制(创造性补充)等常用的漏洞补充方法进行了介绍和展示。法律漏洞要么是法律规定不圆满,要么是应当有法律规定而实际没有法律规定,无论哪种情形都需要通过漏洞补充的方式进行调整。法律漏洞的实质是法律规范具有不合目的性,即法律本身没有反映其目的,导致实然(实际状况)与应然(应当的状态)的不一致。其中,应然是衡量法律漏洞的标准,而这种衡量标准是在应然与实然的比较中进行的,两者的差距即为漏洞。③

大陆学者关于法律漏洞研究的论文较为丰富。④ 具有代表性的实证研

① 参见王利明:《法律解释学导论:以民法为视角》,法律出版社 2009 年版;王利明:《法律解释学》,中国人民大学出版社 2011 年版;王利明:《法学方法论》,中国人民大学出版社 2012 年版。

② 2017 年,孔祥俊以上海交通大学特聘教授身份将该卷修订并更名为《法官如何裁判》,由中国法制出版社出版,关于法律漏洞与补充部分依然分为两章,基本保留原体系与内容。

③ 参见孔祥俊:《法律方法论》(第 3 卷),人民法院出版社 2006 年版,第 1389~1398 页。

④ 例如,崔建远:《我国民法的漏洞及其补充》,载《吉林大学社会科学学报》1995 年第 1 期;刘正峰:《论我国法官对法律漏洞的补充与完善》,载《法学》1996 年第 8 期;杨解君:《法律漏洞略论》,载《法律科学(西北政法学院学报)》1997 年第 3 期;郑永流:《出释入造——法律诠释学及其与法律解释学的关系》,载《法学研究》2002 年第 3 期;吴丙新:《法律漏洞的语境分析》,载《山东大学学报(哲学社会科学版)》2003 年第 5 期;段厚省:《法官造法与司法权威》,载《政治与法律》2004 年第 5 期;刘凯湘:《论民法解释之依据与解释方法之运用》,载《山东警察学院学报》2006 年第 2 期;于玉:《法律漏洞的认定与补充》,载《东岳论丛》2006 年第 3 期;张其山:《法官造法的限度及方式》,载陈金钊、谢晖主编:《法律方法》第 7 卷,山东人民出版社 2008 年版,第 276~283 页;梁兴国:《法律续造的合理性及其限制》,载陈金钊、谢晖主编:《法

究当数中国政法大学戴孟勇教授发表的《民法解释学在中国大陆的实务运用——一个对照观察》，[①]该文采用实证研究方法对最高人民法院民法司法解释、各级法院民事判例进行检索，全面调查了司法解释及司法实务中法律解释方法、漏洞补充方法、利益衡量与价值判断方法的运用现状，总结了当前民法解释方法运用的发展与不足，客观反映了我国司法解释及判决中法律方法的丰富性和创造性。

除了以“法律漏洞”“法官造法”“法律续造”“漏洞填补(补充)”为主题的论文外，学者们的研究主题主要聚焦于“类推适用”“习惯(法)”“目的

律方法》第6卷，山东人民出版社2007年版，第39~56页；梁兴国：《法律续造：正当性及其限制》，载葛洪义主编：《法律方法与法律思维》第4辑，法律出版社2007年版，第187~204页；邹治：《法律漏洞的认定与填补》，中国政法大学2008年博士学位论文；贾焕银：《社会法学派的法律漏洞观及其启示》，载《法律科学(西北政法大学学报)》2009年第4期；刘飞：《德国“法官造法”的功能解构》，载《华东政法大学学报》2009年第1期；刘士国：《法律漏洞及其补充方法》，载人大法律评论编委会主编：《人大法律评论》2010年第1辑，法律出版社2010年版，第209~226页；陈洪杰：《论法律续造的方法》，载《法律科学(西北政法大学学报)》2010年第6期；吴丙新：《法律漏洞补充理论的三个基本问题》，载《法制与社会发展》2011年第2期；纵博：《论刑事诉讼法漏洞填补中的类推》，载《法学论坛》2011年第1期；纵博：《刑事诉讼法漏洞填补中的目的性限缩与扩张》，载《国家检察官学院学报》2011年第4期；余军：《法律适用中的“规则悖反”及其解决方法》，载《暨南学报(哲学社会科学版)》2013年第11期；刘昕杰、汤敏：《民国时期的法律方法研究：法律漏洞及其补充》，载陈金钊、谢晖主编：《法律方法》第14卷，山东人民出版社2013年版，第146~159页；纪海龙：《法律漏洞类型化及其补充——以物权相邻关系为例》，载《法律科学(西北政法大学学报)》2014年第4期；唐健飞：《法律漏洞填补的司法进路》，载《社会科学》2014年第9期；曹磊：《法官如何填补法律漏洞——以一起身份不明的继承人权益保护案为例》，载梁慧星主编：《民商法论丛》第63卷，法律出版社2017年版，第215~229页；孙光宁：《漏洞补充的实践运作及其限度——以指导性案例20号为分析对象》，载《社会科学》2017年第1期；伊卫风：《推翻先例、追溯性造法与法治》，载《东方法学》2017年第3期；刘作翔：《司法中弥补法律漏洞的途径及其方法》，载《法学》2017年第4期；李敏：《论民事裁判中的法官造法》，载《中国社会科学院研究生院学报》2018年第1期；曹磊：《法律漏洞补充方法与司法运用》，载梁慧星主编：《民商法论丛》第67卷，社会科学文献出版社2018年版，第234~266页；安雪梅：《指导性案例的法律续造及其限制——以知识产权指导性案例为视角》，载《政治与法律》2018年第1期；李俊青：《冒名处分他人不动产的法律适用分析——以法律漏洞的填补为视角》，载《政治与法律》2018年第7期；曹磊：《法律漏洞补充行为的失范与规制》，载《法学论坛》2019年第4期；李秀芬：《法律漏洞的特征与填补路径》，载《华东政法大学学报》2019年第6期；曹磊：《行政法律规范冲突化解之司法方法论》，载《法律适用》2019年第16期；曹磊：《法律漏洞填补：理论探源与功能定位》，载《济南大学学报(社会科学版)》2020年第3期；黄泽敏：《法律漏洞填补的司法论证》，载《法学研究》2020年第6期；曹磊：《中德法律漏洞问题研究述评与展望》，载《扬州大学学报(人文社会科学版)》2020年第6期。

① 戴孟勇：《民法解释学在中国大陆的实务运用——一个对照观察》，载《中德私法研究》2014年第1期。

性扩张”“目的性限缩”等漏洞补充方法及其应用的研究上。①

（二）我国台湾地区的主要成果

杨仁寿先生认为，法律漏洞是不可规避的现象，它既可以是立法者有意识地忽略也可能是并未意识到漏洞的存在，而法律漏洞又与“不确定性概念”“概括性条款（一般条款）”的适用方面存在某些方法上的交叉，但后两者不属于法律漏洞，对于不确定性概念的具体化和概括性条款的援用属于价值补充，而非漏洞补充。在进行价值补充时，法官需要“适用存在于社会上可以探知认识之客观伦理秩序、价值、规范及公平正义之原则，不得动用个人主观的法律感情”，应当以客观的公平正义为价值补充的追求。杨仁寿先生认为，漏洞补充方法主要包括类推适用、目的性限缩、目的性扩张及创造性补充四种，并结合我国台湾地区司法机关的判决详细介绍了四种方法的逻辑结构及适用步骤，为实务操作者提供了可资借鉴的样本，具有很强的实践价值。同时，杨仁寿先生精细地将类推适用与类推解释、扩张解释、反对解释、当然解释等相关概念进行辨析，厘清各方法之间的联系与区别。杨仁寿先生指出，利益衡量是处理案件的一种价值判断与选择的方法，而非裁判结论得出的方法，即利益衡量并非法律解释方法或漏洞补充方法。②

王泽鉴先生的《法律思维与民法实例》为我国台湾地区法学方法论领域内的扛鼎之作。该书初撰于 1982 年，时名为《民法实例研习与基础理论》，经修订于 1999 年更为现名。王泽鉴先生认为，所谓法律漏洞，是指关于某一个法律问题，法律依其内在目的及规范计划，应有所规定，而未设规定。法律漏洞的基本特征在于其违反计划。法律获取会出现三种不同结果：一是法规范存在，二是法规范不存在，三是超越法律的续造。法规范不存在的情形，便是存在法律漏洞。此时法律之发现过程已经脱离了法律解

① 例如，屈茂辉：《类推适用的私法价值与司法运用》，载《法学研究》2005 年第 1 期；朱文雁：《民间法于法律漏洞补充中的功能探析》，载《东岳论丛》2008 年第 6 期；杨建军：《惯例的法律适用——基于最高人民法院公报案例的考察》，载《法制与社会发展》2009 年第 2 期；姜世波：《比较法方法在司法过程中的适用》，载《法律适用》2011 年第 9 期；高其才：《作为当代中国正式法律渊源的习惯法》，载《华东政法大学学报》2013 年第 2 期；王彬：《信号传递、彩礼习惯与法律边界——一个法律经济学的分析》，载《政治与法律》2013 年第 9 期；钱炜江：《论民事司法中的类推适用》，载《法制与社会发展》2016 年第 5 期；王利明：《论习惯作为民法渊源》，载《法学杂志》2016 年第 11 期；彭诚信：《论〈民法总则〉中习惯的司法适用》，载《法学论坛》2017 年第 4 期；曹磊：《习惯在“法外空间”的规范效用》，载《法律适用（司法案例）》2017 年第 20 期；陈景辉：《“习惯法”是法律吗？》，载《法学》2018 年第 1 期；谢晖：《“可以适用习惯”的法教义学解释》，载《现代法学》2018 年第 2 期；谢晖：《论司法对法律漏洞的习惯救济——以“可以适用习惯”为基础》，载《中南大学学报（社会科学版）》2020 年第 1 期。

② 参见杨仁寿：《法学方法论》，中国政法大学出版社 2013 年版，第 185~226 页。

释范畴,进入了法律漏洞的填补阶段。“对于法律漏洞之发生及其分类方式,根据产生时间的不同可以分为自始漏洞和嗣后漏洞两种:法律之有漏洞,有为立法之际疏未规定,是为自始漏洞。有为其后因社会经济变迁而产生的新问题,立法之际未及预见而未设规定,是为嗣后漏洞。在各种法律漏洞分类中,最值得重视的是开放漏洞及隐藏漏洞,而类推适用则是漏洞补充最常用的方法。”①

黄茂荣教授的《法学方法与现代民法》一书,从部门法的视角对法律漏洞进行了专门研究。他认为,由于立法者的有限理性、思维不周以及因法律上有意义之情况变更(如演绎式体系违反及立法者自觉对拟予规范之案型的了解还不够等原因)导致法律出现了不圆满和违反计划的情况,法律漏洞因之而出现。黄茂荣教授对于法律漏洞理论的主要贡献在于三个方面:一是摒弃传统二分主义的分类标准,将法律漏洞体系化为法内漏洞、有据式体系违反和无据式体系违反三类;二是将法律漏洞的补充与法官权力理论相结合,将法律漏洞理论拓展到了制度层面,突破了传统法学方法论只讲方法的局限;三是将法律漏洞的填补与法源理论结合,展示了漏洞补充方法与法源之间的关联性,为法官运用漏洞补充方法提供了基本的场域。在具体方法上,类推适用、目的性限缩、目的性扩张和创制性补充都可以承担起填补法律漏洞的任务。②

论文方面,吴从周教授主要有《民法上之法律漏洞、类推适用与目的性限缩》《台湾民法解释学之发展现况》《台湾地区民法方法论之发展现状》三篇论文与法律漏洞主题相关。③ 吴从周教授结合我国台湾地区相关的判决解读了法律解释方法及漏洞补充方法的运用情况,并得出如下三个结论:一是受解释学方法论相当大的影响,我国台湾地区相关的判决对于法律解释方法、漏洞补充方法、法官造法运用的活跃度明显高于研究领域,新近研究成果的匮乏值得警惕;二是我国台湾地区在漏洞补充方法上大量使用类推适用,较多采用“依据事物本质”在“法”外创设“法律”,并且在判决说理上更加精致化;三是相较于漏洞补充操作的大量实际运用,我国台湾地区在判决中对于“法律漏洞”“类推适用”“目的性限缩”“举重以明轻之法理”等概念却极少直接使用。苏永钦教授发表的《司法造法几样情——

① 王泽鉴:《民法思维:请求权基础理论体系》,北京大学出版社 2009 年版,第 196~202 页。

② 参见黄茂荣:《法学方法与现代民法》,法律出版社 2007 年版,第 370~505 页。

③ 吴从周:《民法上之法律漏洞、类推适用与目的性限缩》,载《东吴法律学报》2006 年第 2 期;吴从周:《台湾民法解释学之发展现况》,载王洪亮等主编:《中德私法研究》第 10 卷,北京大学出版社 2014 年版,第 3~18 页;吴从周:《台湾地区民法方法论之发展现状》,载《师大法学》2017 年第 1 期。

从两大法系的法官造法看两岸的司法行政造法》一文,从比较法的视角出发,对“司法造法”的功能论、本体论和正当性展开论述,并以法源结构思路阐述了大陆法系和英美法系中法官造法行为的区分。同时,该文指出,中国目前推行的指导性案例对于弥补成文法滞后性缺陷有着重要的价值,一定程度上实现了成文法与判例法的融合发展。①

第二节 法律漏洞问题研究评价

通过对国内外法律漏洞问题研究的梳理,可以肯定的是该领域的研究取得了不少成果,特别是学界对于法律漏洞与法外空间、有意义的沉默所进行的区分,法律漏洞应经一定的识别程序方可确认,法官享有对法律漏洞进行填补的权力,并非所有的漏洞都可以由法官进行填补,不同法律漏洞补充方法具有各自的适用条件与规则等观点,已基本达成了统一的认识,但仍有诸多关乎司法实践操作的具体问题有待进一步研究。

一、现有研究的不足

(1)法学理论移植导致话语水土不服。国内现有研究成果偏重对欧陆法律漏洞理论的介绍和引入,研究方法和话语体系移植现象突出,特别是国内现有研究中所分析的案例大多仍选用德国、日本等国外经典案例,追求形式上的高大上,给人以高深莫测之感,但这些案例却并不为国内法官所熟知,导致法官对相关研究敬而远之。很多研究成果所使用的概念和理论大多是翻译时创造,难以与国内传统概念一一对应。加之语言文字在翻译过程中,或因语境不同,或因理解偏差,或因译者水平等,常常会出现语义的流失和变化。这导致研究中大量出现概念混用、通用、误用的现象。例如,就“法律漏洞补充(填补)”而言,就有“法律续造”“法官造法”“司法造法”“规则创设”“法律背离”等多个相近或关联概念,然而,这些概念究竟是一种替代关系、包容关系或是交叉关系,尚不能形成一致认识,更不是简单几句话就可以解释清楚的。这种移植造成的排异反应与法学研究追求严谨准确的表达要求相背离,也成为不同地域、知识背景学者深入沟通过程中的一大障碍。

(2)问题意识缺乏造成研究脱离实践。在法律漏洞研究领域有所建

① 苏永钦:《司法造法几样情——从两大法系的法官造法看两岸的司法行政造法》,载王洪亮等主编:《中德私法研究》第17卷,北京大学出版社2018年版,第8~18页。

树的研究人员绝大多数为法学学者、教授，极少有从事司法工作的法官、检察官，研究主题集中在法律漏洞的形成原因、法律漏洞的种类、法律漏洞的认定、法律漏洞的补充方法等基础理论上。除此之外，法律漏洞研究普遍对中国司法实践关注不足，难以为司法实践提供解决问题的具体规则与操作方法。例如，对于法内空间与法外空间的判断，两者的区分标准与边界是什么？对于法律漏洞的分类问题，究竟何种分类才对司法实践具有实际意义？分类之后，应当如何选择漏洞补充方法？对于法律漏洞的识别，应当依照何种标准与程序？何种法律漏洞可以由法官进行填补、何种法律漏洞应当报请有权机关进行解释或裁决？公法和私法中出现的漏洞是否应遵循不同的处理原则？等等。这些与实践紧密联系的具体操作问题尚鲜有结合司法案例展开的细致研究。

(3)现有研究成果尚不成体系。法律漏洞及其填补问题是一个既需要法理学、法哲学知识作为研究基础的疑难课题，又是一个法官在具体案件中必须发挥司法智慧，综合运用多种法律方法予以解决的现实难题。因此，相应的研究既需要进行纯粹法学理论上的体系构建和概念梳理，又需要结合司法实践进行规则拟定和方法运用研究，这决定了法律漏洞问题的研究是一个体系复杂、内容繁多的庞大课题，绝非撰写一两篇论文就能弄明白。[1] 现有研究成果中，除孔祥俊教授的《法律方法论(第三卷)——裁判模式、自由裁量与漏洞填补》、黄建辉教授的《法律漏洞·类推适用》两本书对法律漏洞进行了较为深入系统的研究外，其他以法学方法论、法律方法论、法律解释论等宏观主题为名的著作中，法律漏洞及其填补仅作为一两个篇章进行讨论，缺乏有深度的系统性研究。论文方面，除吴丙新教授、吴从周教授、梁兴国副教授等为数不多的学者发表过3篇以上论文外，其他学者在法律漏洞领域大多发表一两篇论文。到目前为止，国内尚未出版以法律漏洞及其填补问题为主题的专著。

二、今后研究的方向

(1)概念用语的规范化。概念是法学研究的基础，更是法律方法论研究的主要工具。没有统一的、清晰的、准确的概念作为表达的依托，就不可能实现有效、平等的学术交流。法律漏洞领域的研究涉及诸多特有的法学概念，从当前的研究成果看，很多概念并未有权威的含义界定，部分著作和

---

① 笔者读博期间将法律漏洞及其填补问题作为主要研究内容，博士论文题目为《法律漏洞司法填补研究》，已发表法律漏洞方向的论文8篇，即便如此，笔者对于法律漏洞的研究仍限于窥豹一斑的水平。

论文中对于概念的使用不统一,或是采用了不同的用语进行相同的表达,或是用同样的概念却表达了不同的含义。要在现有研究基础上将法律漏洞问题的研究向更深层次推进,必须解决概念内涵和外延的界定问题。“甄别不同的概念表达,并根据个中含义,辨析异同,寻求不同概念间的协调,最终确定准确描述我们欲表达知识的概念用语。”①唯有如此,才能改变当前“自说自话”的局面。这当然不是一蹴而就的事情,不是领域内一个权威法学家著书立说就可以解决的问题,而需由一个法学研究共同体在征求学界意见的基础上讨论决定。笔者认为,可由国家级科研机构组织国内法律方法研究领域内的知名学者共同编写法学词条百科全书或词典,对相关概念用语进行定义并规范其使用方法。

(2)漏洞补充操作的规范化。法律漏洞补充是一个复杂的操作过程,涉及漏洞识别、漏洞类型确定、漏洞补充方法的选择与运用、裁判结果验证等一系列步骤,任何一个环节失误都会导致最终裁判结果的错误。理论应当服务于司法实践,为司法实践提供具有可操作性的方法。因此,在将来的研究中,以下具体操作问题显得非常重要。设定法律漏洞的识别标准与程序,用以指导法官分辨法内空间与法外空间、区别法律漏洞与有意义的沉默,正确认定法律漏洞是否存在。探究漏洞补充方法与漏洞类型之间的关联关系以及不同漏洞补充方法的位序关系或适用条件,拟制法律漏洞补充规则,以解决漏洞补充方法排序和选择难题。设置法官进行漏洞补充的权力边界和应当遵循的原则,以规范法官的漏洞补充权力,保障漏洞补充操作的合法性。法官在司法过程中充当着填补法律漏洞的裁判者角色,但漏洞补充涉及权力制约、民主等问题,必须明确法官漏洞补充操作的场景及边界。

(3)研究方法的案例化。法律漏洞理论研究只有结合司法实践才具有方法论意义,将理论研究所总结出的各种经验与智慧供司法裁判参考,是理论研究所要达到的最终目的。面向实践应用的法律方法研究是未来研究的方向,这是法律方法的实践性、应用性和工具属性所决定的,更是法律方法走出“屠龙术”谣言的必然选择。指导性案例制度确定后,案例在我国的地位日趋重要,逐渐成为制定法的重要补充。司法案例被称为“活法之源”,案例中所展示的裁判方法直观而简练,成为法官裁判同类案件最为高效的参照样本,可用同样的标准有效实现类案裁判尺度的统一。《最

① 吕芳:《“法律解释规则”:概念解读与用语辨析》,载陈金钊、谢晖主编:《法律方法》第 15 卷,山东人民出版社 2014 年版,第 160~171 页。

高人民法院关于在审判执行工作中切实规范自由裁量权行使保障法律统一适用的指导意见》(2012 年)第 15 条、《最高人民法院关于建立法律适用分歧解决机制的实施办法》(2019 年)第 2~3 条,均对类案裁判标准应当统一作出了明确要求;《最高人民法院司法责任制实施意见(试行)》(2017 年)第 39~40 条则明确要求法官需要对法律适用制作类案与关联案件检索报告以供裁判参考。但是,当前各类案例的统筹与分类管理不够,限制了案例作用的发挥。为规范参考案例的编发,扩大案例数量,更好地发挥案例的作用,最高人民法院于 2023 年 8 月 31 日发布了《关于建设人民法院案例库的通知》,以规范案例编纂及新案例入库遴选工作。由最高人民法院上述规范性文件表明的态度可知,以指导性案例、公报案例为统领的典型案例的地位越来越重要,今后必将成为法官裁判时参照的对象。法学研究者应聚焦于此类案例,以其中蕴含的方法为切入点展开实证研究,提炼总结案例中关于漏洞填补操作的规则与方法,助力理论研究向司法实践的转向,促进法律漏洞填补理论的发展完善。

第二章　法律漏洞及其填补的理据

概念法学和新自然法学派认为法律体系可以逻辑自足，法律不存在漏洞。随着时间的推移和研究的深入，自由法学、利益法学、分析法学等学派分别从不同的角度论证法律漏洞存在的必然性和法官应当对其进行填补的必要性。当人们深刻地认识到立法不可万能的现实后，法学研究亦随之完成了从立法中心主义向司法中心主义的转向。司法作为权利救济的最后一道防线，必须尽力完成保障权利的任务，而不得以法律未有规定或存在欠缺为由拒绝裁判，这意味着填补法律漏洞属于司法权的应有之义。相较于通过立法或修法从根本上消除法律漏洞的方式，法官在司法权限范围内填补法律漏洞能够使当事人获得最为快捷的救济，此过程中经受实践检验的创造性司法工作，则成为以后立法时最有价值的原材料。

第一节　法律漏洞产生之理论必然

法律作为具有国家强制力的规则，对于国家治理具有不可替代的作用。现代法治国家建设中，法律被赋予权利保护、正义分配、社会治理等重要使命。为此，立法者前赴后继地努力，试图构建一个逻辑自足的法律之网，以从容应对各种社会纠纷和矛盾。法律在设计之初被寄予疏而不漏地覆盖全部社会生活的期待。人们相信法律是万能的体系，法官无论碰到任何问题都能够在法律文本中找到具体的、确定且适当的裁判依据或理由来解决当前的案件。然而，社会生活是不断变化的，这种变化挑战着法律的应对能力。法律必然会随着时间的推移和新生事物的出现而逐渐失去最初的活力，表现出应对不力的滞后性。追求逻辑自足法律体系的理想一步步湮灭于现实生活之中。法院会遇到一些几乎没有得到法律调整的空白领域，这引发了关于法律是否存有漏洞的争论，人们逐渐发现法律一直未能达到、以后也不可能达到"逻辑完备的"或者"逻辑自足的"境界。[①] 尤其是在德国，以耶林（Jhering，1818—1892）为首的目的法学击破了概念法学"法律逻辑自足"的神话，法律无可避免地存在不圆满性遂成为公论。魏

① 王洪：《逻辑的训诫：立法与司法的准则》，北京大学出版社 2008 年版，第 130 页。

德士教授甚至认为，所谓的漏洞在司法实践中与其说是例外，还不如说是通例。① 在理性地接受法律必然存在不圆满后，立法者终于卸下了背负已久的重担。与此同时，在禁止拒绝裁判原则的拘束下，弥补法律缺陷完成裁判、延续立法计划的任务自然落在了法官的身上。

一、法律体系可以逻辑自足的理想

潘德克吞是指罗马法学家的著作编纂。潘德克吞法学是指经由法学家主导而形成的庞大的"学说法"体系，它发挥了填补因缺乏统一的德国民法典而形成的法律空白的作用。② 自普赫塔（Puchta，1798—1846）之后，潘德克吞法学被称为概念法学或构造法学。普赫塔尝试构建一种"演绎体系的概念金字塔的理想"，金字塔自上而下代表不同层次的概念，最上层的概念可以涵摄其他所有的概念。从最高级别的法律概念到主观权利及其规范之间都存在必然的逻辑演绎链条，任何有经验的法律工作者都能够发现这个链条。③ 作为潘德克吞法学集大成者的温特沙伊德（Windscheid，1817—1892）更将概念法学推向顶峰。他认为，法律是体系加工的结果，对于法律未作规定的，可以从法律整体的精神进行推导而得出法条的关联性，法律是一种逻辑上自足的体系。整体而言，概念法学信奉形式逻辑，强调法律是由上下关联、不同层次的概念所组成的圆满体系，不存在法律体系无法覆盖的漏洞。"法律将是一个永无漏洞的完美存有者……它永不需要由外部引入任何东西来补充之，因为它永远是完满的。"④"一个法律，当它几乎不包含任何规定的素材时，就是一个无漏洞而完整的存在物。谁可以不自居于法源地位而补充法律呢？法律绝不需要从外在加以填补，因为它在任何时刻都是圆满的，它的内在丰富性，它的逻辑延展力，在自己的领域中任何时刻都涵盖了判决的整体需要。"⑤

这种法律逻辑自足的观点同样存在于法国。"依照普通法古典的学说，普通法拥有被写下及未被写下的部分……人们设想这两部分法源已充分提供法官解决一切法律争端的尺度。"⑥孟德斯鸠（Montesquieu，1689—

① 参见[德]伯恩·魏德士：《法理学》，丁晓春、吴越译，法律出版社 2013 年版，第 356 页。

② 参见薛军：《略论德国民法潘得克吞体系的形成》，载《中外法学》2003 年第 1 期。

③ 参见[德]伯恩·魏德士：《法理学》，丁晓春、吴越译，法律出版社 2013 年版，第 209 页。

④ Karl Bergbohm，Jurisprudez und Rechtsphilosphie，1. band，Glashütten im Taunus 1973，S. 384－388. 转引自林立：《法学方法论与德沃金》，中国政法大学出版社 2002 年版，第 7 页。

⑤ [德]亚图·考夫曼：《类推与"事物本质"——兼论类型理论》，颜厥安审校、吴从周译，学林文化事业有限公司 1999 年版，第 7 页。

⑥ 林立：《法学方法论与德沃金》，中国政法大学出版社 2002 年版，第 7 页。

1755)认为,法官是“宣告法律的嘴巴”①或者“无需独立思考的司法机器”。简言之,按照概念法学的基本原理,人类完全可以依靠理性制定出一部完美的、不存在漏洞的法典,法官遇到的任何问题都可以从法典的规定中找到解决的依据。制定法中未作规定的事项,则属法律无涉的“法外空间”。依法裁判要求在司法过程中,法官必须严格适用法律,按照立法者的意图进行三段论推演,遇到有疑义的时候应以立法者的意思为依归,法官没有必要亦无权力去实施造法活动。在此理论支撑下,大陆法系的立法者对于创造万能法典的信心满满,不惜代价。为避免遗漏,《普鲁士一般邦法》的条文达 19,000 余条。为创造出一部像圣经一样家家户户必备的法律宝典,在法典制作过程中,拿破仑亲自全程监督,将法典草案提交国民议会讨论了 103 次,其中拿破仑亲自参加 99 次。② 同时,在法典中明确规定法官必须依照法典断案,不得自行解释,更不得创造法律。

英美法系中,新自然法学派代表人物德沃金(Dworkin,1931—2013)认为,美国的法律体系高度发达,没有被法律规则涵盖的案件一定被法律原则所涵盖。“在今天,归功于美国的法律体系已经发展到一个极为复杂完整的程度,法官只要再配合他所提出的法律解释方法,即‘原则立法论’,两个条件加起来,是可以发现美国的法律的确是对一切问题都已提供看法、解答的!”③需要注意的是,英美法系为判例法,所谓的法律主要由判例汇集而来。因此,从法理上讲不存在独立的“法律漏洞”概念,通常是以“疑难案件”(hardcase)这个相对更宽泛的概念表达那些法律无明文规定、规定模糊等事实与规范不对应的问题。德沃金认为,疑难案件是指在法规典籍中,没有清晰的法规加以确凿决断的案子。与概念法学否定法律存在漏洞的理由不同。德沃金认为法律并不仅是一个由概念组成的逻辑体系,它更是一个原则体系,很大程度上,正是由于法律原则的抽象性和统摄性,才使法律成为一个无所不包的完美体系。不同的法官对于疑难案件之所以会得出不同的结论及解答,主要是这些法官的法学素养、理论功力不同所致;所谓法律漏洞其实只是法官没有寻找到解决法律问题的办法,并不是法律真的存有漏洞。借助“建构性解释”操作已经高度成熟的美国法律体系,每一个案件都有基于既有法律的“唯一正解”,而法官造法之嫌疑是可被彻底排除的。④ 当然,德沃金承认,这要求法官具备海格力斯一般超人

---

① [法]孟德斯鸠:《论法的精神》,张雁深译,商务印书馆 2007 年版,第 173 页。

② 参见徐显明:《走向大国的中国法治》,载《经济与法治》2013 年第 1 期。

③ 参见林立:《法学方法论与德沃金》,中国政法大学出版社 2002 年版,第 10 页。

④ 参见林立:《法学方法论与德沃金》,中国政法大学出版社 2002 年版,第 162 页。

的能力为前提。①

作为不同时代、不同背景的法学理论，概念法学和新自然法学立基于不同原点之上。前者以法律概念为核心，后者以法律原则为重点；前者强调法律外在形式的机械性，后者则强调法律内在原则的阐释性。两种法学理论以不同的理由否认法律漏洞的客观存在。

二、立法文本难免僵化不周的现实

发现并承认法律存有漏洞并不是一蹴而就的，在此过程中，自由法学派不失为打破法典完美神话的起点。作为自由法学代表人物的德国法学家耶林，其最初属于概念法学阵营。1870 年前后，他开始批判概念法学并开创了自由法学。自由法学批判法典万能，承认法律存有漏洞，认为不存在完美无缺的成文法。由于自由法学理论的出发点在于打破法律无欠缺性的神话，故自由法学派主张对法律应当结合社会生活进行解释，不能机械地进行概念的推演，而应从法律目的入手；反对法官消极被动，主张法官有权超越制定法以补充法律漏洞。但针对何为法律漏洞，自由法学没有给出明确的概念界定，而且对法律漏洞补充与法律解释之间界限的划分也十分模糊。在漏洞认定标准问题上，自由法学派的代表人物富克斯（Fuchs，1859—1929）和伊瑟（Isay，1873—1938）均认为“法律感情”起到决定性的作用；而关于法律漏洞的补充方法，埃尔利希（Ehrlich，1862—1922）和康特洛维奇（Kantorowicz，1877—1940）都主张通过“自由的法律发现”方法进行补充，即法官有自由发现生活中的活法并以之填补法律漏洞的权力，并指出这种方法优先于类推适用。自由法学派在理论起点上承认制定法对法官具有拘束力，但他们更加强调制定法的局限性，主张在司法过程中不再排斥判例的适用，在确保其妥当性的情况下，认为在一定条件下法官可以摆脱制定法的束缚并且不经由立法程序对制定法进行发展和续造。康特洛维奇主张在以下情况下法官可以背离制定法进行裁判：（1）从制定法中无法获得不含争议的判决；（2）就某一事例，立法者如果处在当下不可能作出与立法时相同的决定；（3）某些复杂的疑难案件。②

利益法学由德国学者赫克（Heck，1858—1943）首倡，同自由法学一样，利益法学认为法律不是一个没有漏洞的、透过自我发展而产生的法律概念体系。“在他作出评价、作出价值判断时，他必须遵循依据其他对他重

① 参见［德］阿图尔·考夫曼、温弗里德·哈斯默尔主编：《当代法哲学和法律理论导论》，郑永流译，法律出版社 2013 年版，第 153 页。

② 参见顾祝轩：《制造“拉伦茨神话”：德国法学方法论史》，法律出版社 2011 年版，第 31～32 页。

要的法律规定已经作出的判决。只有在这样的判决无法找到时,他才能依据个人的感觉下判决。"[①]按照利益法学的观点,法官绝非自动机械,法官有补充法律漏洞的权限,他们应是所适用的法律规范的创造者,是立法者的"助手"。但在法律适用领域,赫克并不赞成自由法学所主张的可以任由法官自由地发现法律。赫克认为,法官亦为常人,受限于自己的经验及人生观,因此,不可能为生活所要求的安定性提供保障。[②] 赫克一方面承认成文法存在漏洞,须由法官充任立法者的助手,补充法律漏洞;另一方面又认为对于法律漏洞不能通过自由地发现活法的方式予以补充,而应就现存实证法详加研究,以把握立法者所重视的利益,加以衡量判断。[③] 赫克认为概念法学把法官的工作局限于理论作业,无法律规定的事项被视为立法者不予保护的利益因而落入"法空虚的空间(法外空间)",导致法律公正性丧失,应受保护的利益得不到保护。通过理性的思考,法官会有三种方式填补漏洞:一是局限在包摄,即无法找到法律规范完成推理时,可以拒绝裁判将漏洞忽略掉;二是自由地裁量,即像外行人一样,不考虑法律的一般规定情形如何,仅依靠自己的经验和生活观念;三是符合意义而依赖式地补充诫命,即法官不能仅凭自己的价值判断,而应受立法者各种意图的拘束。利益法学认同第三种漏洞填补方式。

在继承利益法学基本观点的基础上,评价法学进一步完善了法律漏洞理论。作为评价法学派最重要的代表人物,拉伦茨的核心理念是:除实定法之外,仍需有一个确定的价值秩序供法官参考,这个价值秩序可以在法律伦理或社会现实中寻找到。法官是否必须诉诸个人的价值感受、他在司法经验中获得的判断力(其司法感受),或者他的"意见",或者还有法律之外超越法律的价值标准存在,其足以并且也应该作为法官的裁判标准?他认为,法官的价值评价不应只是"个人立场的抉择行为",而应当受到先于实定法的价值秩序的约束。如果法官主张这样的价值秩序而违反实定法,其行为虽然"超出实定法",但仍然"在法之内"。法官在裁判过程中适用的不是实定法,而是在具体个案中通过利益衡量来"生产"的法律规范。在这样的理论脉络中,法律漏洞可以区分为"制定法内"的法律漏洞和"超越制定法"的法律漏洞。法官在应对法律漏洞时,首要工作在于识别法律漏洞的类型,在此基础上,进行法律漏洞补充作业。拉伦茨提出,漏洞补充

① Heck, Handelspivatrect, S. 589. 转引自吴从周:《概念法学、利益法学与价值法学:探索一部民法方法论的演变史》,中国法制出版社 2011 年版,第 212~213 页。

② 参见梁慧星:《民法解释学》,法律出版社 2015 年版,第 200 页。

③ 参见梁慧星:《民法解释学》,法律出版社 2015 年版,第 71 页。

方法应当根据法律漏洞的类型进行确定，比如填补“开放的”漏洞应当首先适用类推适用，填补“隐藏的”漏洞则应当优先适用目的论限缩方法。①

分析法学派的代表人物哈特（Hart，1907—1992）认为，法律确实存在“空缺结构”并因而具有其阴影区域，但法律的“空缺结构”并不影响法律在大体上的明确性，否则，法律也就不成其为法律了。② 法官在法律出现漏洞之时可以造法，但是要有明确的立法者授权。其后出现的法实证主义则是以反对和批判自然法思想出现的，将法与道德明确分离，认为法律仅指国家制定的实在法；法学所研究的法律只是“实然的法律”，而不是“应然的法律”。哈特明确提出了法律具有主要规则和次要规则的学说，并认为主要规则和次要规则的结合是“法律制度的中心”或“法律科学的关键”，也正是在运用语言分析的方法对法律进行分析的时候，哈特放弃了建立一个如概念法学所倡导的封闭性概念体系的幻想，因为他认为法律规则存在空缺结构，即法律规则存在不确定性。③

现实主义法学派的代表人物格雷（Gray，1839—1915）认为，法院为确定权利和义务而制定的规则就是法律，制定法和司法判例只构成法官进行法律续造的材料，所以法官不是发现法律而是创造法律。④ 法律不可能涵盖所有的社会现实，随着社会关系的发展，稳定的法律不可能预料到新的社会现象，此时的法律必然出现漏洞。弗兰克（Frank，1889—1957）同样认为，就任何具体情况而论，实际的法律是法官关于这一情况所作的判决，而通常所讲的法律，只是预测和判决的工具。⑤ 因此，法官众多的判决并不是基于法律规则、原则和先例作出的，而是根据法官个人的价值判断作出的。在现实主义法学的理论脉络中，法律漏洞不能称为制定法的漏洞，因为他们根本就不承认制定法在司法裁判中的决定作用。甚至，法律漏洞无处不在。法官不仅需要随时填补法律漏洞，而且法官的行为成为法律的决定因素。从某种程度上讲，分析法学和现实主义法学不再纠缠于法律漏洞的有无以及法律漏洞的具体样态，而主要从司法裁判的视角关注法律漏洞的填补问题。

---

① 参见[德]卡尔·拉伦茨：《法学方法论》，陈爱娥译，商务印书馆2003年版，第258~267页。

② 参见吴丙新：《法律漏洞的语境分析》，载《山东大学学报（哲学社会科学版）》2003年第5期。

③ 参见林国华：《法律漏洞与自由裁量》，载《青海师范大学学报（哲学社会科学版）》2006年第2期。

④ 参见沈宗灵：《现代西方法理学》，北京大学出版社1992年版，第277页。

⑤ 参见沈宗灵：《现代西方法理学》，北京大学出版社1992年版，第299页。

第二节 法律漏洞填补之功能定位

法律体系的应然状态是无矛盾、有秩序的和谐整体，而法律漏洞的存在违背了这一要求。法律漏洞填补系裁判过程中不可或缺的组成部分，属于法官创造性地对法律的适用，是对法律欠缺的完善和改良，旨在立法计划的指引下更好地实现法治，而不是相反。法律之目的在于规范与指引社会生活，保护权利，协调各种利益冲突，维护社会公平与秩序。法院是解决社会冲突与纠纷的主要场所，到法院起诉是解决社会冲突与纠纷的重要途径。如果允许法官以法律没有规定、不明确或不完备为借口而拒绝对待决案件作出裁判的话，法律的目的在此情况下将会落空。所以，法官对社会中出现的各种归属法律解决的冲突和纠纷，负有不可推卸的裁决责任。在法律出现漏洞的情况下，为保护权利、实现法律之目的，法官应当寻找其他法律渊源或者运用法律方法补充法律而为裁判。法律漏洞填补可以弥补法律出现的欠缺，克服法律规范的不周延性，改善法律规范的滞后性，增加立法和修法行为的针对性，促进法律体系走向完善。

一、司法裁判负有漏洞填补的任务

前文不吝笔墨地探究了法律漏洞理论的演进过程，目的在于得出法律必然存在漏洞和法官应当享有在个案中对法律漏洞进行填补之权力的结论。从法官的职责、法律的适用、司法的效率三个角度观察，对法律漏洞进行填补更是法官不容推辞的职责。

（一）禁止拒绝裁判原则的要求

从禁止拒绝裁判原则的视角理解，与其说法官享有填补法律漏洞的权力，倒不如说法官负有填补法律漏洞的责任更为恰当。禁止拒绝裁判原则，是指法官有义务在对争议的事实情况没有相应法律规定的时候，对属于其管辖范围的待决案件作出判决。① 禁止拒绝裁判原则最早确立于《法国民法典》第 4 条，其后大多数成文法国家在制定民事法典时都在立法中规定了该原则。民法的主要功能在于定分止争、维护权利、分配利益、维护交易和社会秩序。民法可以通过发挥其指引功能，规范民事主体的日常行为，使民事活动与交易有序进行。在民事纠纷无法通过和解、协商等自力救济方式予以解决时，当事人只得将纠纷交由法院予以解决，此时的法院

---

① 参见［德］伯恩·魏德士：《法理学》，丁晓春、吴越译，法律出版社 2013 年版，第 344 页。

处于纠纷解决的最后关口,成为当事人依法寻求保护的唯一希望。“法官在寻找不到法律规范时,如果拒绝裁判,绕过面对的法律漏洞,这个法律没有处理的利益就当作是立法者不想保护的利益,让它们落入到无法的空间。这样处理符合法律的安定性,但缺点是极度不平衡,因为这样会使需要保护的利益无法得到法律的救济。”①如果法官对于面临法律漏洞的案件径行以“不属于法院受理范围”为由裁定驳回起诉,或以“于法无据”为由驳回诉讼请求,将致民法保障私权的目的落空。正如杨仁寿先生所言,即使面临的纠纷没有法律规范可供援引,法官亦应运用法律方法对纠纷作出尽可能公正的裁判,而不得以法无明文规定为由拒绝对案件作出裁判。②所以,法官对于法律漏洞的补充负有不可推卸的责任,当然,这种责任同时也成为法官进行法律漏洞补充的正当性基础。

(二)法律适用的组成部分

作为一种司法方法,法律漏洞填补是法律适用的关键一环。法律不经解释无法适用,法律解释伴随法律适用的全过程。广义的法律解释不仅指法官对法律的意义进行阐明,把模糊的含义讲清楚,还包括消除法律的矛盾之处、调整法律的不适当和填补法律的空隙。根据法官在解释时对法律的遵守程度不同,拉伦茨将法律适用过程划分为三个阶段,即狭义的法律解释、漏洞补充和法律修改。法官在这三个阶段中有着不同的任务。第一个阶段存在相对明确的制定法规范,法官的任务是解释和适用法律规范;第二个阶段是现行法存在漏洞,法官的任务是识别法律漏洞并进行补充;第三个阶段是现行法存在“错误”,法律的适用效果与立法目的相悖反,法官的任务是通过修正法律实现公平正义。三个阶段只是同一思维过程的不同深度,各阶段之间的边界并不明晰,很多案件中法官适用和解释法律时往往会涉及对法律漏洞的补充。从某种意义上说,法官适用法律离不开对法律的解释,也离不开对法律漏洞的补充。不过,不用过分担忧的是,法官所进行的漏洞补充针对的是当事人争议的纠纷,所创设的规则是为个案裁判需要,并不创造具有普遍适用性的抽象规则,效力不及于其他案件,这种规则创设行为与立法行为有着本质的不同,仍处于司法权权限范围之内。总之,法律漏洞填补的主要功能在于消除法秩序中的“体系违反”,以使法律所追求的价值可以充分圆满地获得实现。③ 法律漏洞补充工作系裁

---

① 吴从周:《概念法学、利益法学与价值法学:探索一部民法方法论的演变史》,中国法制出版社2011年版,第291页。

② 参见杨仁寿:《法学方法论》,中国政法大学出版社2013年版,第191页。

③ 参见杨仁寿:《法学方法论》,中国政法大学出版社2013年版,第191页。

判过程中不可或缺的组成部分，属于法官创造性地对法律的适用，是对存有欠缺的法律的完善和改良，而非立法活动，旨在立法计划的指引下更好地实现法治，而不是相反。

(三)司法效率的现实需要

公正与效率是司法追求的两大主题，个案裁判过程中，应当兼顾公正与效率，不能单纯以追求公正为名牺牲效率。以我国行政审判为例，我国行政诉讼法规定一审行政案件的法定审限为6个月，二审的法定审限为3个月，没有法定事由不得中止或延长。严格的审限制度旨在督促法官在保证案件质量的情况下尽快作出裁判，此为司法效率的需要。出现法律适用疑难或法律漏洞的案件并不在少数，为了保证案件的审判效率，法官需要最大限度使案件在合议庭和审判委员会权限范围内得以处理，而不得动辄层报最高人民法院进行请示或中止审理等待新法颁布。因为，如果法官在处理案件的过程中对每个疑难案件都进行请示的话，最高人民法院根本无暇应付。立法和司法解释可以从根本上普遍解决特定的法律漏洞，但其缺点是效率低下，容易造成案件久拖不决。[①] 例如，最高人民法院于2017年11月发布的指导性案例89号"北雁云依案"(案情详见本书第十章第三节)即经历了漫长的请示过程。该案于2009年12月17日立案，因出现法律适用困难导致裁判陷入困境。2010年3月11日，济南市历下区人民法院经审判委员会讨论后，提出对《中华人民共和国民法通则》(以下简称《民法通则》)(已失效)第99条第1款及《中华人民共和国婚姻法》(以下简称《婚姻法》)(已失效)第22条关于姓名适用法律规定进行司法解释的请示。该请示层报至最高人民法院，同时案件中止审理。最高人民法院审判委员会经讨论后认为案件所涉及的法律问题(实际上系法律漏洞)已超出司法解释权限范围，遂向全国人民代表大会常务委员会提出立法解释请求。2014年11月1日，第十二届全国人民代表大会常务委员会第十一次会议通过了《关于〈中华人民共和国民法通则〉第九十九条第一款、〈中华人民共和国婚姻法〉第二十二条的解释》(以下简称《姓名权立法解释》)。2015年4月21日，案件裁定恢复审理；2015年4月25日，济南市历下区人民法院作出一审判决。[②] 该案自一审法院提出请示至作出立法解释，前后历时4年7个月零20天，审理期限更是达到了5年4个月零8天。立案诉讼之时，"北雁云依"刚呱呱坠地，判决作出之日，"北雁云依"马上要上

① 参见梁迎修：《法官裁量权的法哲学思考》，载《人民法院报》2009年6月2日，第2版。

② 参见山东省济南市历下区人民法院行政判决书，(2010)历行初字第4号。

小学了，其父母已在南方某城市为其完成了姓名登记。可见，依靠立法解释或司法解释的路径消除法律漏洞时间较长，需以牺牲司法效率为代价。而在司法中填补法律漏洞或许会投入较一般案件多一些的研究论证时间，但大多不会过久拖延案件的审限。与之相比，为了全面考察立法的必要性、妥当性、可操作性，每一部新法出台前都要广泛地征求意见并数易其稿，通常是旷日持久，甚至是十年磨一剑。从这个角度看，法官在司法过程中填补法律漏洞提高了正义实现的效率。

需要指出的是，在承认司法负担填补法律漏洞的任务的同时，必须意识到司法造法存在的风险。现代司法理论认为，被动性是司法权的基本特征。司法的被动性是指，“司法权自启动开始的整个运动过程中只能根据当事人的申请包括申请行为和申请内容进行裁判而不能主动启动司法程序或擅自变更当事人的诉请内容”。[①] 由此可见，司法被动性主要聚焦于司法的程序运作，与司法能动性主要着眼于实体权益判定的作用方向不同。应该说，司法能动性与司法被动性是事物的一体两面，两者可以协调作用于个案之中，统一于法官的裁判过程，其理论基础是两者有着相同的根本目的——克服立法缺陷并最大限度地保护当事人的合法权利。

二、法律发展需要司法造法的经验

（一）缓和制定法的僵化

法律必须具备强制性和稳定性特征，这使制定法显得刚硬，同时降低了根据法律精神调和法律适用效果的可能性。法律的普遍性就是解决社会关系中的共性问题，这也是法律规范性的要求。普遍性是法律的基本特征之一，法律的普遍性要维护的是法律最基本的公平和正义，也是社会成员在法律面前获得同等保护的基本保障。普遍性即事物的共性，独特性即事物的个性，共性与个性是对立统一的关系。法律的普遍性决定了它的局限性，这意味着制定法不仅不足以应对所有社会问题，也意味着不能妥当应对所有问题。如果机械地依法裁判，在特殊的个案中，不仅难以完成法律维护权利、实现正义的目的，反而可能适得其反。法治社会、法治国家的建设要求法律在实现普遍正义的同时必须兼顾个别正义。制定法虽有规定，但有时会出现适用规定将造成对当事人严重不公正的情形。此种不公平的产生或是立法上的失误，或因时过境迁，如果由当事人承担不公正的后果，显然有违整个法律制度的正义性。“法官造法可以弥补制定法过于

① 刘瑞华：《司法权的基本特征》，载《现代法学》2003 年第 3 期。

刚性的不足,能动地从法律目的上去解读和适用法律。”[①]司法的终极追求是实现公平正义,在出现法律的适用效果难以实现立法目的而产生“不正义”时,法官有义务对司法后果进行考量。法官应当充分运用其智慧、发挥主观能动性,对于法律的不完善进行修补,对于法律的“不正义”进行剔除和修正,以达到维护公平正义的司法终极目的。因此,在不违反法律秩序的情况下,法官通过法律漏洞补充可以修正法律缺陷,克服法律规范的不周延性与不合目的性,缓和形式正义与实质正义之间的矛盾,完成个别正义与普遍正义的统一,使法律在适用中获得与时俱进的生命力。

(二)提升新立法的质量

立法的质量决定了法律适用的效果,立法质量越高,法律适用工作越简单。法律既然是产品,立法者就是生产者,司法者则是用户。生产者的能力直接决定产品质量,但用户的使用反馈则是产品迭代的原动力。因此,立法者与司法者充分互动交流是生产高质量法律的重要保障。卡多佐(Cardozo,1870~1938)称,司法过程的最高境界并不是发现法律,而是创造法律。[②] 法律的发展在一定程度上依赖于司法过程,因为不论法官在司法过程中能否立法,立法上需要填补的漏洞多半是在司法过程中发现的。[③]法官创造性的司法行为在提升法律的活力与适应性的同时,可以为立法机关的“立、改、废”工作提供成熟的经验。王利明教授认为,法官填补法律漏洞对于立法至少有以下三个方面的促进作用:一是可以通过个案的裁判发现现行成文法缺陷,从而为今后法律的制定和修改提供方向和目标;二是为立法方案提供制度设计蓝本,并予以社会现实验证;三是实现法律的体系化。[④] 法官在个案裁判中形成的新规则,必然会成为下一步立法关注的重点,直接提升立法的针对性,因为此时的立法是在社会需求导向指引下进行的。认识到制定法的不圆满,允许法官在司法过程中发挥其能动性修复制定法的不足,非但不违反立法权与司法权独立行使,相互制约的原则,反而互为促进、相得益彰。刘凯湘教授认为,司法者创造性的法律解释活动能够在为个案寻求最合理裁判依据的同时为立法的完善提供经验与借鉴,没有创造性的司法者的法律解释活动和法律适用是不可想象的,它

① 宋远升:《法官论》,法律出版社 2012 年版,第 162 页。

② 参见[美]本杰明·卡多佐:《司法过程的性质》,苏力译,商务印书馆 1998 年版,第 85 页。

③ 参见崔林林:《严格规则与自由裁量之间——英美司法风格差异及其成因的比较研究》,北京大学出版社 2005 年版,第 191 页。

④ 参见王利明:《法律解释学》,中国人民大学出版社 2011 年版,第 348~349 页。

不仅会扼杀司法的创造功能,最终也会萎缩以至窒息立法的价值空间。①从方法论的角度看,法律漏洞补充进一步推动了立法与司法方法的协调发展,新的规则在司法实践中获得检验和认可后,便通过正常的立法程序进入制定法的范围。

创造性司法活动同样对最高人民法院所进行的司法解释等准立法工作有着举足轻重的贡献。吴庆宝法官在其著作中指出,最高人民法院通过制定相关民事法律的执行或适用意见,公布其确定、援用和认可的民事判例,发布批复,进行司法解释等工作,为填补民事立法的漏洞和盲区做了大量的创造性工作。而这一基础的来源,则是法官进行创造性的司法活动。②当然,法律漏洞补充绝不是凭空创造的,法官必须在制定法和法秩序中寻找最有力的支持,而这种寻找到的“支持”则可能成为新立法的依据。

---

① 参见刘凯湘:《论民法解释之依据与解释方法之运用》,载《山东警察学院学报》2006 年第 2 期。

② 参见吴庆宝、俞宏雷:《民事裁判自由裁量规范》,人民法院出版社 2012 年版,第 8 页。

第三章　法律漏洞的成因、特征与表现形式

我国是成文法国家，制定法是最主要的法源，我们必须崇尚制定法的权威。也正因如此，更需要正视制定法存在漏洞的现实，因为漏洞的存在会成为消解法律权威的隐患。只有深入地研究、全方位地认识法律漏洞，才能够在今后的立法过程中尽量予以规避，在司法过程中予以妥当填补和应对。

第一节　法律漏洞生成的主要原因

丹宁勋爵（Alfred Thompson Denning，1899—1999）指出，无论一项法律什么时候被提出来考虑，人们都没有能力预见到实际生活中可能出现的多种多样的情况。即使人们有这种能力，也不可能用没有任何歧义的措辞把这些情况都包括进去。[①] 法律在适用过程中呈现了多重困境，法律规范的模糊性、概括性、抽象性等特征都制约着法律功能的有效发挥，因立法者故意或者无意等因素，制定法无可避免地出现与社会生活的不对应。至于法律漏洞生成的主要原因，可从以下四个方面进行揭示。

一、有限理性决定的预知遗漏

人类理性本身的有限性决定了人类不可能创制完全符合逻辑标准或数学计算公理体系的法典。法律的逻辑化或数学化只可以想象和期望，实际上根本难以实现。[②] 人类立法者不可能预知未来可能发生之所有可能情况的组合。[③] 彼得·斯坦指出，并没有什么法律规范能够总揽无遗甚至能够包括各种各样的、只要有可能产生的情况。[④] 王泽鉴先生认为，法律漏洞的产生与立法者的认知能力紧密相关：其一，出于立法者之认识或意思者，即立法者对于某项问题，认为当时不宜即为规定，应让诸判例学说加以解

① 参见[英]丹宁勋爵：《法律的训诫》，杨百揆等译，法律出版社1999年版，第13页。
② 参见舒国滢：《从方法论看抽象法学理论的发展》，载《浙江社会科学》2004年第5期。
③ 参见[英]哈特：《法律的概念》，许家馨、李冠宜译，法律出版社2011年版，第117页。
④ 参见[英]彼得·斯坦、约翰·香德：《西方社会的法律价值》，王献平译，中国人民公安大学出版社1989年版，第4页。

决，凡曾参加立法工作之人，对此皆能知之。其二，出于立法时之疏失，未能预见者。[①] 因此，立法者自身有限的理性成为导致法律漏洞产生的重要因素。立法者在制定法律时，总是千方百计地考虑各种情况，并且对未来可能出现的法律关系极尽所能作出周密的预测。但是，立法者的有限理性导致其预见能力总是难以应对社会经济的发展，总有一些问题是立法者无法认识和预见的，当这些问题出现之后，就出现了法律空缺。一方面，立法者可能认识到自身的有限理性从而有意保持沉默。即便在立法当时已经预见到的问题，立法者也不一定能够用法律语言严谨清楚地进行表达，或者有意识地保持沉默。另一方面，立法者很多时候难以意识到自身理性的有限，从而疏忽大意地遗漏了应当规制的有关情形。总而言之，立法者理性的有限性不可避免地导致法律在制定之初即存在漏洞或适用过程中产生漏洞。同时，立法者通常是以社会现象的典型情况为依据来制定法律，而不可能照顾到任何可能发生的小概率事件。例如，对于陨石的归属问题，立法者在立法时已对此有所认知，但因陨石引发的争议极少，并非必须通过法律进行规范的事项，因此，立法者对此未作出规定。

二、空缺结构引发的涵摄局限

哈特指出，无论我们到底选择判决先例或立法，在碰到其适用会成为问题的方面来看，这些方式仍会显出不确定性；它们有着所谓的空缺结构（open texture）。[②] 法律自身存在空缺结构是不可避免的，这种空缺结构犹如渔网上的孔洞，无论网有多大、目有多密，亦必有无法以其捕捉之鱼虾。社会生活处于不停的发展和变化中，并且这种变化会随着人类文明的不断进步而加速，人类难以预见法律颁行之后出现的各种新事物和新情势。从司法裁判的角度看，法律适用的一般模式是将个案涵摄到法律规范之中，但是由于个案的多样性和不可预见性，导致法律的意义被不断超越和扩大。[③] 不管哪一类规则，都会出现落后于社会现实的情况，法律更是如此。“随着科技、社会或者事物本身的发展，人类的经验也处在不断的变化和丰富之中。对立法者根本没有预见到的事物，如何进行处理。这个问题，我们称之为立法的滞后性问题。”[④]法谚云：法律应着眼于频频发生之事件而

① 参见王泽鉴：《民法学说与判例研究》，北京大学出版社 2015 年版，第 96 页。

② 参见[英]哈特：《法律的概念》，许家馨、李冠宜译，法律出版社 2011 年版，第 117 页。

③ 参见谢晖、陈金钊：《法律：诠释与应用——法律诠释学》，上海译文出版社 2002 年版，第 54 页。

④ 舒国滢、王夏昊、梁迎修等：《法学方法论问题研究》，中国政法大学出版社 2007 年版，第 347 页。

制定,不应着眼于不能预测之事件而制定。[①] 法律本身就是社会已发生事件或已存在事物之反映。考虑到立法的有效性,在制定法律之时,立法者应当以社会上发生较为频密的事项作为法律规范的对象,而不宜过分顾及未来可能发生之事,因此,法律的滞后性是由法律的本质所决定的。舒国滢教授认为,实在法都是在一定的时间和空间内存在和发生效力的。[②] 例如,《中华人民共和国继承法》(以下简称《继承法》)(已失效)规定了自书遗嘱、代书遗嘱、公证遗嘱、口头遗嘱等种类,随着社会经济发展,逐渐出现了打印遗嘱、电子遗嘱等新型遗嘱,也许今后还会出现其他类型的遗嘱,立法者在当时对于这些新型遗嘱是无法事先预知并进行妥当规定的。[③] 特别是科技发展突飞猛进的今天,互联网、克隆技术、3D 打印、大数据、人工智能……以惊人的速度闯入我们的日常生活。一系列新生事物引发了生活方式的革命,同时也产生了各种新型权利和纠纷,如"胚胎案"、国内首例"被遗忘权案"[④]等。"被遗忘权案"属于互联网时代发生的新型纠纷,立法者根本无从事先预料。该案发生时,国内法学界对"被遗忘权"的法律性质、是否应受到保护、保护的法律依据及路径、保护的标准等重要问题均尚未展开研究,遑论立法层面的保护。可见,复杂的社会生活常常使貌似周全的法典应接不暇。这就要求"法官不再仅仅是判断和解释法律,而需要结合时代的精神去发现、阐释或者创立法律规则,以回应社会现实的需要"[⑤]。对于某些新型的事物,法官可以通过法律解释的方式将其包含在原有概念之内,然而法律解释毕竟需要以制定法文本为基础和最大范围,这导致制定法应对能力是有边界的。当"模糊边缘"无法明确地透过法律

---

① Jura constitui operet, in his quae ut plurimum accident, non quae ex inopinato. 参见郑玉波:《法谚》(一),法律出版社 2007 年版,第 9 页。

② 参见舒国滢:《从方法论看抽象法学理论的发展》,载《浙江社会科学》2004 年第 5 期。

③ 《中华人民共和国民法典》(以下简称《民法典》)第 1136~1137 条已将打印遗嘱、录像遗嘱纳入遗嘱范围。

④ 任某某系人力资源管理、企事业管理等管理学领域的从业人员,其于 2014 年 7 月 1 日起在无锡某公司从事相关的教育工作。2014 年 11 月 26 日,该公司向任某某发出了《自动离职通知书》,解除了双方劳动关系。某网络服务公司系提供网页搜索、相关搜索等搜索链接服务的提供商。2015 年 4 月 8 日,任某某打开某网络服务公司搜索页面,键入"任某某"后在"相关搜索"处显示有"无锡某氏教育任某某""国际超能教育任某某""美国潜能教育任某某""香港跨世纪教育任某某";另外,在搜索框内键入"某氏教育",在"相关搜索"处显示有"无锡某氏教育""某氏教育骗局""某氏远航教育是骗局吗"。用手机上网点击搜索网页键入"任某某",手机页面中"相关搜索"处显示有"某氏教育任某某""国际超能教育任某某"。任某某诉至法院,主张因某氏教育在业界名声不好,且其并未在某氏教育机构工作过,某网络服务公司在搜索页面中公开其与某氏教育有关的个人信息侵犯了其名誉权、姓名权及作为一般人格权的"被遗忘权",要求某网络服务公司断开涉案关键词的搜索链接、赔礼道歉、赔偿经济损失。

⑤ 杨建军:《重访司法能动主义》,载《比较法研究》2015 年第 2 期。

解释方法来包容新生事物时，在法律不容轻言立法修改的前提下，就必须承认法律漏洞的存在。① 法律的滞后性造成的空缺结构决定了其很难从容应对未来之事，新生事物发生之日，便是法律漏洞显现之时。

三、抽象语言难免的表达失灵

法律是严谨的，其对语言有严格的要求。“法律以细如丝毫的精确被法国诗人司汤达奉为楷模，据说司汤达每天早上工作前都要读几段拿破仑法典，以找找风格。”②即便如此，面对复杂万千的大千世界，通过语言表达的法律往往会出现捉襟见肘的情形。③ 为了使法律被社会公众所熟悉，法律语言会力求通俗易懂，但语言通俗不能以牺牲法律的逻辑性与严谨性为代价。法律语言中必须保留大量的专用概念及术语，如“诉讼时效”“行为能力”“意思表示”“不当得利”“补充责任”“过失相抵”等。这些概括性的词语、专用术语本身含义的边界非常模糊，就形成了不确定概念。“一条法规的语词往往不能完整地或准确地反映该法规制定者的意图和目的。当立法者试图用简洁但却一般的术语表达其思想时，那些在过去曾属于整个意图范围中的情形，在当今则几乎完全切割出去了。”④法律允许不被明确地表达，因为法律是为解决案件而创立的，而案件的多样性是无限的。一个自身封闭的、完结的、无懈可击的、清楚明了的法律，也许会导致法律停滞不前。⑤ 因此，法律语言最重要的特征之一就是具有抽象性，以实现普遍的拘束力。之所以要求这样的特点，是因为语言文字越具体明确，覆盖性和包容性越低。相反，语言越高度概括和抽象，则生命活力越强，越能与时俱进，容纳更多的新生事物，具有更广阔的发展空间。但任何事物都有两面性，法律语言的高度抽象性注定是有缺陷的，会带来一定的负面效果，即随着抽象性和概括性的提升，法律规范本身含义的模糊性越来越严重。例如，法律文本中常常使用“重大过失”“善意”“过错”等不确定概念以概括更多情势，但却导致法律理解上的诸多疑难。法律语言的抽象性、概括性和模糊性成为立法者难以逾越的障碍。

---

① 参见黄建辉：《法律漏洞·类推适用》，台北，蔚理法律出版社1988年版，第31页。

② ［德］阿图尔·考夫曼、温弗里德·哈斯默尔主编：《当代法哲学和法律理论导论》，郑永流译，法律出版社2013年版，第292页。

③ 郑永流：《法律方法阶梯》，北京大学出版社2012年版，第15~16页。

④ ［美］E.博登海默：《法理学：法律哲学与法律方法》，邓正来译，中国政法大学出版社2004年版，第556页。

⑤ 参见［德］阿图尔·考夫曼、温弗里德·哈斯默尔主编：《当代法哲学和法律理论导论》，郑永流译，法律出版社2013年版，第187页。

四、复杂系统指向的逻辑规律

从逻辑学的角度看,法律规范无论如何严密都不可能妥当覆盖所有应予调整的社会关系。1931 年,奥地利裔美国著名数学家歌德尔(Godel,1906~1978)提出了著名的不完全性定理。该定理是指:(1)在任何一个包含算术的无矛盾的系统中,存在不可判定的命题,即存在一个命题 G,G 和非 G 在该系统中都不可证,这被称为第一不完全性定理。(2)任何一个包含算术的形式系统的无矛盾性在该系统是不可证明的,这被称为第二不完全性定理。① 要想拥有一个复杂的系统,就必须以牺牲无矛盾性为代价;相反,要想拥有无矛盾性的系统,则该系统不可能是复杂的系统。不完全性定理与我国古代哲学中"鱼和熊掌不可得兼"的逻辑理论是相通的,打个比喻,如果将系统的复杂性比作"鱼",将系统的无矛盾性比作"熊掌",我们只可能取"鱼"或"熊掌"其一,而不可能两者兼得。法律体系是一个复杂的系统,必然受到不完全性定理的支配。因此,法律系统不可能是没有矛盾的,必然会因其复杂性而引发矛盾,显现出不圆满。我国制定法主要包括:全国人大及其常委会制定的法律,国务院制定的行政法规,国务院各部门制定的规章,有立法权的地方人大制定的地方法规,有立法权的各级人民政府制定的地方规章。此外,还有数量不断增加的最高人民法院制定的司法解释。从现行有效法律、法规、规章及司法解释数量看,制定法是一个极为庞大、复杂的体系,不可能实现无矛盾性和完备性兼备。因此,法律漏洞的发生有着逻辑上的必然性。

第二节　法律漏洞的通常特征

法律漏洞仅存在于法内空间,而不可能存在于法外空间。如果待决事项处于法内空间,即法律应当予以调整但却未进行规定或未妥当规定,则属于法律漏洞;如果待决事项归属法外空间,则法律存在的"不圆满"并非漏洞。在确定法律漏洞存在范围的基础上,审查法律漏洞的构成要件,可以从理论层面实现对法律漏洞的认知。

---

① 参见张洋:《类推在弥补法律漏洞中的适用》,载《河南公安高等专科学校学报》2007 年第 1 期。

一、存在范围:法内空间

(一)法外空间及其调整手段

法律作为人际关系的调节器一直发挥着巨大而决定性的作用,但在任何社会中,仅仅依凭法律这一社会控制力量显然是不够的。实际上,还存在一些能够指引或引导人们行为的其他工具,包括权力、行政、道德和习惯等。全面建立法治国家意味着法律是国家治理最主要的手段,法律是形成良好社会秩序的基本前提,但并非所有的社会事项都要通过法律进行调整,道德、宗教、风俗习惯等非正式规范亦为维护秩序、构建规则、化解纠纷不可或缺的社会规范组成部分。社会生活实践证明,有了法律后,法律之外的社会规范不仅没有消失,反而更加深刻地检验着法律。在任何一个社会,试图通过立法的方式将社会秩序全方位地纳入立法控制范围的想法或者做法,都存在一个不得不面对的风险,那就是部分法律条款被虚置。我国当前很多规则要靠法律去确立和维护,但是法律过多地入侵法外空间,会造成法律的“闲置”,进而损害法律的权威。法治社会建成之前的几千年间,民间法一直是社会生活调控的最主要手段,绝大多数的生活领域由民间法所管领。很长时间内,习惯等民间法的主要功能并非作为制定法的辅助进行漏洞补充,而是具有其独立掌管领域及纠纷解决价值。只是随着社会生活日趋繁杂,纠纷的解决需要更加稳定和规范的手段。相较于民间法而言,制定法对社会纠纷有着更有力和更可预测的调整效果,这使制定法调整的领域日益扩大,民间法调整的领域日渐缩小。“法治的精义不在于‘凡事必诉’,而在于在各种治理手段并存的情况下,法律具有最高的权威。”[①]我们不能寄望于法律垄断社会纠纷的解决,因为“这种垄断会导致社会中其他纠纷解决机制的衰落和萎缩,会丧失各种纠纷解决机制之间的竞争和创新”[②]。因此,无论制定法数量如何增长、调整领域如何扩张,其都不应该更不可能成为纠纷解决的唯一手段。

法外空间永远不可能消亡,因为有些事情不适合法律管理,特别是道德领域的事情。例如,感情、恋爱、友谊、思想、信仰、私人好恶、日常礼仪等。拉德布鲁赫(Gustav Radbbruch,1878—1949)早就发现,法能够实行道德,而不是强迫实行道德;法有利于道德,它同时也有碍于道德。[③] 例如,子

---

① 刘星:《西窗法雨》,法律出版社2013年版,第117页。

② 苏力:《制度是如何形成的》,北京大学出版社2007年版,第176页。

③ 参见[德]古斯塔夫·拉德布鲁赫:《法律智慧警句集》,舒国滢译,中国法制出版社2016年版,第13页。

女对于父母的探望与精神赡养一直被认为是道德拘束的范畴，修改后的《中华人民共和国老年人权益保障法》将其纳入法律保护范围，该立法被俗称为“常回家看看”。孝顺是一种精神层次的行为，要靠内心的道德自觉去触发，通过社会其他强制力量督促人尽孝道并不是明智之举。如果说在法院强制判决下，子女不得已而履行对父母的精神赡养义务，那可能让子女在内心产生一种逆反（父母已经认为自己不是孝子），其对父母的探望很可能更加流于形式。况且，法院根本无从对探望方式作出明确的判决，即便作出了判决也无法进入强制执行。如果父母与子女之间的亲情要靠法律去维系，温情必定在强制执行中荡然无存。法律强制拘束道德难以实现对道德的督促。

法外空间发生的纠纷不应由法院管辖。例如，山东省莱西市人民法院审理的柳某圣诉刘某治名誉权纠纷一案[①]，法院认为：“群主与群成员之间的入群、退群、解散群等行为，应属于一种社会交往情谊行为，不产生民事法律关系，可由互联网群组内的成员依照群规和功能设置权限自主进行。”该部分说理是对原被告之间纠纷性质的界定，即微信群群主和成员的进出群行为属于法外空间的情谊行为，不属于法律纠纷，不应归属法律进行调整。这意味着，现行法律虽未对该案纠纷作出规定，但法律并不因此而存在漏洞。法院同时认为：刘某治使用互联网平台赋予群主的功能权限，将其认为违反群规发言不当的柳某圣移出群组，是互联网群组内“谁建群，谁负责”“谁管理，谁负责”自治规则的运用。该部分论述是对原被告之间纠纷处理方式的阐明，即应当依靠互联网微信群组内部自发形成的自治规则——民间法进行解决。该裁判作出后获得了社会上一致的认同，这说明“法外空间事项应归由民间法进行管理”的观点是有社会认知基础和可接受性的。“不能理所当然的认为，国家法总是优越于民间法，国家法处于正统地位，民间法处于边缘角落。”[②]现代法治应容许民间法在合理范围内构建秩序，并与法秩序一道，以既互相对抗又互相协调的方式共同塑造和谐的社会秩序。[③] 党的十九大报告提出要“坚持依法治国和以德治国相结合”，实质上即是对符合公众利益的伦理道德、风俗习惯等民间法在法治国家建设中的重要价值和不可或缺的地位的肯认。

（二）法外空间与法内空间的边界

法外空间与法内空间只是一种应然状态，其边界并非清晰可见。在法

---

① 山东省莱西市人民法院民事裁定书，（2019）鲁0285民初4407号。

② 李义辉：《民间法与司法中的法律续造》，载《甘肃政法学院学报》2016年第2期。

③ 参见魏治勋：《民间法思维》，中国政法大学出版社2010年版，第28页。

外空间所为的行为既不能评价为合法,亦不能评价为违法,法外空间并非指法律绝对没有规定,其与法内空间有时存在模糊的边缘地带。例如,《婚姻法》第4条①规定夫妻应当互相忠实,互相尊重。这一规定对于夫妻之间忠实义务的调整仅是倡导性的,并不具有法律上的强制效力。这种模糊调整导致实践中对于夫妻之间忠诚协议的效力产生极大争议。《上海市高级人民法院民事法律适用问答》(2003年第1期)中的意见为:"夫妻一方以对方违反忠诚协议为由起诉要求赔偿损失或支付违约金的,人民法院不予受理;在离婚案件中提出的,人民法院对此诉请不予处理。"该意见认为忠诚协议属于法外空间,不属于法律调整的范围,由其引发的纠纷不属于法院受理民事案件范围。最高人民法院吴晓芳法官持相反观点,她认为,夫妻忠诚协议符合婚姻法的基本精神,是对婚姻法中"夫妻应当互相忠实"规定的具体化,忠诚协议中给付金钱的约定具有违约赔偿的性质,使婚姻法上原则性的夫妻忠诚义务具有了可诉性,因此忠诚协议应当有效,应受法律保护。② 再有需要注意的是,因时间、地域的不同,法律对同一事项会产生不同的认知和态度,比如对于同性恋问题,在世界不同的国家、同一国家的不同时间,法律对其态度、是否采取规范和评价都有可能是不同的。

法外空间与法内空间的范围并非一成不变。有些原本属于法外空间的事项会因为新的立法将其收归法律管辖,有些法律管辖效果不好的事项也会被交还民间法而重新归属法外空间。有时,同一行为因其程度不同而归属不同的领域,如自愿帮助别人的情谊行为。"如果施惠人在情谊行为过程中未导致对受害人合法权益的损害,则此种情谊行为仅处于'法外空间',是纯粹的情谊行为。但施惠人在从事情谊行为的过程中使受害人产生损害,由此进入民法的调整领域,情谊行为就由'法外空间'转化为侵权行为,成为民事法律事实,引发侵权责任。"③如男朋友自愿接送女朋友上下班,假设男朋友在接送过程中因驾驶技术问题导致女朋友受到惊吓,女朋友对男朋友进行责骂埋怨,该行为属于道德拘束范畴;但若女方因惊吓过度而生病入院,则可以依法要求侵权损害赔偿。

法内空间与法外空间的根本区别在于分别归由不同的手段治理。法内空间应由法律管理,法外空间的事项专属习惯等民间法掌管,制定法不得进入。这正是法律漏洞只存在于法内空间的法理基础。

---

① 即《民法典》第1043条。

② 参见吴晓芳:《当前婚姻家庭案件的疑难问题探析》,载《人民司法》2010年第1期。

③ 王利明:《债法总则研究》,中国人民大学出版社2015年版,第321页。

二、构成要件:概念中的关键词

从法律漏洞的概念可知,法律存有违反立法计划的不圆满性属于法律漏洞的主要特征,而是否违反立法计划则需以整体现行法律秩序为标准。通常情况下,是否构成法律漏洞应从以下三个关键词进行判断。

(一)整体现行法律秩序

法律秩序是以基本规范为起点构建法律规范体系的,从一个基础规范中追溯所有规范的效力来源,组成一个规范体系,或一个秩序。这一基本规范,就如一个共同的源泉那样,构成了组成一个秩序的不同规范之间的纽带。所谓整体现行法律秩序,一般是指由现行制定法(英美法系也包括判例法)组成的规范体系。具体到我国而言,整体现行法律秩序则指包括宪法、法律、法规、规章和司法解释在内的规范体系。在国内法律秩序的范围内,宪法代表着实在法的最高层次。在这里,宪法指的是调整着一般法律规范创造的实在法律规范,在法律规范等级体系的形成中起着重要作用,决定有权创造一般法律规范的机关和将被创造的一般法律规范的内容。制定法和行政命令在国内法律秩序中是比较常见的两个层次,它们不仅包含一般规范,还包含其他内容,甚至并不是法律规范的内容。依照凯尔森(Hans Kelsen,1881—1973)的理论,司法判决也是法律秩序的组成部分,法院创造的个别规范代表着从宪法的制定开始,继之以立法或习惯到司法判断,并导致制裁的执行这一过程的过渡阶段。这一过程是法律个别化具体化过程的必经阶段。从司法方法的视角看,法律秩序更多的是指司法者对规范和价值矛盾进行统一解释后的产物,因此不可避免地带有一些行为者的意志因素。①

(二)违反立法计划

王泽鉴先生认为,对于某项法律问题,法律未设规定时,是否构成法律漏洞,应视其是否违反规范计划而定。② 是否违反立法计划是法律是否存在漏洞的主要判断依据之一。所谓"违反立法计划"中的"计划",一般情况下是很难从最初的规范目的中产生的计划,因为这种计划是难以得到考证的,大多数情况下只能是法律适用者根据价值判断指引所欲达成的理想计划;亦即从法律的立法目的考量,其应当作出的规范设计。③ 违反立法计

① 参见[奥]凯尔森:《法与国家的一般理论》,沈宗灵译,中国大百科全书出版社1996年版,第26页;[奥]凯尔森:《纯粹法理论》,张书友译,中国法制出版社2008年版,第145页。

② 参见王泽鉴:《民法学说与判例研究》,北京大学出版社2015年版,第120页。

③ 王利明:《法学方法论》,中国人民大学出版社2011年版,第428页。

划的原因,或是立法者未能对社会关系充分预见,或是虽有预见但未能妥当进行规范,或是社会发展出现新的情形等。因此,法律漏洞的出现通常情况下并非立法者有意的安排。

特别值得注意的是,立法者对一些问题是难以作出有效计划的。如“隔代探望权”的立法纠结即是典型事例。《婚姻法》第 38 条①规定,父母有探望子女的权利。该法未赋予祖父母、外祖父母对孙子女、外孙子女的探望权。最初的计划大致应该是,祖父母、外祖父母如果需要探望,可在父母探望时随同一并探望,祖父母、外祖父母、兄弟姐妹及其他亲属的探望权以该方式可以间接获得保护。但是,在父或母一方去世的特殊情况下,法律对于祖父母、外祖父母的探望权未作规定,是否违反立法者的计划?祖父母、外祖父母对于孙子女、外孙子女享有的探望权是否属于法律应当予以保护的利益?根据《继承法》的规定,孙子女、外孙子女可以作为代位继承人继承祖父母、外祖父母的遗产,立法设计了隔代亲属间的继承权利,可见祖孙之间的亲权关系属于法律保护的对象,相应地,祖父母、外祖父母的探望权亦应当属于法律予以保护的对象。但是,在父母去世的特殊情况下,祖父母、外祖父母原本可以行使探望权的通道被阻断,其无法随同父母行使探望权,立法时对于该特殊情况未能预见并给予相应的规定,导致祖父母、外祖父母的探望权无法获得法律有效保护。《民法典》婚姻家庭编原拟增加“隔代探望权”的规定,民法典(草案)征求意见稿和民法典(草案)一审稿拟规定:“祖父母、外祖父母探望孙子女、外孙子女的,参照适用离婚后不直接抚养子女的父或母有探望子女的权利、另一方有协助的义务的规定。”民法典(草案)二审稿拟规定:“祖父母、外祖父母探望孙子女、外孙子女,如果其尽了抚养义务或者孙子女、外孙子女的父母一方死亡的,可以参照适用前条规定。”“前条规定”指离婚后不直接抚养子女的父或母对子女探望权的规定。民法典(草案)三审稿起,该规定被删除。在正式颁布的《民法典》婚姻家庭编中亦无关于“隔代探望权”规定。从“隔代探望权”是否进入立法、如何进行立法的反复和争议中,可以看出立法者在一些事项上存在“难以计划”的情形。

(三)不圆满性

不圆满性是法律适用者对法律现状与理想计划进行比较的结果,因此,“有漏洞的并不是法律,而仅是我们迄今为止对法律的认识”②。不圆

---

① 即《民法典》第 1086 条。

② Larenz, canaris, Methodenlehre der Rechtswissenschaft(wie Anm. 2), S. 290.

满性是法律漏洞的根本特征。黄茂荣认为,如果一个生活类型未受法律规范,那么,在该生活类型所发生的问题,即不能找到法律上的答案。如果该问题经判断,认为不适合归属于法外空间,则这种情形之存在便是在法律补充的讨论上,被提到之法律对该问题的不圆满性。① 简言之,法律如果对于应受其保护的合法利益没有给予相应的规定,而导致该合法利益无法寻求法律救济,则法律于此显现出不圆满性。例如,《民法通则》对死者人格权保护未作出规定,但现实中侮辱死者人格权的情形时有发生,法律显现不圆满性。《最高人民法院关于审理名誉权案件若干问题的解释》(法释〔1998〕26号)第5条对此"不圆满"予以填补,最终,《民法典》第185条则以立法形式对该不圆满性彻底予以消除。

第三节 特殊的法律漏洞与非真正的漏洞

从法律漏洞的特征看,违反立法计划通常属于法律漏洞的关键要素。但是,法律可能对尚无定论的问题不作规定……法律也可能由于有关机构的决定只作出了笼统的指导方针而保持沉默。② 实际上,有些情形是立法者已经预见,但因立法时机、立法水平限制,暂时无法作出有效规定,而授权法学和司法实践予以解决;或是因立法技术需要,必须制定出存有裁量空间的一般条款或使用待价值补充的不确定概念;或是立法者认知了相应事实,但认为无法通过法律作出有效安排,而仅通过既有的法律条款表明立场,同时不允许法官在司法过程中予以填补的"有意义的沉默"。因此,在普通的法律漏洞之外,尚存在不违反立法计划或无法作出有效计划的特殊漏洞。

一、计划安排的漏洞:对法学和司法实践的授权

立法对法学和司法实践的授权是指,立法者对已经预测到的社会事实有意不予规定,因为对该类事实无法在法律上作出有效的安排,立法者希望留待法学作进一步研究或者经由司法实践探索出经验后再通过立法予以解决。立法者一般都意识到自己认知能力的有限性,他们认为,作出法律规定很棘手,所以有意识地容许法官造法,③以免由于操之过急,作出不

① 参见黄茂荣:《法学方法与现代民法》,法律出版社2007年版,第377页。

② 参见[美]罗纳德·德沃金:《法律帝国》,李常青译,中国大百科全书出版社1996年版,第8页。

③ 参见[德]伯恩·魏德士:《法理学》,丁晓春、吴越译,法律出版社2013年版,第348页。

成熟而又僵硬的规范,以致妨碍生活关系之自由发展及法律的进化。[①] 这就是现实中"计划安排的漏洞"存在的原因。立法与司法有着明显不同的分工,立法关注一般事项,而司法则注重个案解决。"立法作为一项复杂的系统工程非一朝一夕可成,尤其法律的稳定性决定了法律修改的审慎态度和法律修改的周期应保持在一个较长期限内,法律不可能也不应该对社会生活中的新生事物作出及时灵敏的反应。"[②]因此,立法者有意识地对司法实践中面临的新问题授权法学研究和法官发挥司法智慧予以处理,而不允许法官坐等新法律出台后作出裁判。这些疑难案件在群体智慧的作用下会不断地提升、总结为裁判规则,成为立法机关制定新法的基础材料。所以说,"对法学和司法实践的授权"是立法者有意的安排,属于认知的法律漏洞。恩吉施认为,在立法者意识到法律问题的存在,并有意"搁置"决定,而听凭"学术和实践"来决断时,人们必须说这是漏洞。[③]

例如,死亡赔偿金的性质及分割问题即属于此类法律漏洞。《继承法》第 3 条[④]规定,遗产是被继承人死亡时遗留的合法财产。死亡赔偿金产生于被继承人死亡之后,显然并非遗产,不可以按照遗产进行分割。《最高人民法院关于空难死亡赔偿金能否作为遗产处理的复函》(〔2004〕民一他字第 26 号)认为,空难死亡赔偿金是基于死者死亡对死者近亲属所支付的赔偿。《中华人民共和国侵权责任法》(以下简称《侵权责任法》)(已失效)第 18 条[⑤]规定,被侵权人死亡的,其近亲属有权请求侵权人承担侵权责任。据此规定,死亡赔偿金请求权的权利主体是死者的近亲属。法律规定近亲属包括配偶、父母、子女、兄弟姐妹、祖父母、外祖父母、孙子女、外孙子女。因此,死亡赔偿金的分配范围不仅包括第一、二顺序法定继承人,还包括并非法定继承人的孙子女、外孙子女,各权利人无论继承顺序为何、有无继承身份,只要属于近亲属均可直接参与分配。那么,近亲属各成员是否为同等权利人?近亲属与死者生前是否共同生活、与死者亲密程度是否作为死亡赔偿金分配比例的考量因素?并非近亲属,但死者生前实际扶养者能否成为死亡赔偿金的权利人?死者生前对死亡赔偿金的处分是否有效?上述问题在《侵权责任法》出台之前频现于司法实践,成为长期困扰

---

① 参见黄茂荣:《法学方法与现代民法》,法律出版社 2007 年版,第 429 页。
② 张维:《民政部门作为交通事故索赔案原告资格的法理辨析》,载《人民司法》2008 年第 19 期。
③ 参见[德]卡尔·恩吉施:《法律思维导论》,郑永流译,法律出版社 2014 年版,第 171~172 页。
④ 即《民法典》第 1122 条。
⑤ 即《民法典》第 1181 条。

法官的疑难问题,立法者对此仍未予规定,其主要原因应当是目前仍难以通过立法对此作出妥当规定,不如继续交由法学和司法实践作进一步的探索。

法律应着眼于社会主要矛盾和长期需要规范的事宜。因此,某些特殊情况下,立法授权法学和司法实践处理的事项是一种最为经济的安排,这些事项会随着时间的推移自行消亡,而不必由立法进行规范。如城市老旧多层住宅增设电梯,属于既有住宅全体业主共同行使管理权利、共同决定改建建筑物及其附属设施的行为。相关法律纠纷主要有两项:一是业主共同管理权的行使问题;二是权益受损业主的补偿问题。关于第一个问题,《民法典》第 278 条第 1 款第 7 项和第 2 款已经明确作出了规定,如果发生低楼层业主阻碍增设电梯,高楼层业主在满足法定条件时可以提起诉讼要求阻碍的业主排除妨碍。但是,增设电梯在高楼层业主享受上下楼便利及房屋增值受益的同时,给低楼层业主却带来了噪声、采光通风受限、房屋贬值等利益损害。关于第二个问题,因增设电梯权益受损的业主提起诉讼时,便遭遇了法律漏洞。至少包括如下规则空缺漏洞:①原被告的资格认定标准,如中间楼层甚至高楼层业主是否具备原告资格,低楼层同意增设电梯的业主是否为适格被告等;②是否构成侵权的判断标准;③损害数额的确定;④不同楼层住户承担赔偿(补偿)责任的比例、责任承担方式。笔者通过案例检索发现,即使同一省份内的不同法院对于此类案件亦作出了尺度差别较大的裁判。以广东省为例,此类案件主要有两种裁判方式:一种方式是法院认为原告的利益因加装电梯受到损害,判决由高楼层业主共同赔偿低楼层业主。例如,冯某某、冼某某等相邻损害赔偿纠纷案①,吴某某、邓某某等物权保护纠纷案②,谢某某、林某某业主共有权纠纷案③等。此种裁判方式是法院主流裁判规则,赔偿数额和责任承担方式均由法官根据个案情况裁量酌定,数额从几千元到数万元不等。另一种方式是法院以加装电梯属于业主忍受限度之内或损失无法计量为由,不支持原告的诉讼请求。前者如杜某某、陈某某排除妨碍纠纷案④,法院认为,不动产相邻的所有人在各自行使合法权利时,都要尊重他方所有人的权利,相互之间给予一定的方便,承受一定的限制。住宅加装电梯虽对低楼层业主房屋的采光和通风造成了影响,但该影响在合理容忍范围内,故对原告的诉讼请求

① 广东省广州市中级人民法院民事判决书,(2021)粤 01 民终 21457 号。

② 广东省广州市白云区人民法院民事判决书,(2021)粤 0111 民初 19954 号。

③ 广东省广州市中级人民法院民事判决书,(2019)粤 01 民终 19267 号。

④ 广东省广州市中级人民法院民事判决书,(2019)粤 01 民终 19386 号。

不予支持。后者如罗某某、何某某等排除妨害纠纷案①,法院认为,罗某某房屋采光受到的损害难以计量,并且罗某某的房屋位于四楼并非低楼层,故对原告的诉讼请求不予支持。此类纠纷在立法上存在规则空缺漏洞造成裁判疑难及尺度不统一,但其仅是一个时段内的特殊纠纷。随着时间的推移,没有加装电梯的老旧楼房越来越少直至不复存在,此类纠纷亦不会再发生。以立法方式对此作出规范不具有必要性。

二、似无却有的漏洞:不确定概念和一般条款

以内涵和外延是否确定为标准,法律概念被分为两类:一类是确定概念,是指内涵和外延相对确定的概念,诸如法人、婚姻、诉讼时效等;另一类是不确定概念,是指内涵和外延均不确定的概念,诸如公平裁量、诚实信用、善良风俗、重大误解等。一般条款是指法律中的某些不具有确定内涵和外延,又具有开放性的指导性规定,其文义是空泛的、抽象的,主要在于表达立法者的价值倾向,其具体内涵需要法官于个案中依据价值判断予以具体化。一方面,一般条款需要法官进行价值补充;另一方面,一般条款与法律原则具有类似性。“一般条款是从规则抽象角度提炼出来的技术性原则,而基本原则是更多地带有价值性、观念性……所谓‘基本原则’则可以是最大一般条款的基本价值观念。”②对于不确定概念和一般条款是否存在法律漏洞,存在争议。肯定说认为,一般条款因其不确定性和模糊性导致无法直接作为裁判的依据,属于立法者授权法官进行解释的规范,归于认知的法律漏洞。如梁慧星先生认为,法律解释与漏洞填补,既有区别,也有接壤地带。虽然在接壤地带泾渭难分,但在非接壤处则区别甚明。不确定概念和一般条款正是处于接壤地带,对于开放性不确定概念,其可能文义模糊,不足以确定其外延;而一般条款则连可能的文义也没有,学者称为“法内漏洞”或“授权补充的漏洞”已成通说。③ 进而,对于一般条款进行价值补充属于漏洞补充的核心理由在于:不确定概念和一般条款仅比未作任何规定的白地规定型漏洞稍进一步,而其具体内容的确定则需要法官进行填补,这种填补行为已经超出了语义射程范围,已不属于狭义的法律解释范围,而应归入漏洞补充。否定说认为,一般条款和不确定概念并不违反立法者的计划,仅是立法者在符合立法计划的前提下对法官约束的松动。如恩吉施即认为,“当立法者通过不确定的规范性概念或者又通过一般条

① 广东省兴宁市人民法院民事判决书,(2021)粤1481民初3490号。

② 耿林:《民法典的规范表达研究》,载《清华法学》2014年第6期。

③ 参见梁慧星:《民法解释学》,法律出版社2015年版,第298页。

款和裁量条款延续了一个决定的活动余地时,我不想再谈漏洞……制定法在这里为决定权毕竟标出了一定的指南和界限"。[①] 卡纳里斯同样认为,不管法律在这里是多么一般或不确定,它总算作了规定。从而有时虽可说它未作足够之法律上的评价,但不能说它未作法律上的指令。而法律指令上的有无,应是法律漏洞之范围的划分标准。何况,在这里也不具备法律漏洞概念"违反计划性"特征。[②]

孔祥俊教授从辩证法的视角给出如下结论。他认为,一般条款是否存在漏洞,取决于从形式意义上还是实质意义上进行判断。如果从形式意义上进行判断,一般条款是法律明文规定的条款,并无漏洞可言。但是,从实质意义上看,其内容是模糊的,只是给出了作法律衡量的名称而并未给出具体的衡量标准。[③] 不确定概念和一般条款仅是立法者在立法方向和目的上进行了指引,其是在无法进行有效安排情况下的"无奈之举"。因此,不确定概念和一般条款属于立法者"计划不能",而不属于违反计划。但是,对于不确定概念的明确和一般条款的价值补充,无法通过狭义的法律解释方法完成。例如,《民法典》第 1127 条第 3 款规定:"本编所称子女,包括……有扶养关系的继子女。"此处的"有扶养关系"系不确定概念,对于该概念的明确,实践中涉及共同生活时间长短、是否进行情感交流、交流深度、继父母对继子女是否进行物质上的帮助、帮助程度如何等。需要考量因素的数与量显然无法在文本语义射程范围完成解释,即无法通过狭义的法律解释方法予以解决,而需要在考察立法目的、立法文件或风俗习惯等因素的基础上完成。因此,从适用的法律方法的性质看,应当认为不确定概念和一般条款实际上属于漏洞。

三、非真正的法律漏洞:有意义的沉默

"有意义的沉默"系由拉伦茨教授提出。拉伦茨认为,"法律的沉默"包含法律漏洞和"有意义的沉默"两种情形,后者并不构成法律漏洞。此时,不容许借司法裁判来创设(或重新引入)这种法制度到我们的法秩序

---

① 参见[德]卡尔·恩吉施:《法律思维导论》,郑永流译,法律出版社 2014 年版,第 172 页。

② See Canaris, Claus-wilhelm, Die Feststellung von Lücken im Gesetz, 1964, S. 26f.

③ 参见孔祥俊:《法律方法论》(第 3 卷),人民法院出版社 2006 年版,第 1410 页。

中，因为法律于此并无“漏洞”。[①] 黄茂荣对“有意义的沉默”做了深入研究。他认为，“法律的沉默”包含“法律漏洞”、“有意义的沉默”和“其他沉默态样”三种情形。其中，“有意义的沉默”指立法者已经通过沉默表达了态度，即暂不拟通过法律对其拘束，其不属于法外空间，而属于反对解释不能封闭的法内空间。“其他沉默态样”即“自始的无据式体系违反”。[②] 因此，想要更清楚地阐释“有意义的沉默”，需要以反面解释为工具。

所谓反面解释，亦称反对解释或反面推理，系指自相异之构成要件，以推论其相异之法律效果而言，此即所谓以反对之法则，而适用于反对之事实也。反对解释推论之结果，则在反对文义“射程”之内。[③] 反面解释存在的法律依据是对于不同的事实构成应该给予不同的评价，这符合法律中的普遍平等原则。其逻辑前提是，法律体系已经从正面穷尽了能够引起某一法律后果的所有情形。换言之，反面解释只有在构成要件的一方被充分列举时，始成为一个有效的逻辑规则。对于反面解释的逻辑结构，黄茂荣解释为，假如只有在 A1、A2、A3……或 An 时，才导出 B。则如 C 非 A1、A2、A3……或 An，那由 C 就不能导出 B。在这里重要的是构成要件这一方的态样必须已被穷尽地列举。[④] 反面解释的适用必须是只有在法律规范的行为模式和该行为模式的法律效果之间存在必要条件或充要条件时，若前者为后者的充分条件，则不可使用反面解释。例如，《民法典》第 1133 条规定，自然人可以立遗嘱将个人财产赠与国家、集体或者法定继承人以外的组织、个人。此处立法即对自然人遗赠的对象作了穷尽式的列举，即“国家、集体或者法定继承人以外的组织、个人”，因此，可以通过反面解释，得出“法定继承人”并非适格受遗赠人的结论。不可以适用反面解释的情形有两种：其一，例示性规定。例示性规定为非穷尽式列举，反面解释无从适用。其二，开放性规定。例如，《民法典》第 1061 条规定夫妻有相互继承遗产的权利。此处不可作反面解释，若采取反面解释就排除了夫妻关系以外的人相互继承遗产的权利。实际上，父母子女也有相互继承遗产的权利。

---

① 参见[德]卡尔·拉伦茨：《法学方法论》，陈爱娥译，商务印书馆 2006 年版，第 249 页。拉伦茨对此举例说，民法典对房屋所有权原本并未规定，这并不构成漏洞。民法典的立法者基于土地法律关系明确性的考量，有意地不将房屋及其他建筑物部分的特别物权纳入民法，虽然他们对此等规定并不陌生。因此，如果要把房屋所有权制度引入现行法秩序中，就需要独立的——改变民法典部分规则的——法律。

② 参见黄茂荣：《法学方法与现代民法》，中国政法大学出版社 2007 年版，第 421~425 页。

③ 参见杨仁寿：《法学方法论》，中国政法大学出版社 2013 年版，第 154 页。

④ 参见黄茂荣：《法学方法与现代民法》，中国政法大学出版社 2007 年版，第 423 页。

有意义的沉默,司法权不得进入。如果法院认为这些地方存在漏洞并进行补充,就违反了法律。[①] 需要特别对“有意义的沉默”禁止法官予以补充的法理进行说明。法律不介入法外空间,并不意味着法律必须充满法内空间。笔者以实例来阐释为何法官不得对“有意义的沉默”进行补充。例如,无名氏或无法查明继承人的人因第三人侵权致死,谁可作为原告请求侵权赔偿?根据现行法律规定,原告必须是与案件有直接利害关系的公民、法人等。具体到此类案件中,原告只能是死者的近亲属。但是,此类案件中近亲属缺位,导致侵权人的赔偿责任变相免除,法律于此陷入对受害人救济无力的困境。为寻求解决出路,民政部门一度被推选为原告最佳人选,司法实践中也出现两种截然不同的裁判结果。如高淳县民政局诉王某某、吕某、天安保险江苏分公司交通事故人身损害赔偿纠纷案[②],洪江市民政局诉洪江市辉宇交通运输有限责任公司、付某某、中华联合财产保险股份有限公司洪江市支公司交通事故责任赔偿纠纷案[③],中银保险有限公司焦作中心支公司与延津县民政局、李某甲、李某乙、武陟县龙源和通运输有限公司道路交通事故人身损害赔偿纠纷案[④]等案中,法院均以民政局并非适格原告为由裁定驳回了起诉。然而,在中国人民财产保险股份有限公司泰兴支公司与浙江省长兴县民政局等道路交通事故人身损害赔偿纠纷案[⑤]以及中华联合财产保险股份有限公司驻马店中心支公司与汝南县民政局等机动车交通事故责任纠纷上诉案[⑥]等案中,法院均确认了民政局的原告资格。

法院裁定驳回民政局起诉的案件,从形式上看,使原本应当获得保护的利益(死者损害赔偿请求权)因权利主体缺位而失于法律救济,等同于放纵了侵权人;即使侵权人自愿履行赔偿责任,亦因缺少接受人而无法进行。法院判决认定民政局具有原告资格的案件,属于法官创造性补充法律漏洞。但这种漏洞补充方法无法解释民政局的原告资格来源问题,因为民政局既无法定授权亦无当事人委托授权。同时,赋予民政局原告资格将会引发更多无法解决的问题。诸如,民政局可否与侵权人进行调解?民政局有无权利谅解涉嫌交通肇事犯罪的侵权人?如何确定由死者进行扶养的人数、年龄、扶养费数额?民政局获得的赔偿款当如何保管?权利人出现

---

① 参见[德]伯恩·魏德士:《法理学》,丁晓春、吴越译,法律出版社 2013 年版,第 349 页。

② 参见《最高人民法院公报》2007 年第 6 期。

③ 湖南省怀化市洪江人民法院民事裁定书,(2009)洪民一初字第 77 号。

④ 河南省新乡市中级人民法院民事裁定书,(2012)新中民一终字第 213 号。

⑤ 浙江省湖州市中级人民法院民事判决书,(2010)浙湖民终字第 301 号。

⑥ 河南省驻马店市中级人民法院民事判决书,(2013)驻民三终字第 00367 号。

时,赔偿款当如何分配? 出现如此两难境地的根本原因是,该问题击中了“有意义的沉默”。《侵权责任法》颁布前,因无名氏受害引发的原告主体资格问题已经频繁发生,《侵权责任法》之所以仍然未对此特殊情况作出规定,并非立法者寄希望于“法学和司法实践”进一步探索经验,而是实在无法作出有效安排,故此处的法律空缺属于“有意义的沉默”。在《侵权责任法》颁布后不久,2010 年 12 月 9 日,《最高人民法院关于侵权行为导致流浪乞讨人员死亡,无赔偿权利人或者赔偿权利人不明的,民政部门能否提起民事诉讼的复函》(〔2010〕民一他字第 23 号)已经明确否定了民政局的原告资格。简言之,“有意义的沉默”系特殊概念,被创设之初即被赋予特定的含义:“有意义的沉默”归属法内空间,属于立法者已经预见到的情形,由于特殊原因而未能予以明确规定,但立法者已经以其他方式表明了态度。该欠缺不构成法律漏洞,禁止法官在司法过程中进行补充。

第四章　法律漏洞的分类

对事物进行分类应当明确分类的目的,法学分类的目的在于更加深入地认识法学问题的本质,科学的法学分类对于法学理论问题研究和司法实务操作有重要的价值。这就好比当设备无法正常工作时,应根据故障原因选用不同的维修工具和方法。法律出现漏洞时,亦必须在查明漏洞类型的基础上选取相应的漏洞补充方法。这要求法律漏洞分类具有很高的科学性。就现有的法律漏洞分类而言,其目的是多元的,既包括立法者视角的分类,旨在以更加缜密的手段避免或减少因立法水平的限制而产生的漏洞;也包括纯粹理论研究者视角的分类,旨在深入研究法律漏洞的特征与发生原因;还包括裁判者视角的分类,将各种法律漏洞妥当地安排在同一体系下,意图实现在裁判过程中合适地填补法律漏洞。现有诸多标准下的法律漏洞分类,为我们深刻认识法律规范的不圆满性提供了有力的理论支撑。但是,现有分类大多单纯地将法律规范作为分析对象,关注法律体系、法律规范内部的融洽性和圆满性,对法律漏洞的认识方式是绝对的、静止的,忽视了法律漏洞的相对性特征。随着法学研究从立法中心主义转向司法中心主义,主要服务于立法者的法律漏洞分类难以为司法实践提供有效指引。笔者认为,应当摆脱传统分类的束缚,从裁判者的视角提出与漏洞补充方法相关联的法律漏洞分类。

第一节　法律漏洞二分法分类与评价

文献上多采用某种区分标准将法律漏洞作两种相互对应的区分,即二分主义(der dualismus),这种分类方法的优点是分类标准统一、容纳性强,当然,随之而来的缺点是精细度不高。二分法分类主要有以下八种:

一、自始的漏洞与嗣后的漏洞

此分类以法律制定时漏洞是否存在为标准。自始的漏洞(anfängliche lücken)是法律制定时业已存在的,亦称为“原本的漏洞”(primäre lücken),赫克称为“第一次漏洞”。例如,《中华人民共和国物权法》(以下简称《物权法》)(已失效)制定时,对于物权请求权是否适用诉讼时效并未明确作出规定，即属于自始的法律漏洞。嗣后的漏洞（nachträgliche lücken）为法律制定时并不存在，后因情势变更产生的法律漏洞。即在法律规定颁布之后才出现的漏洞，又称为“继发的法律漏洞”或者“派生的法律漏洞”（sekundäre lücken），赫克称为“第二次漏洞”，黄茂荣称之为“演变式体系违反”。嗣后的漏洞出现是因为在法律颁布的时间点（T1）和适用的时间点（T2）之间经过新的发展后，应当得到调整的事实情况（受到技术或者经济影响的生活事实）或多或少地发生了重大变化；如果得到调整的生活领域的结构在T1和T2之间发生了重大变化，那么对这些新的事实行为就没有法律规定的存在。立法对它们一无所知，它们也不可能得到立法的评价。[①] 简言之，随着时间的推移，规则的客体发生了变化，导致法律对其评价发生了改变。例如，随着科技发展出现的人工胚胎，法律对其未作规范，此时即出现“嗣后的漏洞”。嗣后的漏洞也可能这样产生，即立法的价值观通过其他领域新法律的颁布而生效，但是它却与现行法律之间有着紧张关系，偶尔有着公开的矛盾，亦即冲突漏洞。

对该分类的评价：一是可以让人们认识到法律是否存有漏洞具有流动性，法律会随着时间推移而发生变化，原本圆满的法律可能出现欠缺，原本不圆满的法律也可能随着时间推移而自我修复。二是如果是自始的法律漏洞，则需要考察立法时对此是否认知，因为是否认知影响进一步的分类。

二、认知的漏洞与未认知的漏洞

此分类以立法者在制定法时是否对法律的不完整状态已有认知为标准。由于很难在事后证明法律漏洞是否为立法者所认知，因此二者都被看作“自始的漏洞”。认知的漏洞（bewußte lücken）是立法者在制定法律时对系争问题已有认知，但认为最好在法院与学术界的共同努力下逐步完成，以免由于操之过急而作出不成熟的、僵硬的规定妨碍社会生活的自由发展及法律的进化。[②] 认知的漏洞主要包括两种：一是对法学和司法实践的授权；二是一般条款和不确定概念。

未认知的漏洞（unberwußte lücken）往往是由于立法者的过失或者疏漏导致，对应予规定的问题未作回答。需要注意的是，立法者的过失或者疏漏导致的规定错误或矛盾不属于未认知的漏洞。虽然“漏洞”和“错误”同属于法律上的缺陷，但法律适用者对二者的弥补却采用不同的方式来完

① 参见［德］伯恩·魏德士：《法理学》，丁晓春、吴越译，法律出版社2013年版，第355页。

② 参见黄茂荣：《法学方法与现代民法》，法律出版社2007年版，第429页。

成。对于法律漏洞形成的缺陷,法律适用者通过漏洞补充来完成。相反,对于法律错误造成的缺陷,法官将通过法律修正来消除。

对该分类的评价:如果立法者认识到法律漏洞的存在,法官可以通过对立法资料的考察来确定漏洞产生的背景与原因,通过相应的信息探究立法者的真实意图,并按照立法者的意图修复立法的欠缺。反之,如果立法者没有认识到法律漏洞的存在,则不存在立法者的意图,需要法官在案件事实与现行法律精神和原则之间循环往复进行认定,因此法官负有较重的论证义务。

三、开放的漏洞与隐藏的漏洞

该分类由德国法学家拉伦茨提出,以嗣后的漏洞中制定法对系争问题是否有规范为标准。开放的漏洞(offene lücken)又称为明显的漏洞,是指"就特定类型事件,法律欠缺——依其目的本应包含之——适用规则时,即有开放的漏洞存在"。① 即如果法律对依规范的意旨应予规范的案型未加规范,那么法律就存有开放的漏洞。当某个规范的非完整性很明显时,认定法律存有漏洞相对简单。在此,法官仅需要认定立法在表达规范的时候忽略了对法律适用而言是必需的组成部分。这种不完整性一般也称为"纯粹的"或"公开的"漏洞。隐藏的漏洞(verdeckte lücken),是指"就特定类型事件,法律虽然含有得以适用的规则,惟该规则——在评价上并未虑及此类事件的特质,因此,依其意义及目的而言——对此类案件并不适宜"。②

梁慧星先生将开放的漏洞进一步分为三种类型:一是授权型漏洞。即立法者或准立法者关于某事件任由解释者进行价值判断,不设任何规定的情形。开放的漏洞多数属于此类漏洞。二是消极型漏洞。即关于某种事件,法律未设任何规定,但立法者或准立法者已有消极的价值判断的情形。三是预想外型明显漏洞。即立法者或准立法者由于对某种事态不知,因而未设任何规定的情形,可进一步分为原始的预想外型明显漏洞和嗣后的预想外型明显漏洞。③ 梁慧星先生将隐藏的漏洞进一步分为四种类型:一是白地规定型漏洞。即诚实信用原则、权利滥用之禁止等白地规定。这种情形,立法者或准立法者任凭解释者对白地规定的内容进行补充。但毕竟或多或少用抽象词语作了笼统的规定,因此与根本未设规定的明显漏洞有所

---

① [德]卡尔·拉伦茨:《法学方法论》,陈爱娥译,商务印书馆 2003 年版,第 254 页。

② [德]卡尔·拉伦茨:《法学方法论》,陈爱娥译,商务印书馆 2003 年版,第 254 页。

③ 参见梁慧星:《民法解释学》,法律出版社 2015 年版,第 262~263 页。

不同。二是预想外型隐藏漏洞。即依法律条文所使用词语的意义,涵盖了本不应被涵盖的某种事件,而此隐藏漏洞的产生是由于该种事件超出立法者或准立法者的预想。判断该事件是否超出立法者或准立法者的预想,主要应了解立法者或准立法者基于什么样的社会情势而制定法律。三是冲突型漏洞。即上述碰撞漏洞。例如,《中华人民共和国立法法》(以下简称《立法法》)第 89 条规定地方法规的效力高于本级和下级地方政府规章,第 91 条规定部门规章与地方政府规章具有同等效力,该两条联合解读可以得出地方法规效力高于部门规章的结论。但该法第 95 条又规定地方法规与部门规章不一致时由国务院裁决,即地方法规与部门规章效力相同。如此一来,该法就出现了逻辑上的冲突,导致地方法规与部门规章的效力高低出现两种不同理解。四是立法趣旨不适合型漏洞。即法律规定的立法者或准立法者意思,反于自己设定的立法趣旨的情形。①

对该分类的评价:可以完成部分类型法律漏洞与漏洞补充方法之间的关联关系,如开放的漏洞优先适用类推适用,隐藏的漏洞主要通过目的性扩张或限缩。特别是梁慧星先生在该分类基础上所作的进一步细分,已将法律漏洞的各种情形几近穷尽,为法律漏洞的补充提供了可靠的分类基础。其缺点是,过于细致,造成区分困难。

四、真正的漏洞与不真正的漏洞

该分类由德国法学家齐特尔曼(Zitelmann,1852—1923)提出,其也是最早(1907 年)提出法律漏洞概念的法学家。真正的漏洞(echte lücken),是指法律对应予规范之案型根本未加以规范,相当于拉伦茨所称的“规范漏洞”。不真正的漏洞(unechte lücken),是指法律对应予规范的案型虽有规定,但缺少对一般规定的限制规定而构成漏洞,相当于拉伦茨所称的“规整漏洞”。②

对该分类的评价:此分类遭到广泛质疑,因为按照法律漏洞的定义,只要构成了违反计划的不完整性,即为真正的法律漏洞,而无所谓真正和不真正之分。黄茂荣称,由于真正与不真正的漏洞常不指称同一内容,以致这对用语在法学上几乎已失其传送消息的能力。③

---

① 参见梁慧星:《民法解释学》,法律出版社 2015 年版,第 262~263 页。

② 参见[德]卡尔·拉伦茨:《法学方法论》,陈爱娥译,商务印书馆 2003 年版,第 251 页。

③ 参见黄茂荣:《法学方法与现代民法》,法律出版社 2007 年版,第 432~433 页。

五、全部漏洞与部分漏洞

该分类由德国法学家达姆(Dahm,1904—1963)提出。该分类系以法律对于特定事项是否有所规范,或者虽有规范但不完全为标准。对该类案型根本没有法律规定的,即属全部漏洞(gesamtlücken),相当于拉伦茨所称的“法条漏洞”和黄茂荣所称的“全部残缺式体系违反”;对于该案型有规范但不完全的,属于部分漏洞(teillücken),相当于拉伦茨所称的“规范漏洞”和黄茂荣所称的“部分残缺式体系违反”。例如,《民法典》第146条第1款对于虚假行为的效力作出了规定,但是对于虚假行为是否可以对抗善意第三人未作出规定。再如,根据《中华人民共和国仲裁法》第20条第1款规定,当事人对仲裁协议的效力有异议,可以请求仲裁委员会作出决定或者请求人民法院作出裁定,但对于当事人应向何地何级法院提出请求未进行明确指引。此两处规定均存在部分漏洞。

对该分类的评价:此分类价值不大,其与真正的漏洞与不真正的漏洞的分类一样受到学者的批评。黄建辉称,此分类不仅无必要,且可能启人疑窦。① 但王利明教授认为该分类有两方面价值:一是有助于明确漏洞补充方法的选择,即全部漏洞必须依靠法官造法确定裁判大前提,部分漏洞则可以借助狭义的法律解释方法寻找裁判大前提。二是可以明确法官据以填补漏洞的规则是否应当符合法秩序。若属部分漏洞,填补漏洞的规则必须与既存制度相一致;若属全部漏洞,法官则不必须受此拘束。② 以方法论的逻辑可以认定这种评价有失妥当:对于其一,狭义的法律解释方法和法律漏洞补充方法的功能不同,如果狭义的法律解释方法可以对存有欠缺的法律予以修复,则法律并不存在漏洞;对于其二,法官填补法律漏洞必须遵循符合法秩序原则,不符合法秩序和既存法律制度的漏洞补充是不具有合法性基础的。③

六、表述漏洞与评价欠缺型漏洞

该分类由德国法学家齐佩利乌斯提出。表述漏洞(formulierungslücken)存在于这样的情况下,即法律本身从字面上来看没有提供一项完整

① 参见黄建辉:《法律漏洞·类推适用》,台北,蔚理法律出版社1988年版,第67页。

② 参见王利明:《法律解释学》,中国人民大学出版社2016年版,第338页。

③ 任何法律漏洞的补充均必须符合整体法秩序,而无论其属于全部漏洞或部分漏洞。部分观点可见如下著作:[美]罗纳德·德沃金:《法律帝国》,李常青译,中国大百科全书出版社1996年版,第201页;[德]伯恩·魏德士:《法理学》,丁晓春、吴越译,法律出版社2013年版,第359页;王泽鉴:《民法学说与判例研究》,中国政法大学出版社2005年版,第307页。

的行为指示，[①]相当于部分漏洞。表述漏洞产生于制定法、习惯法和判例法都没有对一个法律问题给出直接回答的地方，一般是立法者无意为之。某些特殊的情况下，立法者也可以有意为之。《民法典》第1124条规定，受遗赠的人应当在知道受遗赠后60日内作出接受或者放弃遗赠的表示，到期没有表示的，视为放弃受遗赠。但是，该法对于受遗赠人作出接受遗赠的意思表示对象和方式均未作出规定。

评价欠缺型漏洞（wertungsmängelslücken），是指虽然一项法律规范照其字面含义本来无须补充即可适用，然而出于正义的考虑却需要对其加以校正。[②] 此种漏洞常常产生于法律规范规定过于狭隘，或者过于宽泛，即隐藏的漏洞。这种情况下要么是对需要加以规整的情形没有考虑进去，要么是法律规范的适用范围包含了本应被排除出去的情形。

对该分类的评价：表述漏洞可以根据同样情况同样对待的基本法律原则，通过目的性扩张或类推适用将该漏洞加以补充；评价欠缺型漏洞可以通过创设一条专门的例外规定，或者通过添加限制性的构成要件即目的性限缩来补充。

七、公法漏洞与私法漏洞

公法与私法是来自古罗马时代的一个古老的分类，公法与私法的区分在于其所调整的主体之间是隶属型关系还是平权型关系。平权型关系即二者地位平等，典型代表是民法；隶属型关系即二者是上下级关系，典型的代表是刑法。在此基础上，法律漏洞被分为公法漏洞与私法漏洞。所谓公法漏洞，即公法上存在的漏洞；私法漏洞，即私法上存在的漏洞。

对该分类的评价：此分类可以清楚确定公法漏洞、私法漏洞不同的补充原则。公法采权力法定原则，“法官在处理公法领域的案件时，也应以公开的制定法为唯一的法律渊源，方可保持公法适用之严肃、公权力行使和公法行为之合法，否则，可能导致公权力滥用，进而侵犯处于弱势地位的相对人的权益”。[③] 因此，公法出现漏洞时，一般而言，应作有利于被告人或者相对人的理解，以体现法律限制公权力的法治原则。[④] 例如，当刑法出现漏洞时，因罪刑法定，不得作有罪推定，而应作有利于被告人的解释。即使

---

① [德]齐佩利乌斯：《法学方法论》，金振豹译，法律出版社2009年版，第92页。

② [德]齐佩利乌斯：《法学方法论》，金振豹译，法律出版社2009年版，第93页。

③ 吕欣：《公法与私法之法律方法的契合与差异》，载陈金钊、谢晖主编：《法律方法》第6卷，山东人民出版社2007年版，第28页。

④ 参见郑永流：《法律方法阶梯》，北京大学出版社2012年版，第170页。

按照法条的立法目的应当惩治，如果“法律没有明确规定，法院就不应当（通过类推）填补漏洞”，[①]而必须作无罪处理。私法采权利推定原则，当私法出现漏洞时，为使相似案件作相同之处理、非相似案件作不同之处理，法官可以在多种漏洞补充方法中选择适当的方法以弥补法律规定之欠缺。

八、实体法漏洞与程序法漏洞

根据法律规定的权利义务内容的不同，法律可以分为实体法和程序法。实体法是规定具体权利义务内容或者法律保护的具体权益的法律，如《民法典》。程序法则是规定以保证权利得以实现、义务和责任得以履行的有关程序为主要内容的法律，如《中华人民共和国民事诉讼法》（以下简称《民事诉讼法》）。当然，实体法和程序法是辩证统一的，两者之间经常会出现“互为你我”的情形。基于上述标准，法律漏洞被分为实体法漏洞和程序法漏洞。现有研究中所列举的法律漏洞多为实体法漏洞，理论上对程序法漏洞疏于关注，但鉴于其无法回避的普遍性与重要性，[②]在此稍作深入。程序是司法的生命，正义要以看得见的方式实现，正当程序是实现法律效果的保障。程序的意义不仅在于从外观上向当事人和社会公众展示审判是公正的，更在于其为当事人提供参与和发表意见的机会。实体法作为直接设定权利和义务的法律而存在，但权利义务的实现必须依托一定的方法和步骤，实体权利一旦遭侵害，需经由程序法的辅助实现救济。因此，实体法是权利的基础，它只为社会提供了遵行的模式和对法律后果的预设，而权利义务的真正实现则必须有程序上的行动，脱离了相应程序的实体权利义务是不可能真正存在的。因此，程序法与实体法相辅相成，程序法出现漏洞直接影响实体权利的实现。罗伯斯庇尔（Robespierre，1758—1794）认为，“程序法主要是用来拘束法官的，诉讼程序，一般来说不过是法律对于法官的弱点和私欲所采取的预防措施而已”[③]。可见，司法活动必须在程序法的限度之内进行，而不应当游离于程序法之外。因此，有人提

---

① ［德］伯恩·魏德士：《法理学》，丁晓春、吴越译，法律出版社 2013 年版，第 344 页。

② 在司法实践中，程序法漏洞显现。试举几例说明之。例如，原告或上诉人因违反法庭秩序被责令退出法庭之后，庭审是否继续进行？该案当如何处理？应视为无正当理由拒不到庭，按照撤诉（撤回上诉）处理？抑或中止庭审，再次安排开庭？《民事诉讼法》第 113 条仅规定法官对违反法庭规则的当事人可以责令退出法庭，但对于后续诉讼程序却未作规定。为避免处理不当产生的麻烦，法官基本放弃采取该制裁措施，致该规定形同虚设。再如，被继承人债务清偿纠纷案件中，如果所有继承人均放弃继承权，原告应当列谁为被告？等等。

③ ［法］罗伯斯庇尔：《革命法制和审判》，赵涵舆译，商务印书馆 1985 年版，第 30 页。

出,涉及程序的规则,应禁止法官解释权的进入。① 这种要求有利于限制公权滥用。但是,如果禁止法官对程序法漏洞进行补充,则必然导致诉讼的停滞或中断,当事人的权利救济陷入无助,这显然与程序法的辅助功能不符。反之,诉讼则可在确保各方当事人权利充分得到维护的情况下顺利进行。例如,刘某某与成都市新都区顺源钢结构材料有限公司、四川中成煤炭建设(集团)有限责任公司买卖合同纠纷案,该案一审法院认为,刘某某系行使职务行为,不应承担责任,责任应由四川中成煤炭建设(集团)有限责任公司承担。② 在此情况下,刘某某以一审判决计算货款数额有误为由提出上诉。《民事诉讼法》及相关法律并未规定判决不承担责任的当事人是否有权提出上诉,因其无独立的上诉请求,二审无审查必要。如果允许其上诉,则纯粹属于拖延诉讼、浪费司法资源;如果不允许其上诉,则没有明确的裁判依据。二审法院认为,刘某某不具有上诉利益,不享有上诉权,裁定驳回了刘某某的上诉。③ 该案法官即根据诉权理论类推适用《民事诉讼法》中关于起诉条件的规定,妥当地填补了法律漏洞。如果不允许法官对此程序漏洞进行填补,则只得向最高人民法院进行请示,案件必将久拖不决。

对该分类的评价:此分类对研究程序法漏洞补充的限度与原则意义重大。其一,应当允许法官在必要时对程序法漏洞进行补充。程序法属于公法,原则上不允许法官进行补充,但程序的阻却或拖延必然带来实体权利实现的障碍,这与程序法保障实体法的目的不符。为了调和此矛盾,在不损害任何一方当事人利益的情况下,可以允许法官在必要时进行补充。其二,在法律有明文规定时,从其规定;法律无明文规定时,原则上应承认当事人诉讼契约的合法性。④ 其三,在当事人无法达成协商一致的情况下,可以选择制定法以内的漏洞补充方法,而不能采用制定法以外的漏洞补充方法。其四,法官应当坚持程序法漏洞被动补充原则。司法的消极性特征,从否定的方面来说是"不告不理",从肯定的方面来说是"有告诉才受理"。⑤ 原告通过诉讼主张权利,法官只能在当事人请求范围内对法律漏洞进行补充。其五,程序法公开性的特点要求法官对于程序法漏洞补充方

---

① 李辉:《论法官的法律解释权》,载陈金钊、谢晖主编:《法律方法》第 6 卷,山东人民出版社 2007 年版,第 329 页。

② 四川省成都市新都区人民法院民事判决书,(2011)新都民初字第 1911 号。

③ 四川省成都市中级人民法院民事裁定书,(2012)成民终字第 2520 号;该案案例解析以《未判决承担民事责任的被告不具有上诉权》为题刊载于《人民司法》2012 年第 24 期。

④ 参见王德新:《民事诉讼行为理论研究》,中国政法大学出版社 2011 年版,第 111 页。

⑤ 参见龚祥瑞:《西方国家司法制度》,北京大学出版社 1993 年版,第 24 页。

法应当对当事人进行预先告知。①

第二节 法律漏洞其他分类与评价

由于二分主义的分类方法未能很好地解决法律漏洞类型与漏洞补充方法之间对应关系的问题，一些学者尝试取向于法律体系最主要的特征或要求——无矛盾性——将各种法律漏洞安排在同一个体系下，主要有以下三种分类。

一、规范漏洞、法律漏洞、冲突漏洞与法漏洞或领域漏洞

此分类由德国法学家魏德士提出。魏德士以“整体”作为衡量非完整性的标准，将法律漏洞分为如下四种类型：(1)规范漏洞(normlücken)：某个法律规范本身是不完整或不清楚的。(2)法律漏洞(gesetzeslücken)：从立法者的评价计划来看，在某个法律中缺少必要的规则。易言之，依根本的规整意向，应予规整的问题欠缺适用的规则，称为法律漏洞。(3)冲突漏洞(kollisionslücken)：如果某个法律的两条规则可能涵摄同一事实，并且因此导致相反的法律效果，那么就存在冲突漏洞。(4)法漏洞(rechtslücken)或领域漏洞(gebietslücken)：法律对于某一生活领域完全没有作出规定，而这一领域根据法律往来的结果和法律共同体的期待必须在法律上有所规定，那么就存在“法漏洞”或“领域漏洞”。②

对该分类的评价：此分类完全是从立法者视角开展的，可以为立法者下一步完善立法提供建议，但对于法律漏洞补充方法选择的指导作用不明显。同时，存在的主要问题是，分类标准——以“整体”作为衡量非完整性过于宏大，导致所划分的四种法律漏洞之间的边界模糊。

二、法内漏洞、有据式体系违反与无据式体系违反

此分类由我国台湾地区学者黄茂荣提出。法内漏洞，包含两种样态：一为需要经过评价予以补充的法律概念之引用，即不确定概念；二为授权式类推适用。法律上所运用的概念，除部分概念是确定的，如数字、男人、

---

① 例如，《最高人民法院关于适用〈中华人民共和国民法典〉婚姻家庭编的解释(一)》(以下简称《婚姻家庭编司法解释(一)》)第76条规定，双方对夫妻共同财产中的房屋价值及归属无法达成协议时，可以通过竞价方式取得。但是，法律对于竞价规则(起竞价、竞价点的确定等)未进行规定，如果需要采用竞价方式，法官应当在竞价前向当事人宣布欲采用的竞价规则。

② 参见[德]伯恩·魏德士：《法理学》，丁晓春、吴越译，法律出版社2013年版，第351页。

女人、配偶等，其他绝大部分是不确定概念。不确定概念又以其不确定的程度分为两种：一种是内涵不确定，但外延是封闭的；另一种是内涵不确定，外延也是开放的。前者被称为封闭的不确定概念，如危险、物、违法性、犯罪、法律行为等；后者称为开放的不确定概念，如重大事由、合理、显失公平、善意等。法学方法上所谓的法内漏洞，首先必须是开放的不确定概念（封闭的不确定概念的适用需借助法律解释方法完成）。开放的不确定概念主要包括类型式概念及一般条款，它必须经过评价加以补充，才能被适用到具体案件。这类概念的特征在于其具有开放性，即其可能的文义不足以确定其外延，因而可能超出立法者设计该规范的初始计划。立法者在初始设计时，不知道如何才能做到清楚地加以规范，于是不得已求助于开放式的概念，期望弹性地、演变地对生活事实加以规范，以免挂一漏万。因此，这种开放的不确定概念所引起的计划的不完整性，应属于一种法律漏洞。这种不完整性是立法者有意识地留下并希望法律适用者主动加以补充的，因此又可称为授权填补漏洞。授权式类推适用是立法者授权由类推适用去填补漏洞，如为了避免烦琐和重复，采用“准用”“亦同”“有同一效力”等用语，或采用“例示”规定，或进行空白规定，即立法者明示以“习惯”或“善良风俗”为裁判标准的规定，这类规定属于委托立法的性质。虽然“习惯”对法律有在“委任立法权限内”补充地或优位地受适用的资格，但它们终究尚未演变成习惯法，从而不具备法律的性质。因此，让出来给习惯的那个空白，便构成一个“法内漏洞”。[①]

法律体系内部应当是没有矛盾的，一旦有矛盾，就形成法律秩序中的体系违反。有据式体系违反即是魏德士所称的“法律漏洞”，其特点是构成该漏洞的不完整性的违反计划性。该违反计划性构成了要求补充该法律漏洞的立法计划上的依据。因该漏洞的认定及补充有法律计划上的依据，故称为有据式体系违反。有据式体系违反包含五种样态：一是规范矛盾，是在数个不同的法律规范对抽象之同一法律事实加以规范，并赋予不同法律效力的情况下产生的“冲突”。“冲突”导致规定之间选择困难或相互废止，即不能化解的体系违反。二是价值判断矛盾，价值判断矛盾为存在于两个以上类似案型之规定（如关于利息、股利与租金之规定）间的矛盾；而规范矛盾则为同一案型之规定间的矛盾。三是准竞合式体系违反，指两个以上经济功能或目的相同，但只其中当事人之一方（如债务人方）不同之法律关系的并存状态。四是残缺式体系违反，具备两个特征：(1)由法

① 参见黄茂荣：《法学方法与现代民法》，法律出版社2007年版，第386~393页。

律已有的规定已明白显示,立法者若无疏忽,当已加以规定;(2)它们不属于前述规范矛盾、价值判断矛盾及准竞合式体系违反的案型;特别是它们不能透过"类推适用"或"目的性扩张"弥补它们的缺陷。五是演变式体系违反,是指由社会的、经济的、科技的变迁所产生的新事物或新解决方案所引起的矛盾。①

无据式体系违反即拉伦茨提出的"开放的漏洞"。法律体系的开放性要求或容许超越法律的"法律补充",在这个意义上,这些基于交易上的需要或生活事实的性质或法律伦理原则被认为应予补充的法律上不完整状态的存在,虽然不与历史上立法者的意思或立法计划相违,但它显然使一部分重要的社会生活无法获得所需要的法律保障。该欠缺保障的状态与法律的意旨,即与追求正义在人类共同生活中的体现相违反,因此具备漏洞的属性。这类漏洞都是自始的漏洞,而不会是嗣后的漏洞。因为没有现成的法律计划可以违反,而只是根据理想的法律计划进行的法律续造,它们在法律上便没有通说意义上的"据点",②因而被称为无据式体系违反。

对该分类的评价:一方面,该分类适用的标准是法律漏洞是否违反立法计划,法内漏洞属于计划安排的漏洞,不违反立法计划,而有据式体系违反和无据式体系违反均违反了立法计划,因此,该三种类型漏洞并非同一层级的概念。另一方面,黄茂荣教授对该问题的探讨单纯出于研究者的视角,对三种漏洞名称的表述过于抽象,其对"有据式体系违反"进一步的细分更是晦涩难懂,使人望而生畏。因此,该分类的传播力和影响力较弱,对司法实践而言几无助力。

三、禁止拒绝审判式漏洞、目的漏洞、原则或价值漏洞

该分类系德国学者卡纳里斯在《法律漏洞之确认》一书中提出。禁止拒绝审判式漏洞(rechtsverweigerungslücken),全名为"基于法官不得拒绝裁判原则而认定的漏洞",是指对于某一个问题,法律根本就没有给出任何答案,导致法官无法在表面的法律规定中找到答案作出判决。③ 也就是说,法官面临这个问题时,要么选择拒绝裁判,要么必须发展出规则适用到这个法律问题上,而法治原则又要求法官不得拒绝裁判,法官此时必须进行漏洞填补。因此,卡纳里斯将这种漏洞称为禁止拒绝审判式漏洞,又称为

---

① 参见黄茂荣:《法学方法与现代民法》,法律出版社 2007 年版,第 396~420 页。

② 参见黄茂荣:《法学方法与现代民法》,法律出版社 2007 年版,第 426 页。

③ 参见纪海龙:《法律漏洞类型化及其补充——以物权相邻关系为例》,载《法律科学(西北政法大学学报)》2014 年第 4 期。

“功能漏洞”(funktionslücken),因为此时法律秩序的功能出现了紊乱。例如,一个画家在别人的画布上作了一幅画,该画家和画布所有权人就此画所有权发生争执,无论是画家还是画布所有人谁作为原告起诉,其诉求都会被法院驳回。此情形下产生两个后果:一是先起诉方处于不利境地,因为其诉求会被驳回,导致其所有权确权主张被否认,间接导致对方获得事实上的所有状态;二是争议并未实际解决,法院相当于拒绝了裁判。《物权法》在物权取得中没有对此种情形进行相关规定,而《民法典》第322条增设添附制度,对该漏洞进行了修复。

目的漏洞(teleologische lücken),指在禁止拒绝审判式漏洞之外,基于法律目的之要求采用类推适用、目的性扩张等予以填补的漏洞。如果立法在对某一规定的表达中,忽略了根据所遵循的规范目的应当对某一事实行为作出例外性规定,那么就会在实践中出现规范漏洞。这种例外性规定的欠缺即称为“例外漏洞”或“目的漏洞”。换言之,某一规范在其清晰的文义中包含了根据同样清晰的、规范目的不应该包含的同类案件。例如,《民法典》第1180条规定,因同一侵权行为造成多人死亡的,可以以相同数额确定死亡赔偿金。此处的“相同数额”从目的上看是为了体现“同命同价”,但这种表述过于模糊,忽略了死者年龄、户口类型等因素,在司法实践中易引起争议。卡纳里斯认为,此类漏洞主要应当通过类推适用、目的性限缩、目的性扩张、举轻以明重或举重以明轻原则等进行填补。① 另外,需要注意的是,要认定目的漏洞有些困难,因为不清楚一个法律规范在多大程度上表达了规范的目的,也就是立法或立法者“原本”目的和“真正”意愿是什么,所以常常出现不确定性。②

原则或价值漏洞(prinzip ~ oder wertlücken),指某一原则或法律价值已被证明为现行法秩序一部分,但在实证法却未获得足够的具体化。③ 例如,民事诉讼法中公认的“禁反言”“一事不再理”原则,民法中的“禁止权利滥用”原则,立法上均不完善,即属于原则漏洞。按照卡纳里斯的观点,此处的法原则或法价值,要么基于总体类推来自实证法本身,要么基于法理念,要么基于事物之本质。对此种法原则或法价值的确认,从积极肯定的角度而言,要求总体类推法理念或事物的本质能够支持此原则;

① See Canaris, aaO. S. 141. 转引自黄茂荣:《法学方法与现代民法》,法律出版社2007年版,第438页。

② 参见[德]伯恩·魏德士:《法理学》,丁晓春、吴越译,法律出版社2013年版,第357页。

③ See Canaris, aaO. S. 142. 转引自黄茂荣:《法学方法与现代民法》,法律出版社2007年版,第438页。

从消极否定的角度而言,要求对此种法原则或法价值的实现不与实证法相违背。①

对该分类的评价:黄茂荣教授认为,依照卡纳里斯的定义,所有的漏洞都应归入"禁止拒绝审判式漏洞"。理由为:"盖只要一个生活事实不属于法外空间,则除系争法律问题所属的法域有禁止法律补充的规定,否则,其补充之拒绝势必同时构成审判之拒绝,初不因该漏洞为卡纳里斯所谓之'禁止拒绝审判式漏洞',或'目的漏洞'而有差异。"②因此,该分类存在分类标准不准确的问题。

第三节　动态漏洞观视野下的四分法分类

随着人类认识能力的不断进步,人类总是在不断地发现既有分类方法未曾关照过的事物,从而需要对建立在旧的认识基础之上的分类体系进行相应的修正或者彻底的改变。③ 为了克服原有分类的局限,需要继续分类、重新分类,当然这种分类不能是简单的"新瓶装旧酒",不能是重复劳动,而应当是在对分类对象深入认识基础之上的再分类。再分类不必然是对旧分类的抛弃,而应当是对先前分类成果的发展。横看成岭侧成峰,远近高低各不同。不同视角观察到的事物是不同的,观察法律漏洞亦是如此。

一、"目光流转"裁判过程的需要

郑永流教授称,由规范到事实的具体化不是按图索骥,实为在对二者进行等置中发现法律。④ 法律适用是一种判断活动,是将法律规则与事实进行对应的法律推理过程。法官应当将规则与事实进行结合,即将个案事实向规则进行提升,同时将规则具体化,使规则向个案事实延伸,在此过程中,法官的目光应当在规则和事实之间不断地流转,当两者能够妥当结合并生成正当结论之时,裁判过程即告完成。反之,当法律规则无法涵摄个案事实,借助法律解释方法仍然无法达至目的之时,规则与事实出现无法调和的不对应,裁判应当从法律适用转入法律漏洞补充阶段。因此,裁判

① See Canaris, Class-whilhelm, Die Feststellung von Lücken im Gesetz, eine methodologische Studie über Voraussetzungen und Grenze der richtlichen Rechtsfortbildung praeter legem, 2. Auflage, Berlin, Duncker & Humblot, 1983, p. 113-114.

② 黄茂荣:《法学方法与现代民法》,法律出版社 2007 年版,第 438~439 页。

③ 参见王长发:《法学分类方法的局限性及其克服》,载《黑龙江社会科学》2007 年第 4 期。

④ 参见郑永流:《法律方法阶梯》,北京大学出版社 2012 年版,第 26 页。

的过程是一个动态的过程，法官对法律的发现和评价必须发生在应用过程中，单纯就法律规则本身作出的是否完善、正当的评价是没有实践意义的。这种推理方式要求法官根据法律进行思考，在欲进行裁判时法官首先要进行法律发现，即寻找推理的大前提——法律规则，然后对确定的案件事实进行结合。瑞典法学家佩岑尼克提出的四分法能最直观地体现规则与事实不调适程度：(1)制定法对某个特定的案件缺乏规定（不充分的漏洞）；(2)制定法以一种逻辑上不一致性的方式调整一个案件（不一致性的漏洞）；(3)制定法以一种模糊的方式调整案件（不确定性漏洞）；(4)制定法以一种道德上不可接受的方式调整案件（价值上的漏洞）。[①] 舒国滢教授亦从法律适用的角度指出，制定法不可能存在圆满的状态，法律规则难以实现与社会事实的一一对应关系，适用过程中可能出现以下问题：一是法律规则（规范）及法律语言有其意义的“波段宽度”（bandbreite），具有一定的模糊性，或者如哈特所说，法律概念有其核心意义（core meaning）和开放结构（open texture）；二是法律规则（规范）有可能发生冲突；三是实在法律规则（规范）存在规定上的漏洞，即现实中发生的案件没有任何事先有效的法律规则（规范）加以调整；四是在特定的案件中，所作出的裁判可能背离规则（规范）条文的原义。[②]

之所以强调法律漏洞分类必须与待决事实结合起来，是因为法律漏洞的存在是相对的，而不是绝对的。法律规则是否存有漏洞、存有何种漏洞取决于其面临的任务。好比一只漏勺，当用来捞水饺时，其上之漏洞得以按照设计者的意图发挥功能，该漏洞不存在违反计划的不圆满；但当其用来盛汤的时候，便难以完成被安排的任务，此时的漏洞便呈现不圆满性。以哈特所假设的“车辆皆不得进入公园”命题为例进行分析。该规则制定背景为曾有车辆在公园内通行撞伤游人，为维护公园环境及保护游客安全，故作此规定。[③] 假设该规则面临以下五种事实：事实一，驾驶员 A 请求驾驶私家车驶入公园，理由为开车方便携带随身物品。事实二，家长 B 请求推儿童车进入公园，理由为带幼儿入园游玩。事实三，消防员 C 请求驾驶消防车入园，理由为扑灭园内发生的大火。事实四，游客 D 请求在公园里开设的游乐场赛道内驾驶卡丁车，理由为娱乐。事实五，飞行员 E 请求驾驶私人直升机在公园降落，理由为到公园游玩。

接下来，以法律规则对五种事实分别进行涵摄并得出结论：事实一至

---

① See Aleksander Peczenik, *On Law and Reason*, Springer, 2008, p. 18.

② 参见舒国滢：《从方法论看抽象法学理论的发展》，载《浙江社会科学》2004 年第 5 期。

③ 参见[英]哈特：《法律的概念》，许家馨、李冠宜译，法律出版社 2011 年版，第 117 页。

事实四中的行为均属当禁止行列，因为A、B、C、D均要求驾驶车辆在公园内通行。事实五中，飞行员E驾驶的直升机并非车辆，因此飞行员E的行为不在禁止范围，其请求应获准许。结论检验：事实一中，驾驶员A的行为违反了法律规定，对其禁止符合立法目的。事实二中，儿童车进入公园并不会破坏公园的环境，亦不会对游客的人身安全造成威胁；如果禁止入内，反而损害携带儿童的游客利益，这并非立法所追求的结果。事实三中，消防车进入公园会破坏公园的安静并对游客造成安全威胁，从形式上看，禁止其入内实现了立法意图。但是，禁止消防车入园将导致大火无法及时扑灭，而火灾会对公园环境造成更大的破坏，给游客人身安全带来更大的威胁，这显然不是立法者希望看到的。事实四中，因游乐场安排于公园内独立的空间，游客D驾驶卡丁车在赛道内行驶不会影响公园公共区域环境，也不会给游客带来人身危险；如果禁止，则剥夺了商家经营权和游客正常娱乐消费的权利。事实五中，直升机在公园内起降对公园环境的破坏和给游客带来的危险类似或甚于车辆。

从推理结果看，立法意图在事实二至事实五中不能很好地实现，法律规则可能出现了问题，需进一步分析论证，对事实二，儿童车是否属于法律规则禁止通行的车辆？从文义出发，儿童车属于人力车，当然属于车辆。但笼统地禁止“车辆”通行导致被禁止通行车辆范围过大，需要从立法的真实意图出发对车辆含义进行限缩。立法目的在于保护公园环境和游客安全，其禁止通行的车辆应当是危及环境和游客安全的机动车，而非自行车、儿童车等非机动车。因此，应将车辆含义限缩解释至“机动车”，进而将儿童车排除在被禁止范围之外。事实二可通过限缩解释（狭义的法律解释方法）予以解决，法律此时无漏洞。

对事实三，由车辆定义可知消防车系机动车，属于禁止通行范围。从立法目的看，消防车、救护车、警车等具有救灾、救护性质的车辆不应在禁止范围。但立法者未对此作出有效安排，法律出现因思虑不周而发生的漏洞。需要借助目的性限缩来填补法律漏洞，而不能运用限缩解释进行。因为限缩解释是狭义的法律解释方法，其解释方法是将词语文义进行切割，但切割的结果不损及词语的核心文义。具体而言，将车辆分为“机动车”和“非机动车”，并将其含义限定为“机动车”并未损及车辆一词的核心文义，属于限缩解释；而将“消防车、救护车”排除在车辆词义之外已经损及“车辆”一词的核心文义，故此时法律出现漏洞，应运用目的性限缩方法进行漏洞补充。

对于事实四，出现了与事实三同类型的规则不周漏洞（隐藏的漏洞），亦应当运用目的性限缩方法,将“公园内”限缩至“公园内的公共区域”,对于非公共区域的游乐场内的车辆不予禁止通行。

对于事实五,经过比较可以发现驾驶直升机在公园里起落与驾驶汽车在公园里通行相类似,均系驾驶快速危险交通工具通行,会影响公园环境、危及公园游客的安全。但是,运用法律解释方法无法将直升机解释为车辆,法律出现漏洞。所谓类推适用,指对于法律无直接规定之事项,而择其关于类似事项之规定,以为适用。① 对事实五即应以类推适用对车辆的规定而对直升机起落予以禁止。有观点认为,直升机较车辆更具有破坏性和危险性,车辆被禁止通行,直升机当然应被禁止。这种解释方法属于当然解释。当然解释的法理基础是“举重以明轻、举轻以明重”。而其中的“重”与“轻”是指案型中的“法律事实”,可见,当然解释适用前提是两种法律事实具有“轻”“重”之分。例如,驾驶车辆在公园里通行与竞逐,两行为之间“轻”“重”可比较,即“通行”危险性轻于“竞逐”,“通行”被禁止,“竞逐”当然不被允许。然而,驾驶小型直升机通行并不当然比驾驶大型车辆通行的危险程度更高。因此,在事实五中,当然解释不具备适用前提。

通过上述假设可以发现,同一法律规则在面对不同事实时表现出不同的应对效果。就五种事实而言,法律规则仅可以轻松应对事实一,在应对其他事实时则显露出各种力不从心,除事实二可以借助狭义的法律解释方法解决外,事实三至事实五均出现法律漏洞。因此,法律漏洞并不是确定的、绝对的,而必须结合待决事实进行判断。

二、“规则与事实不调适程度”为标准的分类

疑难案件表现为系争的个案事实无法与规范事实一一对应或直接等置,因而裁判者无法给出一个排他性的正确答案。② 如案例所呈现,法律适用疑难或者是缺乏规则,或者是规则模糊不明、有歧义,或者是规则未能将应当排除的情形进行排除、应当包含的情形进行包含,或者是规则之间存在无法进行选择的冲突,或者规则的适用将导致不公正的结果,导致规则无法对待决事实进行有效涵摄。但是,规则模糊、歧义时,可以通过狭义的法律解释方法在文义范围内对其进行明确,法律此时不存在漏洞。因此,本书依照“规则与事实不调适程度”为标准,将法律漏洞分为四类:

---

① 参见郑玉波:《民法总则》,中国政法大学出版社2003年版,第21页。

② 参见陈林林:《裁判的进路与方法——司法论证理论导论》,中国政法大学出版社2007年版,第156页。

（1）规则空缺漏洞。法律应有规定但没有规定，即依法律的规定或其整体脉络，对于系争事实，法律应当予以规范却没有规范。[①] 或者虽然有若干指示，但欠缺期待中的规则。即前文“开放的漏洞”。

（2）规则不周漏洞。调整某个特定案件的法律规定较为笼统而出现了模糊不确定的情形；法律规则存在模糊性，因为法律规则及法律语言自身有其意义的“波段宽度”，造成法律概念有其核心意义和开放结构，[②]进而出现法律规则含义的不明确，或者是法律规则对于应当包含的情形未作包含或应当排除的情形未予排除的状况。出现此种状况的主要原因是“被调整的生活事实或者普遍价值观在法律颁布到适用这段期间发生了改变”[③]。此处所指规则不周，不包括可以通过狭义法律解释方法进行明确的规则模糊和歧义，仅指所用解释方法已超出文本可能的文义范围的情形。即前文“隐藏的漏洞”。

（3）规则冲突漏洞。指对于待决案件存在两个以上的规则可资适用，然不同的规则指引不同或相互矛盾的裁判结果，并且，相互冲突的规则无法通过“上位法优于下位法”“特别法优于普通法”“新法优于旧法”的冲突选择规则进行选用或排除。主要表现为：“由于法律概念空缺结构、法律规范的缺省和法律价值的冲突导致的法律解释、法律推理和价值衡量中出现的漏洞。”[④]即前文“碰撞漏洞”。

（4）规则悖反漏洞。指严格适用现有规则，会出现不合立法本意的不正义结果的情况。即前文“立法旨趣不合型漏洞”。同时，规则悖反漏洞属于隐藏的漏洞之一种。“在法律出现目的悖反的情形时，乍看之下并未欠缺可资适用的规则，所以称之为隐藏的漏洞。”[⑤]依法裁判中的法律应当符合两个条件：一是法律应当为良法，二是法律需具有法的目的性。杨仁寿先生认为，如果法律适用出现与法目的的违背，但其“不善”之程度尚未与正义相悖过甚，运用法律解释方法加以阐释，仍切合社会之要求，此时“恶法”不过徒具其为恶之外观而已，在实质上仍与其他“善法”无殊。法官有责任对法律执行后果的妥当性进行思考，进而对目的悖反之法律拒绝适用或变通执行。如果法律适用的结果严重背离正义原则，法官得以背离法律而适用正义标准来判案，尤其是在一些极其特殊的案件中，法官可以

① 参见陈林林：《基于法律原则的裁判》，载《法学研究》2006年第3期。
② 参见舒国滢：《从方法论看抽象法学理论的发展》，载《浙江社会科学》2004年第5期。
③ ［德］伯恩·魏德士：《法理学》，丁晓春、吴越译，法律出版社2013年版，第297页。
④ 陈金钊主编：《司法方法与和谐社会的建构》，北京大学出版社2009年版，第366页。
⑤ ［德］卡尔·拉伦茨：《法学方法论》，陈爱娥译，商务印书馆2003年版，第254页。

社会所公认的正义准则裁判案件,并拒绝适用“悖反”的规则。对于法官的这种行为,博登海默称为“个案平衡”。[①] 需要注意的是,以正义的精神而非纯粹的法律规范作为诉讼过程中适用根据的主张,产生于这样两个判断:一是实在法律规范具有不可避免的缺陷。弥补这种缺陷的方式,只能依据符合法律价值的最高理性范畴——正义来处理和解决。二是违背正义的法律规范,从根本上丧失了被遵循的价值。[②]

王泽鉴先生称,法学家最主要的任务是帮助法官写好判决。法学研究最主要的任务是不断地为司法实践提供理论支持与方法指导,而不能与司法实践各行其是。分类属于人类认识领域,人类的理性是有限的,而研究的对象却处于不断地、无限地发展中,这使分类的局限性无可避免。法学研究对于法律漏洞的分类一直在进行,这些分类为人们更加清楚地认识法律漏洞的本质和特征提供了理论支持,为立法者提高立法技术、完善立法内容提供了方法、指明了方向,部分分类也为漏洞补充方法的选择提供了指引。我们对法律漏洞的认识不应停留在现有的分类之上,而应以事实作为参照物,顾及时间带来的事物演变,发展出可以更好服务于司法实践的新分类。以“规则与事实不调适程度”为标准的漏洞分类,基本可以完成法律漏洞类型与漏洞补充方法之间的关联操作(漏洞补充方法选择规则在第九章介绍)。当然,这种分类同样不是完美的。比如,该分类无法将魏德士称为“法内漏洞”的“对法学和司法实践的授权”“一般条款与不确定概念”两种不违反立法者计划的特殊漏洞纳入其中。在具体操作过程中,本书所提出的分类也一定会出现超出当前所料的其他问题。

---

① 参见魏胜强:《法律解释权研究》,法律出版社 2009 年版,第 162 页。

② 参见柴发邦主编:《体制改革与完善诉讼制度》,中国人民公安大学出版社 1991 年版,第 55 页。

第五章　法律漏洞的司法识别

实证研究表明,法律漏洞因具有流动性而产生模糊空间,致使在疑难案件中对法律漏洞有无的判断颇为纠结。法律漏洞识别的准确与否直接关乎判决结果的正误,必须给予认真对待。归纳并设定法律漏洞识别的程序与标准,依托程序理性实现漏洞评判形式上的统一,成为解决此难题的现实路径。通常情况下,如果待决案件中原告诉求的利益,法律应当给予但实际上未给予或未给予妥当的保护;此时,如果运用法律解释方法仍然无法修复法律欠缺或以规范冲突选择规则无法进行规范选用,则应当认定法律出现漏洞。规则悖反漏洞较为特殊,因为法律对待决利益给予了保护,其自形式上并不存在漏洞,只是规则在待决案件适用中出现了不正义的结论而可能失去被遵守的价值;此时,则应依照拉德布鲁赫公式(Radbruch Formula)确定结论违反正义是否达"不可容忍的程度",以判断是否出现规则悖反漏洞。

第一节　法律漏洞识别的必要及其难题

一、法律漏洞识别是正确裁判的前提

法律漏洞,是指法律整体内部的一个令人不满意的不完整性。这种不完整导致待决案件欠缺适当的法律规则可供裁判。常规案件裁判的正误有相对明确的评价依据,法律漏洞案件裁判结论的正误则很难进行评判。这给法官带来极大的压力,无论法官如何裁判,败诉一方总会质疑法官的公正性。案件涉及当事人切身利益,当案件遭遇法律漏洞存有争议时,当事人必然担心法官错误认定法律漏洞的有无,进而形成错误判决。法律漏洞识别程序与标准的缺失,是造成漏洞判断模糊化和主观化的重要原因。法律漏洞的识别就是一个将定义由抽象转化为具体的过程,此过程会为漏洞补充提供一些启示或资料,但法律漏洞的识别与补充并非一回事,而是先后两道相互关联的工作,准确识别法律漏洞是正确裁判的前提。在法律规则缺失的情况下,依托程序理性使法官的思维有章可循,是解决此类案件的可行之道,也是司法审判的实际需要。传统解释论者也许会提出这样

的反对理由：中国的司法注重结果而不注重过程，只要裁判结论能够获得认可，没有人会去纠缠推理过程。法官需要做的就是为结论找到适当的理由。以体系解释、目的解释、历史解释、限缩解释、扩张解释、类比推理等如此种类众多、功能各异的法律方法，结合法律原则进行综合运用，完全可以应对包括法律漏洞在内的各种法条歧义、不圆满、冲突等法律适用难题。中国传统法学理论中没有法律漏洞的概念，但这并未妨碍法官对此类案件的审判。① 因此，明确的、精细的法律漏洞识别程序与标准似无必要。这种观点失之偏颇。一方面，该观点缺少对当代司法现实的关切，对于经验性的问题恰恰欠缺经验。亲身司法观察与实证调研结论表明，遭遇法律漏洞的案件并不鲜见。笔者从事民商事、行政审判十几年，每年都会遇到出现法律漏洞的案件，数量估算约占承办案件总数的1%～2%。笔者进行的实证调研（被调研的法官近600人）显示，有两三成的疑难案件之疑难在于法律存有漏洞或冲突。② 在中国裁判文书网上，以“法律漏洞”“漏洞补充（填补）”“类推”“目的性扩张”“目的性限缩”等关键词进行检索，以年度为时间段限定，均能检索到少则数十件，多则数百上千件案件，且数字呈连年上升趋势。③ 这说明随着社会的快速发展，各种新型案件会不断给立法带来挑战。另一方面，传统司法方法的发展，离不开对规范法学思维方式的借鉴。这类似于中西医之间的关系。传统的漏洞判断正如中医的切脉诊病，而规范的漏洞识别则如西医的定量检查。以辩证唯物主义的观点看，中西医是对立统一的，这也是中西医结合疗法成立的逻辑基础。医学如此，法学也不例外。为了使裁判结果经受得住后期审查和检验，法官在进行裁判之前，不能仅仅依靠经验和法感对案件进行处理。因为法感纯粹是个人的感觉，他人不一定有相同的感觉，仅凭法感来判断并不可靠。即使法官不认为自己应对了法律漏洞案件，那也可能是其“日用而不觉”而已。借鉴规范法学的分析方法，依托一定的程序和标准可以使漏洞的识别更加理性，使不确定状态下的裁判更具确定性。

---

① 参见陈金钊：《法学研究的本土化拓展》，载《济南大学学报（社会科学版）》2021年第3期。

② 参见曹磊、宋保振：《法官运用法律解释方法的实证分析》，载陈金钊、谢晖主编：《法律方法》第20卷，山东人民出版社2016年版，第105～118页。

③ 这样的数量虽与每年以千万计的案件总量相较显得微不足道，但实际情况是，绝大多数法官不愿意或不直接表达案件存在法律漏洞，亦不善于以学界专用术语进行文书写作。换言之，通过关键词检索到的涉及法律漏洞的案件仅是实际数量中的一部分，当然，真实比例难以估算。另外，常规案件是不需要过多关注的，疑难案件的处理才是检验法院审判水平的“试金石”和评价法官司法能力的“标尺”。

二、高度流动性是识别的难点所在

法律解释与漏洞补充两者之间的界限高度流动,常难以被清楚地区分。正如卡多佐所言,没有什么是稳定的,也没有什么是绝对的,一切都是流动的和可变的。① "这种区分模糊性不是因为我们的抽象技术和定义技术还不够发达,而是因为对我们而言这种分离是与生活疏离的。对对立者进行严格分离只是一种抽象化的产物。"②这种区分既有客观的一面,也有主观价值判断的模糊空间,从而导致人们理解的差异。例如,由王某打假引发的"知假买假"系列案中的争论直观地诠释了法律解释与漏洞补充之间的区分难题。该类案件的基本事实是,当事人明知商家销售假冒伪劣商品而故意购买并诉至法院,以商家存在销售欺诈行为为由,依照《中华人民共和国消费者权益保护法》(以下简称《消费者权益保护法》)第55条(修订前为第49条)规定要求商家给予惩罚性赔偿。不同法院对此类案件的审理"频频出现风格迥异、摇摆不定的戏剧性判决"③,法律适用分歧严重,即使结果相同,理由亦见仁见智。争议集中在知假买假者是否属于消费者的认定上。支持方认为,知假买假不能成为否认其消费者身份的理由,知假买假有利于监督商家诚信经营,净化消费市场,间接保护其他消费者的合法权益,同时,法律并没有将知假买假者排除出受保护的行列。反对方认为,知假买假者不符合消费者购买商品用于生活消费的特征,知假买假者主动使自己成为假货的受害者,进而获得盈利,实际上是利用了法律的漏洞,以"公共卫士"之名获个人利益之实。④ 换言之,支持方认为法律没有漏洞,法官应当坚持立法至上并依法裁判,忠实地适用法律条文,而不能掺杂个人对正义的判断或者以道德评价替代法律推论;无论知假买假者还是普通消费者,均系买卖合同的一方当事人,均向商家履行了付款义务,法律应对两者做同等对待。反对方则认为,知假买假者属于利用法律漏洞获

---

① 参见[美]本杰明·卡多佐:《司法过程的性质》,苏力译,商务印书馆1998年版,第13页。

② 参见[德]阿图尔·考夫曼:《法律获取的程序——一种理性分析》,雷磊译,中国政法大学出版社2015年版,第186页。

③ 熊丙万:《法律的形式与功能——以"知假买假"案为分析范例》,载《中外法学》2017年第2期。

④ 肯定说如沈幼伦、黄伟丰:《也谈知假买假索赔的"王海现象"》,载《法学》2002年第8期;应飞虎:《知假买假行为适用惩罚性赔偿的思考——基于法经济学和法社会学的视角》,载《中国法学》2004年第6期;李振宇、李学迎:《知假买假行为适用惩罚性赔偿评析》,载《政法论丛》2006年第1期。否定说如梁慧星:《消费者权益保护法第49条的解释与适用》,载《人民法院报》2001年3月29日,第3版;郭明瑞:《"知假买假"受消费者权益保护法保护吗?——兼论消费者权益保护法的适用范围》,载《当代法学》2015年第6期。

取利益，这与立法发挥民众监督作用的初衷相悖，法官应当根据立法目的对此漏洞进行修复，将知假买假者排除在消费者之外。此争论持续了20余年，直至最高人民法院通过司法解释、指导性案例明确了“对知假买假者应根据所购买商品的种类作区别对待”才逐渐平息。① 持续的争论证实了这样一个判断：即便法律规范明确无歧义，当裁判主体、案件场景、时代背景、价值观念等因素发生变化时，同一法律规范对相同事实的涵摄效果是不同甚至相反的。法律规范的圆满程度亦会得到不同的评价，因此法律是否出现漏洞具有流动性和争议性。

三、规则悖反漏洞的认定具有特殊性

法律规范对不同的事实呈现不同的涵摄效果，法律漏洞亦在涵摄过程中出现。因此，对法律漏洞有无的识别与漏洞类型的确定必须结合具体的案件事实进行讨论。四分法将法律漏洞分为四种类型，其中，规则悖反漏洞与其他三种漏洞的样态有着明显的不同。规则悖反的基础是制定法对应当保护的利益提供了规则，其自形式上看并不欠缺法律规定，系因法律规则的适用生成不正义的结论而被法官作出否定评价并不再受其拘束。而规则空缺、规则不周、规则冲突三种漏洞，则需要法官尊重既有规则，并以之为漏洞补充基础对规则进行修复。这种不同决定了规则悖反漏洞与其他三种法律漏洞的识别方法有所区别。为表述方便，下文中将规则空缺、规则不周、规则冲突三种法律漏洞统称为普通法律漏洞。

第二节　普通法律漏洞识别的一般程序

法律漏洞的识别并非易事，除了要求法官具备系统的法学知识和娴熟的技巧外，还需要借助一定的程序。黄茂荣教授认为，如果一个生活事实不属于法外空间，但法律对此未作规定、未作全面规定或作了相互矛盾、不妥当规定，那么，法律便有漏洞存在。② 其中包含了两个审查事项：一是利

① 2013年，《最高人民法院关于审理食品药品纠纷案件适用法律若干问题的规定》第3条明确规定，知假买假者在食品药品领域内享有惩罚性赔偿请求权；次年，指导性案例23号重申上述观点；2017年，《最高人民法院对十二届全国人大五次会议第5990号建议的答复意见》（法办函〔2017〕181号）明确答复，知假买假者主观上不存在受到欺诈的情形，不宜将食品药品纠纷的特殊政策推广适用到所有消费者保护领域，对于购买普通产品的知假买假者不再支持惩罚性赔偿。

② 参见黄茂荣：《法学方法与现代民法》，法律出版社2007年版，第440~441页。

益探究，即相关利益应否由法律进行保护；二是法律获取，即相关应由法律保护的利益是否获得了法律的妥当保护。王利明教授认为，法律漏洞识别需要经过三个步骤：其一，法律获取，即从制定法出发确定具体规则是否存在缺失或矛盾；其二，方法验证，即规则的缺失或矛盾是否可以通过其他途径（狭义的法律解释方法）解决；其三，是否违反计划考察，即以立法目的和意图为依据，确定法律存在的欠缺是否违反立法计划。① 实践经验表明，对相关利益属性进行探究是有必要的，因为如果仅仅认为法律对相关利益未作规范就认定法律出现漏洞，则可能误将法外空间事项认定为法律漏洞。但是，是否违反计划并非必须考察。因为一方面，最终颁布的法律并非某个人独立完成的，而是立法团体加上各种修改意见之后混合意图的体现，这导致立法者计划实际上是难以考证并准确还原的；另一方面，理论上存在不违反计划的漏洞，如“对法学和司法实践的授权”“不确定概念和一般条款”均不违反立法计划，但依然属于漏洞，需要法官进行填补或价值补充。因此，普通法律漏洞的识别需遵循如下三个步骤。

一、待决利益应否受法律调整

利益即好处，通常可以解释为对人有益或者给人带来福祉的事物。趋利避害是人的本性，利益在满足个人欲望的同时也成为社会发展的主要推动力。在追求利益的过程中，必然会因利益分配多寡而发生纠纷，法律即是作为利益纠纷的制衡机制而产生的。随着社会的发展进步和治理需要，法律逐渐成为解决利益纠纷的主要手段。但是，除了法律之外还有其他非正式规范作为社会纠纷解决的辅助手段，只是其与法律的解决方式、强制力大小不同而已。法律适用必须从法律关系亦即权利义务关系出发，因此确定相关利益是否属于法律应当保护的利益，是认定法律是否存在欠缺的前提。利益探究要求法官检视立法者是以何种价值来判断相关利益的。这样的利益探究方式，可以透过法律秩序的普遍观察，知悉立法时立法者对不同利益的评价进而获得法律的价值倾向。在漏洞确定时的利益探究并不以法律中的价值判断作为唯一的基础，如果法官认为某种利益应当受到法律的保护，但无法从制定法中找到依据，法官可以从社会生活经验中得出法律共同体的价值判断。在此过程中，法官可以得知，对某一特定的利益而言，法律欠缺一个必要的规定，亦即存在空缺。因为，从法律保护利益的精神出发，某种在法律中未特别提到的利益，如果它们有同等保护的

① 参见王利明：《法学方法论》，中国人民大学出版社 2011 年版，第 429~431 页。

价值，这种利益就应该获得法律的保护。正如吴从周教授所言，当法律承认的利益没有全面获得法律规范的保护时，法律秩序在这点上就是有漏洞的。① 同样，透过利益探究也可以认识到，是否在某些情形之下，将法律构成要件所涵盖的事实涵摄到该规范之下或者规范未能涵盖某种事实并不是法律真正的意思，这时便能够发现规范可能存在不周延而造成的漏洞。规则冲突中的利益探究，主要是确定相关利益是否真实地同时受到了两个以上规范的调整，不同的规范适用指向了不同的法律效果，且不同的效果无法进行调和。如果经过价值判断，法官认定相关利益归属道德、习惯、家规等社会规范或民间规范调整，则该利益落入法外空间，自然不存在所谓“法律漏洞”问题。这是因为，“立法者在创立法律文本的时候，已经选择了一些价值，同时也舍弃了一些追求”②。例如，恋爱关系、宗教信仰、对逝者的悼念等，因此类法外空间事项引发的纠纷不属于法律调整范围，法律对此未作规定并非疏漏。司法实践中，利益探究有时并不是简单的事情，特别是对于一些新兴的利益，是否应当纳入法律保护范围往往存在极大争议，需要进行审慎论证。

二、检视待决利益是否受到法律妥当调整

三段论推理将法律适用过程分解为事实认定、法律获取和涵摄三个步骤，在此过程中，法官首先应当认定案件事实，然后从制定法中寻找法律大前提，进而将两者结合完成推理。寻找法律大前提的工作即法律获取，是裁判的基础工作之一。法律渊源分为正式法源与非正式法源。“法官在法治社会适用法律解决纠纷，首先应在正式法源中去寻找、发现法律。而只有在正式法源出现明显地背离法律价值或没有明确规定的情况下，才能寻求非正式法源的帮助。”③依照《立法法》规定，正式法源主要包括宪法、法律、行政法规、地方性法规、规章以及自治条例和单行条例。其中，宪法作为母法和根本法，不宜直接作为裁判的依据。司法解释不是法官在个案裁判中的解释，而是最高人民法院针对法律条文所作的规范性解释。它不像判例法一样融入个案中，而是以规则条文的形式出现。并且，司法解释的权力来自全国人大的授权，就我国法院当前裁判规范体系的实际构成而

① 参见吴从周：《概念法学、利益法学与价值法学：探索一部民法方法论的演变史》，中国法制出版社 2011 年版，第 298 页。

② 陈金钊：《魅力法治所衍生的苦恋——对形式法治和实质法治思维方向的反思》，载《河南大学学报（社会科学版）》2012 年第 5 期。

③ 陈金钊：《司法过程中的法律发现》，载《中国法学》2002 年第 1 期。

言，司法解释实际上取得了准立法的地位，被视为或默认为正式法源之一。如果法官能够从正式法源中获取大前提，要视法律规范与待决事实之间的调适状态来确定法律漏洞的有无；如果法官不能从正式法源中获取大前提，则可直接认定法律出现了空缺。法律原则并不具有裁判规范的结构，无法直接作为裁判依据，因此，如果待决事实仅有法律原则可以涵盖，但欠缺具体规则，亦应认定法律出现空缺。获取大前提之后的法律适用通常会出现规则适当、规则模糊、规则歧义、规则不周、规则冲突、规则悖反六种不同的情形。对于后四种情形，并不能径行认定法律出现漏洞，需要作进一步的验证。

三、检验可否以法律解释方法消除法律欠缺

法教义学认为，法律适用的过程大致可分为法律解释、漏洞补充和法律续造三个阶段，三个阶段相互衔接，无间断地从一个阶段过渡到下一个阶段。很多情况下难以区分究竟属于哪一个阶段。依照文义射程理论，法律解释和漏洞补充以文本语义最大射程为边界，文义射程范围之内属于法律解释，超越文义射程则进入漏洞补充。恩吉施归纳为，只要解释足以回答法律问题，那么法律就远离漏洞。① 齐佩利乌斯同样指出，如果穷尽一切解释努力仍然无法对法律问题作出公正的、合乎法秩序的解决，这样的法律规范就需要予以补充。② 此即郑永流教授所谓的“出释入造”。③ 但学界亦有不同声音。杨仁寿先生在其《法学方法论》一书中，借用拉德布鲁赫所举“禁止带狗进入室内”告示之例，以区分类推适用与反对解释的适用条件。他认为该告示存在如下理解争议：如果作反对解释，则狗属于明确禁止的范围，狗之外，如熊，则不在禁止之列。如果作类推适用，则熊与狗同属具有危险性的动物，会危及客厅人员之安全，造成客厅环境卫生破坏，自然应类推适用上述规定，对熊进入客厅应进行禁止。对于类推适用和反对解释的选择方法为：类推适用重在法之妥当性，而反对解释则重在法之安定性，安定性与妥当性不能兼顾时，应优先追求妥当性。因此，类推适用相较于反对解释具有优先性。④ 综上可知，杨仁寿主张在类推适用与反对解释发生冲突时，应当优先选择类推适用。但实际上，这两种方法根本不

① 参见［德］卡尔·恩吉施：《法律思维导论》，郑永流译，法律出版社 2014 年版，第 171 页。

② 参见［德］齐佩利乌斯：《法学方法论》，金振豹译，法律出版社 2009 年版，第 123 页。

③ 参见郑永流：《出释入造——法律诠释学及其与法律解释学的关系》，载《法学研究》2002 年第 3 期。

④ 参见杨仁寿：《法学方法论》，中国政法大学出版社 2013 年版，第 218~219 页。

会出现同时可供适用的机会,因为法律是否出现漏洞意味着法律适用处于不同的阶段,法律解释与漏洞补充必须在各自适用领域各司其职,而不可随机选用。如果反对解释可以解决法律的不圆满,则法律不存在漏洞,漏洞补充方法无从适用。两者关系只能是非此即彼,而不可能是亦此亦彼。具体而言,告示牌设置者的意图为:动物被携带入客厅将会对室内人员造成威胁、对环境卫生造成破坏,而狗系最为常见的宠物,故悬挂“禁止带狗进入室内”的告示以实现禁止携带宠物进入室内的目的。至于未列明熊、猪等其他动物的原因,则有可能是未能预见,也可能是追求表达简洁。如作反对解释,则得出携带熊、猪等动物进入客厅不应当被禁止的结论,而此结论显然与告示牌设置者的意图相悖。此时,运用反对解释不仅不能有效调和矛盾使告示目的得以实现,反而让告示陷入更加难堪的境地。正确的理解是,告示出现了漏洞,应选择类推适用对漏洞予以补充,而非因类推适用较反对解释具有优先性。杨仁寿主张类推适用和反对解释同时可资选用,系因未准确判断法律是否出现漏洞而造成的误解。此例同时印证“出释入造”这一判断是准确的。即对于法律适用出现的不调适,只有穷尽狭义法律解释方法仍不能解决的,才可以认定法律出现漏洞。需要指出的是,当法律规则出现冲突时,法律解释方法无济于事,此时应当运用法律规范冲突选择规则进行化解;如果无法化解,方可认定规则出现冲突漏洞。

第三节 规则悖反漏洞识别的特殊标准

在某些案件的裁判中,存在明确的可将个案事实涵摄的法律规则,但规则的适用结果却极不公正,以至达到了违背常识或普通人道义感的地步,此时,可能是因为法律适用出现了与立法目的的悖反。① 规则悖反的主要表现是某个法律规则对于待决案件而言是不正义的,其不宜作为待决案件的裁判依据。当本应适用的规则被拒绝适用后,即出现规则悖反漏洞。

一、规则悖反是对法律适用效果的否定评价

规则悖反的发生可能是因为法律在颁行之后,社会价值标准发生了重大改变,导致规范原本目的无法实现;也可能是待决案件具有特殊性,导致原本正当的规范在该案适用中会出现违背正义的结论。因为,“没有任何

① 参见余军、林淡秋:《规则悖反案件的两种论证模式》,载《浙江学刊》2019年第1期。

法律会基于它的一般性而对于所有的个案都是公正的”。[①] 例如,一起民间借贷案件中,原告持借条起诉被告要求偿还借款30万元,被告称借款属实,但已偿还了20万元,还款时在借条下方注明“已还款20万元”,该注明部分被原告裁掉。被告提交一份私自录音证实借条下方被原告私自裁剪的事实。[②] 根据《最高人民法院关于未经对方当事人同意私自录音取得的资料能否作为证据使用问题的批复》(法复〔1995〕2号)规定,私自录音不得作为证据使用。法官形成了支持被告主张的心证,但心证不能是凭空的,必须有相应的证据支持。该案的关键证据却因取得手段不合法而不得作为证据使用,法官只得根据借条作出支持原告的判决,判决结果显然是违背正义的。由此,批复的客观目的虽然实现了,但法律效果却与批复真实意图——不支持当事人以可能侵害他人权利的形式取得证据——背道而驰,法官在此情形下的决断是尴尬的。正如有学者所指出:“立法者可能指责法官曲解其立法之真意,而当事人却可能抱怨法官忽视了个案之情境。”[③]在我国,依法裁判原则要求法官通常情况下必须适用制定法,拒绝适用既是对立法权的蔑视,也是对司法职责的违背。[④] 当法官遭遇法律规则悖反时,通常应当将此法律适用问题层报最高人民法院作出解释或处理。否则,法官缺少违背和不遵守法律的依据。因此,在司法实践中认定规则悖反漏洞的条件极为严格。

二、规则悖反意味着失去对待决案件的拘束力

在成文法系国家,为了维护制定法的权威和安定性,法官均被要求受到制定法的严格约束。魏德士指出,法官和法律共同体仍然要遵守法律,即使他们以法理学上无可指责的方式得出结论,认为这样的法律“原本”不具有拘束力。[⑤] “尽管某法律规则在具体的情况中是不合目的性的,法官不可以随意去纠正立法者,他应受制定法的约束。”[⑥]法律是法官的唯一上司,法官应当忠诚于法律,而司法的重要使命则是伸张正义,这就要求法官既要遵守法律又不得违背正义作出裁判。但一般只在极端的个案中,背离制定法才具有正当性。因此,即使法律规则的适用效果受到法官、社会

---

① [德]阿图尔·考夫曼:《法律哲学》,刘幸义等译,法律出版社2011年版,第211页。

② 参见徐昕:《司法过程的性质》,载《清华法学》2010年第2期。

③ 李可:《法学方法与现代司法》,知识产权出版社2014年版,第65页。

④ 参见魏胜强:《法律解释权研究》,法律出版社2009年版,第157页。

⑤ 参见[德]伯恩·魏德士:《法理学》,丁晓春、吴越译,法律出版社2013年版,第216页。

⑥ [德]卡尔·恩吉施:《法律思维导论》,郑永流译,法律出版社2014年版,第212~213页。

公众及法学家的一致质疑,法官亦大多选择迂回变通的方法或请示最高人民法院,而很少径行拒绝适用。当严格适用规则对于相应的社会事实而言是不正义的时候,法律规则无法实现法律本身的目标,法官需要在服从与背离法律之间作出价值衡量与抉择。但是,"我们反对越过推理与论证,直接用高尚道德冲击法律的理性和逻辑规则"①。欲使否定评价成为法官对法律"不遵守"的正当理由,不能仅以正义为根据为法官对现行法律的批判提供支持,而是需要满足一定的条件,"只有法官确信即使立法者面对法官所面临的具体利益情况,也会根据指导性的法律原则和调整目标作出与现有法律规定不同的判断,那么这就可以成为法官背离法律的理由"。②同时,需要提供另一种与现有法律不同的规定,且这个规定能够更合乎正义地对现实进行调整。③

三、"悖反"认定需违反正义达"不可容忍的程度"

前文已述,规则悖反漏洞的认定无须经过普通法律漏洞的识别程序,仅需判断法律适用效果是否出现严重不正义而与立法目的悖反。此处所谓"悖反"即"严重悖反事物的本质"④。"严重悖反事物的本质"之表述过于抽象,缺少具体标准。拉德布鲁赫公式提供了相对通俗的解释,即当规则违背正义达"不可容忍的程度"以至事实上成为"非法的法律"。⑤ 此解释使"严重悖反事物的本质"变得容易理解一些。但是,"正义"和"不可容忍的程度"仍然是不确定的概念,往往是以一般社会理性和普通人的良知为标准付诸个案。在具体个案中,如果适用某法律规则产生的结论有违普通人的理性与良知或"社会共同体普遍接受的正义观念"⑥,则可认定违反正义达"不可容忍的程度"。例如,1999 年 8 月,沈阳市人民政府颁布的《沈阳市行人与机动车道路交通事故处理办法》第 9 条被调侃为"撞了白撞",因其过分强调对违章行人的惩罚而引发社会各界普遍的不满和声讨。2004 年 5 月 1 日实施的《中华人民共和国道路交通安全法》确定了截然不

① 陈金钊:《法治论者的思想挣扎——法治迈向方法论时代的理论背景》,载《扬州大学学报(人文社会科学版)》2011 年第 3 期。

② Ph. Heck, Gesetzesauslegung und Interessenjurisprudenz, AcP 112(1914), S. 197ff., 222. 转引自[德]伯恩·魏德士:《法理学》,丁晓春、吴越译,法律出版社 2013 年版,第 393 页。

③ [德]齐佩利乌斯:《法学方法论》,金振豹译,法律出版社 2009 年版,第 94 页。

④ [德]卡尔·拉伦茨:《法学方法论》,陈爱娥译,商务印书馆 2003 年版,第 292 页。

⑤ 参见[德]古斯塔夫·拉德布鲁赫:《法律智慧警句集》,舒国滢译,中国法制出版社 2016 年版,第 195~196 页。

⑥ [德]罗伯特·阿列克西:《法律论证理论:作为法律证立理论的理性论辩理论》,舒国滢译,中国法制出版社 2002 年版,第 31 页。

同的立法取向,2004 年 6 月,沈阳市人民政府随即废止了上述办法。某种程度上,该规定已违背社会普遍正义观并达到了“不可容忍的程度”。但很多情况下,所谓“不可容忍的程度”同样面临争论,因为可容忍与不可容忍之间本非泾渭分明;况且,不同知识层次、不同专业背景、不同身份的人忍受限度不同,对于同一事项的评价是不同甚至相反的。上述法条“不可容忍的程度”的判断并不困难,因为其遭到了社会各个层面近乎一致的反对。“泸州二奶遗赠案”①中,法官认为被继承人所立遗嘱将遗产赠与情人违反公共秩序和社会公德而无效。该判决中所确定的价值标准受到了社会民众的广泛肯定,却招致学者的严厉批评,有学者认为该判决“是对法律规定的实质性破坏与重大司法修改”②。为了避免这种尴尬的后果出现,法官会争取使自己的评判与社会普遍正义观相一致。然而,法官此时面临新的困境——社会普遍正义观在具体待决案件中的标准究竟如何?鉴于司法裁判的保密性,法官不可能公开向社会征求意见,而只能通过合议庭合议、审判委员会讨论等方式,使评价最大限度接近社会评价。但基于信息不对称、标准不一致等因素,难以预测的风险会使法官采取更加克制与审慎的态度,以减少来自外界的诘难和质疑,这将降低规则被认定为悖反的概率。

第四节　法律漏洞识别的实证检验

一、普通法律漏洞识别程序效果验证

以上海佳华企业发展有限公司(以下简称佳华公司)诉上海佳华教育进修学院(以下简称佳华学院)股东知情权纠纷案为例。佳华学院系由佳华公司出资设立。2010 年,佳华公司向黄某等三人转让了部分股权,佳华公司仍持有佳华学院 50%的出资份额。2015 年,佳华公司要求查阅佳华学院的董事会、监事会会议决议以及学院账目等资料遭拒,佳华公司诉至法院。一审法院认为,佳华学院并非企业,不适用《中华人民共和国公司法》(以下简称《公司法》)相关规定,佳华学院的章程并未规定出资人享有查阅上述资料的权利,佳华公司的主张不具备法律和章程上的依据,故判

① 四川省泸州市中级人民法院民事判决书,(2001)泸民一终字第 621 号。

② 王洪:《司法的不法与司法的不正义(下)——违背实在法证成原则和衡平与正义原则》,载《政法论丛》2014 年第 6 期。

决驳回其诉讼请求。[1] 二审法院认为，民办学校出资人的合法权益应当受到法律保护，但法律对该权益具体内容未予明确，这需要探求法律规范的意旨，结合法律解释方法进行确定。佳华公司作为民办学校的出资人，其享有的合法权益未脱离民事权利范畴，理应包含知情权。具体应当包括了解和掌握学校办学和管理活动等重要信息的权利。学校章程，董事会、监事会会议决议，财务会计报告和会计账簿等资料是记录和反映学校的组织与活动、资产与财务管理等内容的重要载体。出资人只有在获取上述信息的基础上，才可能参与学校的重大决策、要求合理回报及行使监督权。佳华学院章程规定，佳华公司享有参与重大决策、选择管理者及取得合理回报的权利。佳华学院章程中规定的合理回报具有财产性特征，直接或间接与财产相关，属于法律所要保护的合法权益，合理回报的实现离不开知情权之保障。[2] 综上可知，二审法院改判支持了佳华公司的诉讼请求。

两级法院对案件中法律漏洞的识别过程：一审法院未探讨“法人型民办非企业单位”股东的权益是否属于法律应当保护的利益，亦即未进行利益探究，未对原告主张的利益是否归属“法外空间”进行确定。但从其后续的表述看，显然是径行认定佳华公司享有的要求查阅相关资料的请求权属于应当由法律保护的权利。在法律获取程序中，法官发现与案件联系最为紧密的《公司法》并不适用于该案，学院章程亦未对此作出规定，故认定法律出现规则空缺漏洞。至此，法官直接以无法律依据为由驳回了佳华公司的诉讼请求。一审法官实际上认识到本案出现了法律漏洞，但法官并不认为其负有对漏洞予以填补的职责。二审法院则从法律应当保护的利益出发，认为佳华公司对于佳华学院办学情况的知情权系民事权利，即认定原告的请求事项属于法律应当保护的利益，此即完成了第一步“利益探究”程序。第二步，法官认为相关法律及学院章程“对该权益具体内容未予明确”，此即通过“法律获取”程序确认原告的权益缺少法律保护，进而认定法律规则出现空缺。第三步，法官认为应当“探求法律规范的意旨，结合法律解释方法进行确定”，该表述论证目的非常明确，即试图运用法律解释方法解决该法律空缺问题，但是在未能获得可供解释的法律规范的情况下，狭义法律解释方法因缺少解释对象而无从适用，法官通过该程序进一步验证法律漏洞真实存在。可以看出，二审法官对法律漏洞的识别方法与前文设定的“三个步骤”是不谋而合的。

---

① 上海市奉贤区人民法院民事判决书，(2016)沪 0120 民初 511 号。
② 上海市第一中级人民法院民事判决书，(2016)沪 01 民终 4642 号。

二、规则悖反漏洞认定标准效果验证

以原告西安闻天科技实业集团有限公司(以下简称闻天公司)与李某某确认合同无效案为例。2016年4月,闻天公司与李某某签订商品房买卖合同一份,约定由李某某购买闻天公司开发建设的紫杉庄园项目房屋一套,单价每平方米8000元,总价1,204,000元。签约当日,李某某向闻天公司付清全部购房款。此时,闻天公司尚未取得商品房预售许可证。2018年2月12日,闻天公司诉至法院,以其在合同签订时并未取得商品房预售许可证为由,请求确认商品房买卖合同无效。此时,涉案房屋市场价为每平方米24,000元左右。法院认为:"依照最高人民法院《关于审理商品房买卖合同纠纷案件适用法律若干问题的解释》(法释〔2003〕7号)第2条规定,房地产开发商在取得商品房预售许可证之前销售房屋的,应认定商品房买卖合同无效,在起诉前取得商品房预售许可证的,可以认定商品房买卖合同有效。本案中,原告在起诉前仍未取得商品房预售许可证,故涉案商品房买卖合同应为无效。本院已向李某某释明合同无效之后果,因法庭辩论已经终结且李某某仍坚持其答辩意见,故其可另案起诉。"①

判决作出后,社会各界一片哗然,继而在网络上引发激烈的讨论。批评一方声势浩大,主要理由是一审判决结果严重违背正义。"任何人不能从其自身的过错中受益"是一项基本的法律原则,为了规范房地产市场的交易秩序,法院不应轻易认定合同无效,特别是避免通过法院判决形式纵容恶意毁约一方的不诚信行为。商品房买卖合同签订时房价为每平方米8000元,而案件审理时市场价格为每平方米24,000元左右,一审判决认定合同无效,将使恶意违约方闻天公司因无须继续履行合同而获得房屋增值收益,这样判决对于善意的购房人而言是极不公平的。综合观之,反对认定合同无效的观点与一审判决观点的核心冲突在于:该案一审涉及合同效力认定的法律适用效果是否违背正义达"不可容忍的程度",法官是否可以认定该案出现规则悖反,进而背离法律。这一点,从判决说理中"本院已向李某某释明合同无效之后果……故其可另案起诉"的表述可以看出法官对该案裁判结果的无奈以及力所能及的救济途径指引。法官指引的救济路径是,李某某可另行起诉闻天公司要求其承担缔约过失责任,赔偿因合同无效而造成的房屋差价以弥补自己的损失。如此一来,闻天公司并不会因为自己的恶意毁约而获得收益。况且,如果不认定合同无效且闻天公司

① 陕西省西安市长安区人民法院民事判决书,(2018)陕0116民初2519号。

不能取得相关行政许可,那么,房屋买卖合同能否实际履行;是否会因民事判决而使行政机关对房地产企业的监管职能落空;等等。质言之,作出合同无效判决的法官并非没有意识到该案裁判结果的不正当性,只是认为案件中出现的不正当可以通过"另行起诉索赔"的方式予以矫正,该案判决结果违背正义并未达"不可容忍的程度",于是在法官事后的道德评判和立法者预先的价值判断之间进行衡量时选择了尊重后者。其实,作出这样选择的更深层次基础在于法官内心对于法治已经形成了这样一种共识:法官背离法律或者不依法裁判案件就是司法的不法,就是最大的司法不正义。① 这种对制定法的尊重,其初衷是避免法官个人对于法律过于任意的背离。法官是法律忠诚的实施者和捍卫者,绝不是法条的奴仆,②法官负有对法律适用出现严重不正义结果进行修正的职责。从现行法律制度看,法律适用违背正义的程度通常不应由法官或合议庭进行决定,而应当取决于社会主流的、普遍的价值观。这就形成了一个悖论,依法独立行使裁判权要求法官在具体的裁判过程中不能将案件争议问题公之于众,由公众投票进行表决。因此,在判决作出之前,这种社会民众的主流价值判断只能是一种理想的应然状态。如果合议庭最终的判决结果与该主流价值判断相一致,则判决自可取得较好的说服效果;反之,社会主流价值的判断则会在一审判决公开后以多种表达形式纳入二审法院的考量范围。该案一审判决引发超乎预料的评论说明合议庭法官对该案的判断与社会民众主流价值发生了偏离,汹涌的民意促使二审法院召开会议对该类案件进行研讨,以更大范围听取各方价值判断及意见。③ 经过审理,二审法院认为:"闻天公司在自身合同目的已经实现的情形下,非但不积极履行应尽的合同义务,面对房地产市场出现的价格大幅上涨,反而主张合同无效的做法,违背诚实信用原则。闻天公司虽然违反了有关商品房预售应当取得商品房预售许可证明的规定,但并不必然导致其签订购房合同的民事法律行为无效。闻天公司提起本案诉讼的真正目的在于获取超出合同预期更大的利

---

① 参见[英]尼尔·麦考密克:《法律推理与法律理论》,姜峰译,中国政法大学出版社 2005 年版,第 71 页。

② 参见李俊晔:《民事立法变革与司法裁判中的拉德布鲁赫公式——以我国民法总则为视角》,载《人民法院报》2018 年 6 月 8 日,第 5 版。

③ 西安市中级人民法院紧急召开研讨会确定了房地产类案件五项审查原则:一是严格审查,防止恶意诉讼;二是树立诚信原则及合同实际履行原则;三是坚守"不能让违法者因违约而获益"的宗旨;四是积极与相关部门联系沟通,吃透房地产调控政策;五是要注重依法保护弱势群体合法权益。参见 http://www. xbfzb. com/index. php/cms/item-view-id-2215947. shtml,最后访问日期:2021 年 8 月 1 日。

益，其行为显然与社会价值导向和公众认知相悖。为弘扬社会主义核心价值观，彰显司法公正，本院对此行为不予支持。”①可见，二审法院认为严格依法裁判得出结论之不正义达到了“不可容忍的程度”，进而选择对应当适用的法律的背离。

该案是一件极具典型意义的规则悖反漏洞案例。法官对法律规则适用出现悖反的效果通过诚实信用原则进行了初步的判断。在形成内心确信后，鉴于违背正义达“不可容忍的程度”是一种主观的、相对的价值判断标准，为了使判决更加具有可接受性，法官适用了“社会价值导向和公众认知”的评价标准，以解释自己的价值判断是与社会主流价值判断相一致的。当然，这种一致性的评价只能通过判决结果的社会认可度进行检验。从本案两审判决可以证实，法官对于规则悖反漏洞的认定标准和存在的困难与司法案例所展示的相一致。

① 陕西省西安市中级人民法院民事判决书，(2018)陕01民终8145号。

第六章　法律漏洞填补与其他推理方法的比较

无论是英美法系还是大陆法系国家的司法均无可避免地面临同样的难题:究竟应该严格依法裁判,还是由法官根据个案情况进行自由裁量?严格司法有利于实现法律适用结果的确定性和可预见性,维护法律在国家治理手段中的权威地位。而与依法裁判要求在形式上不容的自由裁量之所以不可或缺,是因为在某些案件中过于机械地追求严格司法可能出现不可接受乃至于"荒谬"的裁判结果,自由裁量权正是为了实现个案正义而出现的。在法治国家,法官奉法律为圭臬,根据法律对案件进行思考,不能动辄对法律进行解释、批判甚或修改,除非在不得已的情况下。正如卡多佐所言,"试图使每个案件都达到绝对的公正就不可能发展和保持一般规则;但是,如果一个规则不断造成不公正的结果,那么它就最终将被重新塑造"。① 照此逻辑,为了实现普遍正义和个案正义的平衡,法官应当以严格依法裁判为原则,以在非常有限的情形下或特殊的案件中自由裁量为例外。然而,以汽车销售欺诈类案件为例的实证研究所反映出的情况并不能很好地佐证上述观点。笔者选取2017~2018年度生效的10个典型的汽车销售欺诈类案件判决作为分析对象,依照判决结果对制定法遵守程度的不同为标准,将法律适用过程分为依法裁判、法律解释、漏洞填补和自由裁量四个阶段。② 四个阶段是法官适用法律过程中的不同层次,探讨各阶段法官的裁判思路与法律方法运用,以解读法律漏洞填补在法律适用中的地位。

---

① ［美］本杰明·卡多佐:《司法过程的性质》,苏力译,商务印书馆1998年版,第10页。

② 2018年10月,北京市高级人民法院宣判的(2018)京03民终3192号案判决被告承担1380余万元的赔偿款。紧随其后的是2018年12月4日,最高人民法院宣判的(2018)最高法民终12号案则认定原告过度维权,判决驳回其要求1650万元赔偿款的诉讼请求,酌定支持了11万元赔偿款。前后两个截然不同的裁判如同巨石击水,再次引发法学界对惩罚性赔偿在汽车销售领域适用问题的激烈讨论。本书选取的10个典型案例包含中国消费者协会发布的(2018)京03民终3192号案,但未包含(2018)最高法民终12号案,因为最高人民法院在判决书中已作出详细的论证且在判后进行了深度释法答疑(参见《赔1650万到赔11万!最高法详解"史上最贵退一赔三案"改判原因》,载《中国消费者报》2018年12月5日,https://baijiahao.baidu.com/s?id=1618984656447548404),因此不再对该案进行解读。10个典型案例的选取方法与程序如下:(1)检索数据库:中国裁判文书网。(2)检索关键词:买卖合同纠纷、汽车、欺诈、3倍赔偿。(3)检索范围:2017~2018年度生效判决,以二审判决为主,包含个别再审案件。(4)样本选择方式:对符合检索条件的判决,排除不符合类案形式标准的案例后,随机选

第一节　涵摄推理模式下的依法裁判

一、法律适用的法理

法律适用，是指将待决案件事实置于法律规范构成要件之下，以获得特定结论的一种逻辑思维过程。[①]这种逻辑思维模式谓之涵摄，或包摄，或归入等，俗称三段论推理。推理组成要素中，法律规范（T）为大前提，特定的案例事实（S）为小前提，一定法律效果的发生为其结论（R）。法律规范（T）通常由多个要件特征（M）组成。因此，待决案件的事实必须符合法律规范所要求的所有要件特征，方可在涵摄后发生法律规范所设定的法律效果。王泽鉴先生将此涵摄过程用公式表示为：$T = M1 + M2 + M3 \rightarrow R S = M1 + M2 + M3 \quad S \rightarrow R$。[②]就汽车销售欺诈之法律规范而言，指导性案例 17 号[③]确定了汽车销售欺诈适用《消费者权益保护法》第 55 条[④]关于惩罚性赔偿之规定。依照《消费者权益保护法》第 55 条并参照指导性案例 17 号，可以确定汽车销售欺诈完整的法律规范：汽车销售商以新车名义出售使用过或维修过的汽车，但其无证据证明在售前将相关情况向购车人进行告知的，构

择 100 份判决。（5）类案形式标准：原告以被告交付的车辆并非新车或者与买卖合同中约定的车辆质量、型号、配置等不符为由，主张被告构成销售欺诈，向法院提出退一赔三的诉讼请求。（6）样本分类：以判决结果对于制定法的遵守程度为标准，将 100 份判决分为依法裁判、运用法律解释方法、法官进行漏洞补充、法官进行自由裁量四类（四类判决数量分别为 38 件、33 件、13 件、16 件）。（7）案例选取：从四类判决中各选择 2～3 件最具代表性的作为分析案例。（8）疑难度评价：该 100 份判决，二审或再审对原审改判率约 33%，远高于其他类型的民商事案件改判率，属于法律适用争议较大的疑难案件。法律适用的各个阶段之间的界限并非清晰可见，法官在个案中对制定法的遵守程度究竟如何存有很大争议，因此，本书所作的分类必然存在一定程度上的主观性，但这应该不会在整体上影响本书的研究结论。

① 参见梁慧星：《民法解释学》，法律出版社 2015 年版，第 194 页。

② 参见王泽鉴：《法律思维与民法实例》，中国政法大学出版社 2001 年版，第 201～202 页。

③ 指导性案例 17 号裁判要点二：汽车销售商承诺向消费者出售没有使用或维修过的新车，消费者购买后发现系使用或维修过的汽车，销售商不能证明已履行告知义务且得到消费者认可的，构成销售欺诈，消费者要求销售商按照消费者权益保护法赔偿损失的，应予支持。《最高人民法院关于案例指导工作的规定》第 7 条规定，指导性案例的效力为"应当参照"。胡云腾大法官指出，指导性案例是适用法律的模范案例，一个裁判违反了指导性案例，就一定会违反指导性案例所适用的法律规则或原则精神。因此，这个裁判本质上不是因为违背指导性案例被推翻，而是由于其违背指导性案例所适用的法律而被推翻。从上述文件及最高人民法院对指导性案例的定位看，指导性案例具有相当程度的强制适用效力。为便于下文的讨论，本书将其定位为准法源，并将裁判要点中的裁判规则作为该类案件适用法律规范的组成部分对待。

④ 《消费者权益保护法》第 55 条规定，经营者提供商品或者服务有欺诈行为的，应当按照消费者的要求增加赔偿其受到的损失，增加赔偿的金额为消费者购买商品的价款或者接受服务的费用的三倍。

成欺诈,应向购车人退还购车款并承担购车款 3 倍的赔偿责任(以下简称退一赔三)。该法律规范包含三个要件特征:M1=出售使用过或维修过的汽车;M2=以新车名义进行销售;M3=销售商未进行告知或未举证证明进行告知。如果待决案件事实 S 同时符合上述三个要件特征 M1+M2+M3,则应被法律规范 T 所涵摄,推导出退一赔三的裁判结论 R。上述三个要件中 M1 较为特殊,原因在于指导性案例 17 号中销售商销售的车辆系维修过的车辆,该案例在确定为指导性案例时,将"使用过或维修过的车辆"作为欺诈成立的主要认定标准,实际上是将《消费者权益保护法》第 55 条在汽车销售领域的适用范围进行了限缩解释,这造成销售"使用过或维修过"车辆之外的其他欺诈行为并不当然适用退一赔三的惩罚性赔偿规定。

二、依法裁判的案例

[**案例一**]贾某某与北京锦麟盛泰汽车销售有限公司(以下简称锦麟盛泰公司)、北京德特汽车贸易有限公司(以下简称德特公司)汽车买卖合同纠纷案①

案情:2014 年 1 月 26 日,贾某某以分期付款方式自锦麟盛泰公司购买总价 520 万元的古斯特 EWB 劳斯莱斯汽车一辆,已付款 460 余万元由德特公司开具发票。后因车辆仪表系统故障送修,维修过程中发现车辆里程记录被修改。经调查发现,该车进口时作为宝马中国公司自用市场活动用车,已行驶约 5000 千米,在自用手续办理过程中以低于市场售价 12 万美元以及不要求返还车辆购置税的优惠条件将车辆出售予德特公司,后由锦麟盛泰公司转售予原告。

裁判:本案应当参照指导性案例 17 号有关欺诈的裁判要点进行认定。相较指导性案例 17 号,锦麟盛泰公司的行为手段更具有主观故意性和欺骗性,应当认为本案的销售商比指导性案例 17 号中的销售商更加不诚信,其行为构成欺诈,应向贾某某支付购车款三倍共计 1380 余万元的赔偿款。

[**案例二**]王某某与南京福联汽车贸易有限公司(以下简称福联公司)汽车买卖合同纠纷案②

案情:2017 年 5 月 10 日,王某某以 324,800 元的价格自福联公司购买撼路者福特汽车一辆。车辆交付当日,福联公司在确认表中承诺:"我们保证在将新车交付给您之前已将这张表格上的所有项目检查过,车内车外状

---

① 北京市第三中级人民法院民事判决书,(2018)京 03 民终 3192 号。

② 江苏省南京市中级人民法院民事判决书,(2018)苏 01 民终 3846 号。

况良好。”同年6月7日，王某某在对车辆进行清洗时，经人提醒发现左后门有疑似补漆痕迹，其与福联公司多次交涉未果。8月13日，王某某委托鉴定机构进行鉴定，鉴定意见为：左侧车身存在大面积二次喷漆的痕迹。王某某认为福联公司明知车辆维修过而欺诈销售，应当退一赔三。福联公司主张：王某某检查过车辆，不能证明喷漆是销售之前所为，不存在欺诈；况且，车辆喷漆不影响车辆的质量、性能、安全，不影响购买后使用车辆的目的，即使认定存在欺诈，亦属于局部欺诈，不应当将局部瑕疵认定为整体欺诈，应按照维修费用为基数进行赔偿。

裁判：法律规定在经营者构成欺诈的情况下，增加赔偿的金额为消费者购买商品价款的3倍，即以购买商品的价款作为惩罚性赔偿计算基数，而非以瑕疵部分的价值作为基数。汽车在被组装之后便成为一个单一之物，车身外表作为整车组成部分，与其他部件亦不可分割，该单一之物被作为一个整体出售。该欺诈行为使王某某陷入错误意思后支付等同完整新车正常销售价格的价款，故福联公司要求进行价值分割的主张与法律规定不符，该案应以整车价款作为惩罚性赔偿的计算基数。

三、依法裁判的效果考量与方法运用

经营者向消费者提供商品或者服务，应当恪守社会公德诚信经营，保障消费者的合法权益。设立惩罚性赔偿制度的主要目的是鼓励消费者与不诚信经营者作斗争，通过斗争维护善意消费者的合法利益，防范社会危害性较大的不诚信行为。汽车与普通商品有很多不同，车辆构造复杂，其中许多部件是消费者无法看到的，车辆的设备状况和性能更是消费者无力检测的。而销售商作为专业企业拥有专业的人员和技术，可以轻易修复、隐藏车辆存在的问题。这种信息不对称导致汽车销售欺诈被发现的概率极低。同时，诉讼需要投入人力、物力，多数消费者在发现存在欺诈的情况下，会选择协商解决，只有极少数消费者会寻求司法救济。车辆作为大额消费品，如果存有瑕疵，会给购买者带来安全隐患和精神损害。惩罚性赔偿可以填补受害人所遭受的实际损失，还能让经营者对其欺诈行为付出更大的成本，其惩罚作用能够威慑、警告其他经营者，防止类似行为的发生，进而使市场环境得以净化。杨立新教授认为，惩罚性赔偿金的副作用与它的惩罚作用相比，显然其惩罚性所起的作用更为重要。① 如果法院因为赔

① 参见杨立新：《〈消费者权益保护法〉规定惩罚性赔偿责任的成功与不足及完善措施》，载《清华法学》2010年第3期。

偿数额过高显得不公平而轻易放弃或松动惩罚性赔偿的适用，则会降低惩罚性赔偿制度的威慑力。法官坚持依法裁判既可以维护立法权威，又可以通过司法实践检验法律本身是否存在问题，是否需要修正和完善。“因为立法本来就是一个不断试错与纠错的过程，我们有可能始于一个错误，而后却仍然能够通过恰当的过程将错误剔除。”[①]在待决案件事实满足法律规范适用条件的情况下，即使判决结果超出普通人可以接受的程度，法官也不宜根据公平原则进行自由裁量。正如刘星教授所指出，“如果认为法律在道义上是不公平的，法官也应先行辞去公职再去采取符合良心的行动。否则，法律秩序更会面临土崩瓦解的危险”。[②] 案例一、案例二中，法官认为案件事实符合汽车销售欺诈应当适用的法律规范的三个要件特征，构成欺诈，经营者应承担退一赔三的法律后果，两案属于典型的依法裁判。此外，案例一中，法官将待决案件与指导性案例 17 号进行比较，认为两案要件特征中除了待决案件销售商的恶意更甚，其他要件特征完全相同，故参照指导性案例 17 号并作出与之同样效果的判决。案例二中，销售商抗辩应以损失数额作为赔偿基数，但法官认为只要经营者提供车辆存在欺诈行为，应视为整体欺诈并以购车款为基数计算赔偿款数额，而不应根据欺诈范围和损失大小进行计算。该论证在于解释赔偿基数是法定的，不可调整、不可裁量，依此驳回被告的抗辩理由。

四、小结

多数情形下，法律规范可以有效发挥预定作用，顺利涵摄相应待决案件事实并得出妥当的裁判结论，法官无须对法律进行解释。法律不经解释无法适用，只是对法律适用中解释方法运用广泛性的夸张表达。当然，理解与解释之间本身也没有本质的差异，只要最终准确地解读法律规则的含义，实现立法目的，没有必要在是否运用了解释方法上纠结。

第二节　文本语义射程内的法律解释

一、法律解释的法理

法律解释是法院或者法官对于法律的意义进行阐明，不仅指把模糊的含义讲清楚，还包括消除法律的矛盾之处，调整法律的不适当。对法律规

① 陈洪杰：《论法律续造的方法》，载《法律科学(西北政法大学学报)》2010 年第 6 期。

② 刘星：《法律是什么：二十世纪英美法理学批判阅读》，中国法制出版社 2015 年版，第 47 页。

范进行要件分解后可以发现，每一个要件特征都蕴含相应的法律概念，在法律适用过程中，常须对要件所使用的法律概念加以解释。[①] 之所以需要解释，在于法律推理在实然状态下出现的“事实与规范不对称”[②]。至于解释的目标则应当是规范目的；因为，任何解释都应当有助于实现规范内容所追求的规范目的。[③] 那么，法官能否依据文本或者立法资料探寻立法者制定规范时的真实原意？答案是否定的。因此，对立法者意图进行探寻虽然在理论上是可行的，但对法律规范文本表达出来的客观意思进行解释则更具有现实可操作性，这也是法律解释“文本主义”和“文义解释优先”的理论根基。法律解释必须以法律文本为解释基础，以客观为基本立场，以公正为追求目标，以社会普遍的正义观为标准，作出符合内心良知的解释。以下两个案例中法官均运用了法律解释方法。

二、法律解释的案例

［**案例三**］考某某与招远市顺安源汽车销售服务有限公司（以下简称顺安源公司）汽车买卖合同纠纷案[④]

案情：2015 年 9 月 22 日，考某某以 73,200 元的价格自顺安源公司购买车型为 2015 款 1.8 L 手动精英款吉利轿车一辆。同年 11 月 16 日，考某某发现顺安源公司向自己交付的汽车是畅享款加装车而非精英款原装车。

裁判：考某某与顺安源公司签订的合同中明确约定订购车辆为精英款，顺安源公司实际交付的车辆为畅享款。顺安源公司没有证据证明考某某中途变更了车型，也没有证据证明在提车时明确告知车型变更的事实。故顺安源公司的行为构成欺诈，应退一赔三。

［**案例四**］邢某与重庆市瑞宏汽车销售有限公司（以下简称瑞宏公司）汽车买卖合同纠纷案[⑤]

案情：2016 年 5 月 26 日，邢某以 173,800 元的价格自瑞宏公司购买奇骏汽车一辆，同日交纳定金 15 万元。合同载明销售商对交车以前的质量问题或外观瑕疵（包括但不限于二次补漆或维修等）未明示的，退一赔三。同时，邢某要求瑞宏公司另行出具承诺书。邢某交清购车余款 30,548 元后随即将车辆委托进行鉴定。结论为：车身左前门中上部存在 70cm×

---

① 参见王泽鉴：《法律思维与民法实例》，中国政法大学出版社 2001 年版，第 212 页。

② 郑永流：《法律方法的阶梯》，北京大学出版社 2012 年版，第 13 页。

③ 参见［德］伯恩·魏德士：《法理学》，丁晓春、吴越译，法律出版社 2013 年版，第 309 页。

④ 山东省烟台市中级人民法院民事判决书，（2018）鲁 06 民终 1502 号。

⑤ 重庆市第一中级人民法院民事判决书，（2018）渝 01 民终 1015 号。

20cm范围内二次喷漆迹象、后视镜下部残留未抛光痕迹、中部存在多处细小凹陷瑕疵。

裁判:邢某于签订购车合同时即支付15万元的定金,而整车价款仅为173,800元,不符合一般消费者支付定金的习惯;后邢某多次到店查看涉案车辆并要求瑞宏公司出具承诺书;2016年5月31日,邢某与公证人员一同提车后即搭载公证人员前往评估公司进行鉴定。可以推知,邢某明知车辆可能存在瑕疵,故瑞宏公司未告知的行为尚不足以诱使邢某陷入错误认识并作出错误意思表示,不构成欺诈。

三、法律解释的效果考量与方法运用

通常情况下,法官对法律进行解释的目标,应当指向探寻清晰而明确的法律规范,最终目标在于为达成正义的司法判决创造规范前提。[①] 法官通过法律解释,填补法律规范与案件事实之间的缝隙,使法律规范得以顺利适用。案例三中,法官认为销售商的行为符合欺诈构成要件,欺诈行为成立,其间并未实际运用法律解释方法。之所以将该案归为运用法律解释方法裁判的案件,是因为该案原本需要运用法律解释方法对M1是否符合构成要件的实质要求进行解释。该案欺诈事项为"以低配置车型冒充高配置车型",此欺诈事项与指导性案例17号中所确定的"使用过或维修过的车辆"事项并不一致。或许法官认为,指导性案例中确定的欺诈事项是作为认定欺诈的"标准"而非对欺诈事项的"限定",只要销售商的欺诈严重程度与"使用过或维修过"相当,即可认定欺诈行为成立。总之,法官未对该案事实与指导性案例中的事实进行比较并作出评价,无法看出究竟运用何种法律(解释)方法得出结论。判决的推理过程无法被清楚地看见,结论可接受性降低。

法律具有相对的确定性,这种确定性成为人们对法律进行判断的出发点。但是疑难案件的出现既会带来关于法律含义理解的争议,也会产生法律是否适用于待决案件的争议。法律解释的过程是一个探寻立法目的和宗旨的过程,只有在充分表明立法宗旨之后,才能让当事人和公众真正理解立法和判决。[②] 惩罚性赔偿立法目的是明确的,即通过远超过欺诈获益的责任承担遏制销售商的欺诈行为。但是,任何事物都有两面性,在高收益的诱惑之下,惩罚性赔偿制度可能会衍生两个负面效应:一是激励消费

---

① 参见魏治勋:《法律解释:在对象与目标的张力中探寻规范含义》,载《南通大学学报(社会科学版)》2017年第1期。

② 参见王利明:《论法律解释之必要性》,载《中国法律评论》2014年第2期。

者知假买假；二是对主观恶意不大或过失的销售商过度惩罚。这将导致法律实施效果有违立法目的。仅从构成要件来看，实践中认定欺诈是否成立无须审查当事人的主观态度，这与学理上“欺诈”的构成要件不一致。民法理论上的欺诈是指，以使他人陷于错误认识并作出意思表示为目的，而故意陈述虚伪事实或隐瞒真实情况的行为。[①] 将定义分解可知欺诈的构成要件有四：（1）有欺诈行为，即告知虚假情况或者故意隐瞒真实情况；（2）有欺诈故意，即欺诈一方希望或放任被欺诈人陷入错误认识；（3）受欺诈人因欺诈而陷入错误认识；（4）受欺诈人因错误认识而为意思表示。因此，为防止惩罚性赔偿负面效应的发生，在认定销售商是否构成欺诈时，除审查法律规范中的构成要件外，还应增加对双方当事人主观态度的审查，以避免法律沦为恶意当事人获取利益的工具。司法实践中，关于“侵犯消费者知情权并不必然意味着构成欺诈，欺诈的认定仍需考虑欺诈的构成要件”[②]的观点，即将当事人主观态度作为认定欺诈的附加条件。案例四中，法官将原告在购车过程中一系列行为进行连接后，依照生活经验推定原告在购车之前已经知道车辆可能存在瑕疵的事实，得出销售商“未告知的行为尚不足以诱使邢某陷入错误认识并作出错误意思表示”的结论。该结论事实上是认为销售商的行为不符合欺诈构成要件（3）（4），故认定欺诈不成立。法官通过探寻立法目的，对“欺诈”依照法学理论进行了限缩解释，旨在论证待决案件的事实与汽车销售欺诈法律规范要求的事实要件并不相符，不应适用惩罚性赔偿。

四、小结

法律解释是人对于法律文本的解释，解释效果受解释主体和解释客体两个方面的影响。主体方面，无论制度对法官专业化提出多么高的要求，对法官在法学知识方面提出多么高的标准，都无法消除法官在知识构成、思维方式和价值判断等方面的个性差异。客体方面，法律文本及其所包含的概念往往具有多义性；因此，“只要人在理解，那么总是会产生不同的理解”[③]。对于出现涵摄推理困难的案件，法官需要在法的不确定的情况下探寻法律规范的目的，并尽量给出不超越文本含义的裁判理由。在探寻法

---

① 参见刘竞元：《从受让人角度看无权处分合同效力的类型化——兼谈我国〈合同法〉第51条的修改路径》，载《东方法学》2011年第5期。

② 侯军、郑慧媛、夏海曼：《消费者保护视域下的惩罚性赔偿司法适用研究》，载《法律适用（司法案例）》2018年第6期。

③ ［德］加达默尔：《哲学解释学》，夏镇平、宋建平译，上海译文出版社1994年版，编者导言。

律目的并进行解释的过程中,法官个人价值判断不可避免地混入其中。然而,完全排除法官主观因素既不可能更无必要,因为"法官的个人价值判断在法律适用过程中又并非完全不合理,而是有其存在的合理性价值"。①

第三节 文本语义射程外的漏洞填补

一、法律漏洞填补的法理

基于禁止拒绝裁判原则,法律出现漏洞时,法官不得径行以没有法律依据为由驳回原告诉讼请求,而应当对法律漏洞予以填补并完成裁判。法律漏洞填补的前提是确认法律漏洞真实存在,且该漏洞属于法官有权填补的范围。关于法律漏洞的类型划分、法官进行漏洞填补的功能与权限、法律漏洞识别方法等基础理论已在之前章节中详细阐述,关于漏洞填补方法的选择,法官在漏洞填补过程中应当遵守的规则和应当遵循的原则,详见本书第八章、第九章。以下三个案例,法官认为法律出现漏洞并予以填补。

二、法律漏洞填补的案例

[**案例五**]韩某与杭州运通祥宝汽车销售服务有限公司(以下简称运通公司)汽车买卖合同纠纷案②

案情:2016年7月23日,韩某以651,800元的价格自运通公司购买宝马1997CC越野车一辆。韩某在办理第三次临牌登记手续时,被告知车辆已办理过三次临牌,无法再办理。经查,2016年5月3日,案外人王某某曾购买涉案车辆并办理了保险及临牌登记,因对车辆内饰不满,次日退车退费。

裁判:运通公司隐瞒曾将车辆出售给王某某的事实,影响了韩某对商品的知情权及选择权,但综合考虑侵权行为及结果与惩罚的相当性,该隐瞒行为并未影响所售车辆的质量及使用性能,不属于应适用3倍赔偿的欺诈行为。韩某撤销合同退车的诉求不予支持,酌定运通公司给付韩某赔偿款3万元。

[**案例六**]张某与泰安康立汽贸有限公司(以下简称康立公司)汽车买卖合同纠纷案③

---

① 参见周少华:《同案同判:一个虚构的法治神话》,载《法学》2015年第11期。

② 浙江省杭州市中级人民法院民事判决书,(2017)浙01民终6004号。

③ 山东省泰安市中级人民法院民事判决书,(2018)鲁09民终914号。

案情:2016 年 10 月 21 日,张某以 74,800 元价格从康立公司购买宝骏汽车一辆。同年 11 月 19 日,车辆发生交通事故,维修过程中发现右前车门曾被维修过。康立公司认可在出售前曾对车门更换,但更换的是原厂新门,不存在欺诈行为。

裁判:康立公司对车门进行更换的情况未明确告知买受人张某,存在隐瞒行为。但车门损坏并非车辆根本性质量瑕疵,且更换的为原厂车门,不存在以假充真、以次充好、以不合格商品冒充合格商品的行为,不影响车辆的正常使用性能。更换车门的行为不能认定为欺诈,不应 3 倍赔偿购车款。康立公司隐瞒行为侵害了消费者的知情权和选择权,应承担相应责任,酌定康立公司赔偿张某 25,000 元。

[**案例七**]赵某某与上海捷臣展览展示服务有限公司(以下简称捷臣公司)汽车买卖合同纠纷案①

案情:2014 年 6 月 4 日,赵某某以 134.9 万元的价格自捷臣公司购买二手保时捷轿车一辆。2017 年 4 月 5 日,赵某某通过手机软件查询发现车辆是"水淹车"。经查,车辆于 2011 年 3 月 22 日被送至上海闵行保时捷中心维修,维修记录显示车辆系"水淹车"并更换原装发动机一台。

裁判:系争车辆属于"水淹车"并更换发动机,捷臣公司未进行告知,足以使购车人发生认识上的错误,侵犯了赵某某作为消费者的知情权。虽然更换的发动机系原装,但仍然对车辆价值产生较大影响,捷臣公司已构成欺诈,应当对赵某某承担欺诈赔偿责任。因系二手车买卖,消费者的知情权、选择权、信赖利益、实际损失的范围以及经营者的义务等均与新车买卖不尽相同,捷臣公司的赔偿责任应当以其获取利益数额为计算依据。考虑 2014 年该车的情况及售价范围,酌定以 60 万元为赔偿基数进行 3 倍赔偿,计 180 万元。

三、法律漏洞的识别与填补方法运用

传统意义上,《消费者权益保护法》中的商品主要是指生活需要的食品、家庭用品、装饰品、家具、电器等日用品。如果销售商存在欺诈,以商品全部价值的 3 倍进行赔偿并不会出现巨额赔款。汽车虽同属商品,但在适用惩罚性赔偿时动辄会出现数十万元甚至数百上千万元的赔款。民事案件的裁判应当遵循民法中等价有偿、诚实信用等基本原则。在指导性案例 17 号中,车辆在运输过程中发生事故并进行多处喷漆等维修,销售商的欺

① 上海市第二中级人民法院民事判决书,(2018)沪 02 民终 4592 号。

诈内容和程度较严重，对其适用退一赔三的惩罚性赔偿与民事基本原则未有明显冲突。惩罚性赔偿的适用，不要求与欺诈程度、损失数额有公平对称的关系，但应当具有一定的正相关关系。正如林春燕法官提出，销售商对涉及车辆本身重要属性、性能或者影响车辆正常安全运行的决定性信息欺诈适用退一赔三。[①] 易言之，不宜将销售商对车辆任何瑕疵信息的隐瞒或虚假陈述均认定为欺诈。杨立新教授认为，局部欺诈应调整赔偿基数，对于机动车进行局部欺诈不足以构成根本违约的，就局部欺诈部分进行惩罚性赔偿。[②] 以此路径探究立法目的，《消费者权益保护法》第 55 条以及指导性案例 17 号中惩罚性赔偿是针对严重不诚信的欺诈行为，相对而言较为轻微的欺诈行为，不在惩罚计划范围之内。案例五中，销售商仅将车辆售予他人一天，基本未实际使用；案例六中，销售商更换了原厂车门。该两种行为并不会对车辆的质量、性能和外观产生大的影响，如果认定欺诈并适用惩罚性赔偿，则会出现对轻微欺诈行为罚过其罪的情况。如果坚持认为该两案中的欺诈行为同样应进行惩罚，那么如果销售商更换了原厂轮胎或是原厂车灯呢，是否亦应认定车辆“维修过”并进行惩罚性赔偿？显然，不考虑维修或者使用程度“一刀切”适用惩罚性赔偿的做法是机械的。然而，如果简单以不符合法律规定为由驳回原告的诉讼请求，则对原告明显不公正。车辆销售给他人并办理了临牌登记当然属于“使用过”，以车辆使用时间或行驶距离短为由将车辆排除在“使用过”之外，显然超出“使用过”的语义射程范围。同样，销售商因车门损坏而更换原厂车门当然属于维修行为，至于更换车门是否为原厂生产并不能否认车辆进行维修的事实。因此，法官认定法律出现了违反计划的漏洞。

案例五、案例六中，法官考虑销售商的欺诈行为轻微而不宜适用惩罚性赔偿，故运用目的性限缩方法将“短暂登记在他人名下”“更换原厂车门”的行为分别排除“使用过”“维修过”的范围。至于两案中被告赔偿款项的数额，则系以自由裁量方式酌定，属于以创造性补充方法填补法律漏洞。案例七中，因销售商出售的车辆系二手车而非新车，不应直接适用新车销售欺诈的法律规范，法律出现了规则空缺漏洞。为填补该漏洞，法官首先运用了类推适用。类推适用的法理基础是类似事物类似处理，亦即如果待决案件的构成要件与比附援引的规定所要求的构成要件类似，则可以援引该规定得出相类似结论。法官认为除销售商系以二手车而非新车名

---

① 参见林春艳：《新消法后首例汽车销售欺诈“退一赔三”案述评》，载《法律适用（司法案例）》2018 年第 6 期。

② 参见杨立新：《我国消费者保护惩罚性赔偿的新发展》，载《法学家》2014 年第 2 期。

义出售车辆外,其他事实均与汽车销售欺诈行为的构成要件相同,具备类推适用的基础。从说理内容看,法官论述了新车与二手车销售商所负信息披露义务的不同,其目的在于通过轻重相举的方法论证二手车欺诈应当承担轻于新车欺诈所应当承担的赔偿责任。而对于赔偿责任减轻的程度,法官系依照比例原则对赔偿基数进行了调整。简言之,法官在类推适用的基础上,对法律后果依照举重明轻的方法进行了减轻。

四、小结

立法者在进行规则设计时,虽然已尽最大努力使规则兼具稳定性和灵活性,以适应变化万千的社会生活;但是,人类的理性总是有限的,而司法实践中的新情况却是无限的,这会造成立法计划滞后于社会变化,出现法律规则与社会事实的不匹配甚至缺失的情况。在特殊的个案中,如果机械地适用法律,不仅难以实现法律维护权利、实现正义的目的,更会适得其反。司法的终极追求是实现公平正义,在出现法律适用效果难以实现立法目的而产生不正义时,法官有义务对司法后果进行考量,充分运用其智慧,发挥主观能动性,对于法律的不完善进行修补,以达到维护公平正义的目的。因此,在不违反法律秩序的情况下,法官通过识别并填补漏洞可以完善法律并完成个案妥当裁判。

第四节　拒绝服从法律后的自由裁量

一、背离法律的法理

法官拒绝服从并背离现行法律规定,是指法官通过自己的评价来修正、甚至排斥和替代法律评价,有意识地作出与现行法律规范"相背离"的裁判。通常包括两种情况:一是法官对规范目的的修正。往往是在法律颁布和适用的一段较长时间后,经济、政治和社会发生了显著变化,事实构成和规范目的都不再相适应,但立法者尚未来得及调整。由于公正裁判的需要,由法官来修正规范目的便获得了正当性。但是,事实和普遍价值的变化还不足以成为法官拒绝适用或背离法律的理由,法官必须考虑司法判决与立法之间的界限,只有确信对规范目的的修正是立法者的意愿,并且是裁判的迫切需要时,才能成为背离法律的理由。二是法官对不公正法律的拒绝。法官认为现行法律规定对于待决事实而言是不正义的,无法实现法律本身的目标,因此拒绝服从现行法律,并在事实评价的时候作出不同于立法的判断,然后自己创设新的法律。[①] 这种做法源于实质正义理念。实质正义拥趸者认为,“司法的任务不仅是对案件做出裁决,而且还应给予争议的当事人一个公正的裁决,当既有的法律标准与正义原则发生冲突时,法官应毫不犹豫地服膺于后者”。[②] 此时,法官享有极端情况下对抗“法律不正义”的反抗权。[③] 法官通过一定程度上的规则创设,对在法律中获得暗示的新的法律思想领会并继续发展,进而通过司法判决展示这种新的思想,这是对法律或多或少的修正,更是对法律最初计划的超越和完善。法官在此起到“矫正法律”的作用。法官矫正法律的前提应当是法律适用出现了极端的、超过忍受限度的不正义,法官必须创设一种更合乎正义的规则对案件进行调整。当然,法官创设的规则必须源于现行法律基本原则。如果违反了法律的基本原则和秩序,法官对法律的不服从就不具有合法性和正当性,而应归入违法裁判的法律虚无主义之列。法律虚无主义最典型的特征是,在司法实务中轻视甚至根本无视现行立法的客观存在及其应有的权威而进行“违法司法”与“法外操作”。[④] 过于追求所谓实质正义的法律虚无主义思维方式本身带有瓦解法治的思维倾向,因为其所倡导的思维方式重点不是根据法律的思考,而是对法律外实质因素的把握,把实质因素当成思考判断的依据。[⑤]

二、背离法律的案例

[**案例八**]李某某与贵州万合汽车销售有限公司(以下简称万合公司)汽车买卖合同纠纷案[⑥]

案情:2017 年 6 月 18 日,李某某以 156,200 元的价格自万合公司购买北京现代途胜 1.6 T 汽车一辆,万合公司在合同中签字保证系全新车。同年 7 月 28 日,李某某办理车辆登记时,发现车辆曾登记在他人名下并购买过保险,且车辆曾因发动机故障被厂家召回维修。

裁判:万合公司在销售过程中存在欺诈行为,应向消费者进行赔偿。因李某某不能证明该车存在二次销售及质量问题,结合万合公司欺诈行为

---

① 参见[德]伯恩·魏德士:《法理学》,丁晓春、吴越译,法律出版社 2013 年版,第 385~389 页。

② 孙海波:《疑难案件否定法治吗——依法裁判立场之重申》,载《政治与法律》2017 年第 5 期。

③ 参见[奥]恩斯特·A. 克莱默:《法律方法论》,周万里译,法律出版社 2019 年版,第 203 页。

④ 参见赵钢、王杏飞:《新的法律虚无主义之批判——基于民事司法的视角》,载《现代法学》2012 年第 4 期。

⑤ 参见陈金钊:《对形式法治的辩解与坚守》,载《哈尔滨工业大学学报(社会科学版)》2013 年第 2 期。

⑥ 贵州省安顺市中级人民法院民事判决书,(2018)黔 04 民终 186 号。

的性质及过错程度,在退还购车款的同时酌定万合公司赔偿李某某 1 倍购车款 156,200 元。

[**案例九**]沈某某与武汉鄂宝汽车销售服务有限公司(以下简称鄂宝公司)汽车买卖合同纠纷案①

案情:2014 年 2 月 20 日,沈某某以 954,500 元的价格自鄂宝公司购买 BMW 型号 740Li 领先宝马车一辆。同年 3 月 11 日,车辆交付;3 月 13 日,沈某某在对车辆做漆面镀膜时,技师发现车辆左后门、左后侧保险杠有补油漆的痕迹。经鄂宝公司申请鉴定,全车车身喷漆及修复费用为 17,645 元。

裁判:车辆补漆后对外观并无实质影响,且该车辆局部补漆的质量瑕疵并不影响车辆整体安全性能及使用功能,鄂宝公司交付的车辆质量是合格的,车辆局部补漆的行为不属于"销售掺杂、掺假,以假充真,以次充好的商品"的情形,亦不属于"销售处理品、残次品、等外品等商品而谎称是正品"的情形,因此不符合《侵害消费者权益行为处罚办法》所规定的欺诈行为。考虑车辆局部补漆的质量瑕疵与车辆的整体外观评价的参照度以及对沈某某购车的心理影响,酌情以购车价款的 20%(954,500 元×20% = 190,900 元)作为违约赔偿。

[**案例十**]汪某与上海协通崇明汽车销售服务有限公司(以下简称协通公司)汽车买卖合同纠纷案②

案情:2016 年 3 月 28 日,汪某以 234,900 元的价格从协通公司购买别克昂科威轿车一辆。随后,汪某因车辆门锁问题到别克 4S 店修理时,被告知该车在 2016 年 3 月 19 日有过事故修复喷漆、后轮装饰条总成维修记录。协通公司认可车辆在运输途中造成剐蹭并进行过维修。

裁判:法律规定退一赔三的立法本意并非让消费者利用经营者的过错获利,而是以惩罚性赔偿规范经营者的经营行为,维护消费者合法权益,促进经济秩序的健康发展。协通公司的确存在侵犯汪某知情权及选择权的行为,但因协通公司没有欺诈故意,故对汪某退一赔三的请求不予支持。综合考量涉案车辆的车价、协通公司侵犯汪某知情权的内容以及对其消费心理受损的补偿等因素,酌定协通公司赔偿汪某 65,000 元为宜。

三、自由裁量的理由与方法运用

后果考察的正当性并不是来自立法者的权威,也不是来自其从法律文

---

① 湖北省高级人民法院民事判决书,(2018)鄂民再 90 号。

② 安徽省黄山市中级人民法院民事判决书,(2017)皖 10 民终 134 号。

本推导出结果的正确性，而是从这些结果的有益性导出。在某种程度上，后果考察必须能够用“有益性”的标准来衡量。因此，必须避免解释结果除这个有益的作用外，一并带来其他会抵消（甚至超过）实现该目的之有益性的负面效果。① 正如有学者提出，在处理疑难案件时，法官应当有意识地跳出形式推演，转而分析不同裁判方案在社会秩序调节上的功能差异，并选择那些更有助于增进社会公共福祉的方案。② 法官通过自由裁量实现个案正义的同时，极有可能损害法律的统一性和权威，在更大范围内冲击法正义中最基本的价值标准——秩序。因此，罗尔斯（Rawls，1921—2002）称，“之所以容忍某种不正义，仅仅是因为必须避免一种甚至更大的不正义”。③ 法官背离法律不等同于违法判案，法官为解决依法裁判所造成的不公正后果而选择对制定法的不遵守，必须要有充分的理由证实其所选择的裁判策略的有益性超过严格依法裁判的有益性；否则，法官应当容忍并遵守制定法。司法判决震惊公共舆论并与一般性预期相背离的大多数情势，都是法官认为他不得不墨守成文法条文且不敢背离三段论推理的结果所致。就汽车销售欺诈的法律规范而言，《消费者权益保护法》第 55 条系新近立法，指导性案例 17 号系最高人民法院确定的裁判规则，社会形势并未发生重大变化。因此，不存在规范目的不合时宜的情形。法官对其拒绝适用的理由是否正当，主要看法律适用效果是否严重违背正义达到“不可容忍的程度”。

案例八中，车辆曾登记在他人名下且有被厂家召回维修的记录，即使登记在他人名下不等于使用过，但被厂家召回维修的事实是不可否认的。案例九中，车辆在销售前进行两处大面积喷漆，与指导性案例 17 号中的维修程度相当，当然属于“维修过”。案例十中，车辆销售前因事故进行过喷漆等维修项目。该三案均存在“维修过”或“使用过”却以新车名义销售的情况，销售商均不能证明对瑕疵进行过告知，因此应属欺诈，案件事实 S 符合惩罚性赔偿适用的全部事实要件，可以顺利完成三段论推理。但该三案实际裁判结果并非如此，法官选择了对法律的拒绝服从。前文案例六、案例七中法官也未支持惩罚性赔偿，但案例六、案例七与该三案有实质上的不同。因为在案例六、案例七中，待决案件事实与法律规范中要求的构成

① 参见［德］英格博格·普珀：《法学思维小学堂——法律人的 6 堂思维训练课》，蔡圣伟译，北京大学出版社 2011 年版，第 74 页。

② 参见熊丙万：《法律的形式与功能——以“知假买假案”为分析范例》，载《中外法学》2017 年第 2 期。

③ 沈宗灵：《现代西方法理学》，北京大学出版社 1992 年版，第 100 页。

要件不完全一致，法官认为这种不同造成法律规范不能适用于待决案件。而该三案并不存在案件事实与法律规范要求的构成要件不同的情况。案例八中，法官陈述的理由是“李某某不能证明该车存在二次销售及质量问题，结合万合公司欺诈行为的性质及过错程度……”该理由与其认定万合公司存在欺诈的结论相矛盾，作为其拒绝服从法律作出判决的依据，有失妥当。案例九中，法官的理由是“车辆局部补漆的质量瑕疵并不影响车辆的整体安全性能及使用功能……不符合《侵害消费者权益行为处罚办法》所规定的欺诈行为”。在一定程度上，该案与案例六中更换车门的行为有类似之处，法官认为被告的欺诈行为较为轻微，不足以达到适用惩罚性赔偿的严重程度。法官在评价法律规范适用效果的情况下，认为规则造成了新的不公平进而选择对法律的不遵守，拒绝服从法律进行裁判的正当性需要展开深入的论证。案例十中，法官的理由是“法律规定退一赔三的立法本意并非让消费者利用经营者的过错获利……但因协通公司没有欺诈故意……”可以看出，法官通过对现有法律规范立法目的的探究，认为支持原告主张的惩罚性赔偿请求将出现有违立法目的的严重不正义，进而选择对法律的拒绝适用。案例十看似与案例九处理结果相同，但实际却有着本质上的区别。案例九是法官针对个案事实具体情节而言，不符合适用惩罚性赔偿的要件；案例十则是从法律适用的普遍效果——会导致购买人获得巨额利益——出发，对现行汽车销售欺诈法律规范的正当性给予否定性的评价，进而拒绝对其适用。至于三案的判决结果，法官均系以自由裁量方式酌定了赔偿计算方式或直接酌定数额，而未参照任何法律规定。即使案例九已通过司法鉴定确定整车喷漆费用数额，法官亦未将其作为赔偿款酌定的参照。

四、小结

法官在最大限度追求法律正义的同时，必须兼顾社会普遍正义。判决的受众对法官的裁判策略产生不可忽略的影响，为让当事人在每一个司法案件中感受到公平正义，降低遭受机械司法指责的概率，法官在追求实质正义过程中对法律的批判更加大胆，公正频频让位于公平，自由裁量权的行使过于“自由”，“司法披着‘解释’的外衣篡夺立法功能”①的情况时有发生。法官对于法律的评价和背离，尚处于以经验和直觉主导的阶段，缺乏必要的方法意识和规则意识。

① ［德］伯恩·魏德士：《法理学》，丁晓春、吴越译，法律出版社2013年版，第282页。

第七章　法律漏洞填补的方法

随着法治建设的推进和司法改革的深入,社会公众对法官的法学理论水平和裁判操作能力寄予更高的期望。学界公认的法律漏洞填补方法可以被分为两大类:一类是法源型填补,即将非正式法律渊源作为材料填补漏洞,这些非正式法律渊源主要有习惯(民间法)、法律原则、法理学说、比较法等;另一类是技术型填补,即运用法律方法对正式法律渊源中现有规定进行变通而为适用,这些法律方法主要有类推适用、目的性扩张与限缩等。换言之,通常所称的第一类漏洞填补方法实际上是用于进行漏洞补充的材料,第二类方可真正称得上是漏洞填补方法。为了将法源型填补统一表述为补充方法,需要在表达上进行转换,从描述漏洞填补材料的静止概念,转变成描述漏洞填补操作的动态概念。例如,“习惯”是填补材料,而“依习惯填补”方可称为填补方法。梳理现有各种漏洞填补方法,结合个案对其具体适用条件与方法进行明确,是正确选择和适用漏洞填补方法的重要前提。传统法律方法理论通常以是否超越制定法的边界为标准,将漏洞填补方法分为“制定法内”与“制定法外”(超越制定法)两大类。指导性案例不直接作为裁判依据,但其在司法适用中的效力属于“应当参照”,从法源角度看,最接近于制定法;类推适用、目的性扩张与目的性限缩系对制定法的转用或变通适用。以上四种方法属于“制定法内”的漏洞填补方法。《民法典》颁行后,依习惯填补法律漏洞的方法明确被制定法所认可,属于立法计划安排范围;依法律原则填补法律漏洞所援引的原则属于制定法已吸收的原则。故此两种方法亦应归入“制定法内”的漏洞填补方法。比较法填补法律漏洞系对国外制定法的借鉴,其已超越国内制定法;法理学说显然是未被纳入制定法的法学理论和法原则;创造性填补更是法官在法律目的和秩序范围内将自己作为立法者而对法律进行的续造。故此三种方法应归属“制定法外”的漏洞填补方法。

第一节　制定法内的漏洞填补方法

一、依指导性案例填补

判例是英美法系国家主要法源,在没有充分理由的情况下,法官应当遵循先例，而不得作出与先例相背离的判决。判例法的法理基础是"相同事项，相同处理"，裁判中据以说理的依据是与待决案件最相似的先例，这种先例既可以是上级法院作出的，也可以是本级或其他同级法院作出的。先例中的处理方式是待决案件的先前经验，同时也给待决案件的处理设置了约束条件。长期的司法实践证明，为了统一裁判尺度，尊重既有裁判中的智慧与经验，保持司法行为的一致性，无论是否为英美法系国家，法官都会有意无意地重视待决案件与先例的关系。研究发现，在大陆法系国家，判例经常被法院用来填补法律漏洞或调节法律之间的冲突。例如，在德国，最高法院的裁判发挥示范作用，一、二审法院通常在极为例外的情况下才会违背最高法院的判例。① "这不仅包括那些遵循相似路线的高级法院判决，在实践中，甚至德国联邦最高法院的单个判决也深受下级法院的尊重。"②

在我国，单纯从理论上讲，法官无须受其他法院判决的拘束，但在遇到疑难案件时，法官大都会了解上级法院特别是最高人民法院对同类案件的判例并尽量避免作出与之不一致的判决。换言之，判例中的裁判规则与结果实际上发挥着对同类案件的裁判指引作用。随着两大法系之间相互学习与融合，大陆法系国家越来越重视判例的价值，在这种形势下，最高人民法院于 2010 年确立了案例指导制度③，从制度层面尝试发挥判例的审判指导作用。对于案例指导制度来说，创制规则是其根本职责之所在。没有规则的创制，也就没有指导性案例存在的必要性。案例指导制度通过创制司法规则，发挥其对司法活动的指导作用，以弥补立法与司法解释的不足。④指导性案例以现实的、生动的案件为基础，充分展示法官的法律智慧。这种智慧不仅体现在事实认定方面，而且体现在法律解释、漏洞补充等方面，

① 参见[美]约翰·亨利·梅利曼：《大陆法系》，顾培东等译，法律出版社 2004 年版，第 48 页。

② [德]茨威格特、克茨：《比较法总论》，潘汉典等译，中国法制出版社 2017 年版，第 470 页。

③ 指导性案例类似于个案批复，两者均基于个案生成裁判规则，均需由最高人民法院审判委员会讨论通过，两者最大的区别在于讨论时间的"事后"与"事前"。在经过一段时间的司法实践检验后，指导性案例很可能会被吸收入司法解释范围。学者李贵方在《检察日报》（2015 年 1 月 13 日）发表的《案例指导制度可弥补法律不足》一文即建议"把指导性案例上升为司法解释，使其成为司法解释的一种，具有法律效力"。当前，指导性案例只能被视为准法源，在法律存有漏洞的问题上，即使有指导性案例可供参照，但仍不能认为漏洞已消除。"依指导性案例填补"是否可以作为漏洞填补方法有待商榷，因为指导性案例中必然已经使用了具体的漏洞填补方法；即使参照指导性案例进行漏洞填补，所运用的仍然是包含于指导性案例中的方法。有人认为，与其说指导性案例是填补法律漏洞的方法，不如说是一项原则或者约束。本章将指导性案例作为漏洞填补方法列明，一方面是认为其基本等同于类推适用，因两者适用原理一致；另一方面在于听取从漏洞填补角度讨论指导性案例的地位的不同意见。

④ 参见陈兴良：《案例指导制度的规范考察》，载《法学评论》2012 年第 3 期。

消除法律矛盾、弥补法律漏洞，进而通过法律推理作出判决。① 指导性案例最重要的价值便是创设规则、填补法律漏洞。例如，指导性案例 2 号（2011 年）对“和解协议”范围的扩大，和解协议原本仅指执行过程中的和解协议，该案将诉讼外和解协议扩张适用执行和解协议；指导性案例 3 号（2011 年）将“为他人谋取利益”扩张为明示和默示两种方式，涵盖承诺、实施和实现三个阶段；指导性案例 50 号（2015 年）把“通过人工授精所生子女”认定为婚生子女。该三案均系以目的性扩张方法填补法律漏洞。指导性案例 58 号（2016 年）通过“老字号”与注册商标联系使用的现实，给予“老字号”与注册商标同等保护，系以类推适用填补法律漏洞。

依指导性案例填补法律漏洞应遵循以下程序与步骤：第一步，指导性案例的确定。指导性案例经过最高人民法院选取、讨论并公布，包含于其中的裁判规则具有“应当参照”的法律效力。因此，指导性案例中的裁判规则取得了类似于制定法的地位。法官在获取法律规范未果的情况下，应当转入对指导性案例的检索，此时，指导性案例的检索和确定等同于法律获取。第二步，类似性判断。类似性判断主要解决指导性案例与待决案件之间关联性问题。只有在待决案件在基本案情和法律适用方面与指导性案例具有类似性的情况下，指导性案例方对待决案件具有可适用性。张骐教授认为，类似性判断应依照以下步骤进行：（1）全面掌握案件事实，完全吃透案情；（2）根据法律分别确定待判案件和先前案例所属的法律关系及其性质；（3）根据待判案件和先前案例的案件事实、法律关系、具体情节和诉讼标的或请求，确定他们的构成要件，并对构成要件进行比照；（4）根据比照构成要件的结果，确定可以适用的指导性案例或参考性案例。② 第三步，适用案例。这个过程与三段论推理并无二致。即将待决案件的事实涵摄于指导性案例所蕴含的裁判规则之中，得出与指导性案例相同的法效果。同样的法效果不等于同样的裁判结果，因为，“虽然说待决案件和成为判例的案件可以获得相同的法效果，并不能否定待决案件和判例的个性特征，不能认为二者也是相同的，二者只是在法律评价的意义上具有相同性，其案件本身还是不同的”③。也就是说，在适用指导性案例时，既要在类似性问题上参照指导性案例的裁判要点，更要认真对待待决案件与指导性案例中的不同之处，以避免机械适用。

---

① 参见魏胜强：《为判例制度正名——关于构建我国判例制度的思考》，载《法律科学（西北政法大学学报）》2011 年第 3 期。

② 参见张骐：《论寻找指导性案例的方法——以审判经验为基础》，载《中外法学》2009 年第 3 期。

③ 杨晓娜：《法律类推适用新探》，中国政法大学出版社 2013 年版，第 89 页。

指导性案例的裁判要点经过研究提炼，具备法律规范凝练性与抽象性、裁判规范实践性与通俗性的双重特点，易于被法官掌握和适用。对于新规则的生成，指导性案例中创设的规则相较于立法或司法解释更加简单、便捷，更具有针对性和实用性。法官往往困惑于法律漏洞的识别及漏洞填补方法的选择，而指导性案例可以有针对性地为法官提供明确和精细的操作指引。因此，“指导性案例虽不能作为裁判直接的根据，但却指引了法律漏洞填补的过程，成为法官在法律漏洞填补中的实际依据”[①]。如果法官找到同类案件的指导性案例，对当事人而言更容易接受相同的裁判结果，因为这可以大大提高判决的可预测性，有助于约束法官的自由裁量权，塑造整个法院系统行动的一致性。虽然指导性案例整体适用率有待进一步提高，但从法律漏洞填补的角度看，部分指导性案例发挥了重要作用。例如，指导性案例 24 号发布之前，个人体质状况是否可作为侵权人减轻侵权责任事由这一问题在司法实践中争议极大，因一直缺乏权威的裁判规则，同案异判时有发生。该案例的发布，意味着其中新创设的规则成为此后同类案件应当参照的裁判标准。据北大法宝统计，截至 2022 年 12 月，指导性案例 24 号被参照适用次数高达 2155 次。[②] 需要特别指出的是，参照指导性案例进行裁判的案件审判质效均大大提升。例如，项某诉张某、某运输有限公司、某财产保险股份有限公司机动车交通事故责任纠纷一案[③]，双方争议点为项某自身患有的颈椎病能否作为减轻侵权人赔偿责任的理由。经某财产保险股份有限公司申请，法院委托上海枫林国际医学交流和发展中心司法鉴定所对项某伤情进行参与度鉴定，鉴定意见为，“目前的伤残是 2012 年 10 月 10 日的交通事故外伤和其自身疾病共同作用的结果，交通事故外伤是被鉴定人目前伤残情况的主要因素，建议参与度 70%～80%”。某财产保险股份有限公司据此要求减轻赔偿责任。法院认为，参照指导性案例 24 号，受害人自身个体原因（包括体质、旧伤等）不是减轻侵权人赔偿责任的理由，故对某财产保险股份有限公司提出的抗辩意见不予采纳。该案宣判后，双方当事人均未提起上诉。指导性案例 24 号发布之前，法官如欲排除传统侵权法原因力理论在此类案件中的适用，需花费大量的精力和笔墨进行说理论证，且很难取得良好的说服效果；无论如何裁判，败诉一方常因寄希望于二审持相反观点而提出上诉。本案在鉴定机构作

---

① 姚辉：《民事指导性案例的方法论功能》，载《国家检察官学院学报》2012 年第 1 期。

② 参见郭叶、孙妹：《最高人民法院指导性案例 2022 年度司法应用报告》，载《中国应用法学》2023 年第 4 期。

③ 上海市金山区人民法院民事判决书，（2013）金民一（民）初字第 2610 号。

出“原告自身疾病参与度”司法鉴定意见的情况下,法官径行参照指导性案例进行裁判,且说理部分仅寥寥数语,但判决依然取得了不错的效果。

二、类推适用

类推适用是把一个规范转用于类似案件,其法理基础是:待决案件出现法律空缺,待决利益状态与法律已经规定的某个利益状态非常相似,立法者如果发现此情况亦会作出相似的规定。因此,待决事项与法律有规定的事项具有类似性系类推适用的前提,如果两者不具有类似性,则不可进行类推适用。类推适用的基础仍然是制定法,即通过解释方法将本来并不完全对应的法律规范作为裁判的大前提完成推理。但是,类推适用对于法律的解释已超出法律可能的文义界限,因此类推适用并非狭义的法律解释方法,而属于漏洞填补方法。一般来说,类推适用被认为是填补法律漏洞的主要方法,被广泛适用于民商事等私法领域。在公法尤其是刑事司法中,传统刑法理论认为类推适用违背罪刑法定原则,因而禁止适用。在各种漏洞填补方法中(依指导性案例填补除外),类推适用具有优先性。因为类推适用坚持的是法律至上的原则,坚持依法判案,这有利于维护法律的安定性,增强裁判结果的可预知性,有助于统一裁判尺度,实现同案同判。从形式法治角度来看,法官运用类推适用填补法律漏洞违反依法办案的法治原则,但若从实质法治角度来看,则恰好相反,允许法官进行漏洞填补正好是法治的必然要求。① 因此,只有在没有法律规则可供类推适用的情况下,才可以适用其他漏洞填补方法。这在法学方法论中被称为“类推适用优先”规则。

类推适用的原理是,“将法律针对某构成要件(A)或多数彼此相类的构成要件而赋予之规则,转用于法律所未规定而与前述构成要件相类的构成要件(B)。转用的基础在于:两构成要件——在于法律评价有关的重要观点上——彼此相类,因此,二者应作相同评价”。② 类推适用乃本诸“相类似案件,应为相同处理”之法理,依逻辑三段论法推演而成。③ 日本学者碧海纯一(Amoi Jyunichi,1924—2013)认为类推适用有四个特点:(1)类推适用是间接推论的一种,用一般三段论理论表示为:M→P(大前提),S 类似 M(小前提),故 S→P(结论)。在此推论中,必须经由“S 类似 M”这一命题穿针引线才能成功地完成 S→P 的结论。(2)类推适用是“特殊到特

---

① 参见刘维旭:《论民法上的类推适用》,西南政法大学 2004 年硕士学位论文,第 16 页。

② 参见[德]卡尔·拉伦茨:《法学方法论》,陈爱娥译,商务印书馆 2003 年版,第 258 页。

③ 参见杨仁寿:《法学方法论》,中国政法大学出版社 2013 年版,第 208 页。

殊”和“个别到个别”的推论。它不同于演绎和归纳推理，其前提必须是“个别”或“特殊”的命题，不能是一般的命题。因此其大前提不能为“凡M都是P”，因为M只是一个特殊的命题。(3)类推适用所获得的结论并非绝对可靠。一般的三段论推理中如果前提为真，则结论莫不为真，但是由于类推适用中的三段论推理中的大前提只是一个“个别”或“特殊”的命题，且类推适用的基础又涉及人的价值判断。因此，其所得到的只是一个不太确定的结论而已，有时甚至会导出错误的结论。(4)类推适用是基于“类似性质”或“类似关系”所得出的推论。依“类似关系”所为经验科学上的类推要求结论具有“真实性”，而根据“类似性质”所为法学上的类推适用，则重在结论的“妥当性”，至于推理结论的真或假则在所不问。①

类推适用填补法律漏洞的步骤：第一步，漏洞识别。即关于一个法律问题，法律依其内在目的及规范计划应有所规定而未设规定，且为公开漏洞后，就可以进行下一步骤。第二步，寻找法律有规定的类似案型，判断法律有规定的案型A与未规定的案型B是否类似。这时应依法律规范意旨加以判断，即确认发现同一法律理由。第三步，将A的法律效果转移于B。第四步，检验获致的结论是否妥当。② 例如，杜某某与刘某某侵权责任纠纷案③中法官即运用了类推适用方法。刘某某看到杜某某戴有一只翡翠戒指，杜某某告知刘某某戒指价值7.5万元，因刘某某经营珠宝生意，其认为戒指为赝品并建议杜某某去做鉴定。杜某某请求刘某某帮忙去鉴定，刘某某答应杜某某的请求并取走了戒指，后戒指遗失。双方协商赔偿未果，杜某某诉至法院请求判令刘某某赔偿戒指损失7.5万元。刘某某对上述事实及戒指价值无异议，但认为其是基于两人多年友情，为避免杜某某上当受骗，善意提醒并答应无偿代为其申请鉴定，属于使杜某某受惠、旨在增进双方友谊的好意施惠行为，在戒指不慎遗失后的第一时间自己向杜某某进行解释并同意补偿。从民法的公平理念出发，应酌情减轻民事赔偿责任。法院认为：“社会交往中发生的情谊行为不存在法定或约定的权利义务，但行为人在实施情谊行为过程中，未尽到必要的注意义务从而导致他人人身或财产利益损害的，构成侵权，应对他人所受损害负赔偿责任。本案中，刘某某取走戒指欲至检测机构做鉴定系无偿的好意施惠行为，但该先行行为引发其在占有他人之物期间的安全注意和保障义务，以防止他人财产权利

---

① 参见姬晓红：《法律解释与法律漏洞的填补》，中国政法大学2002年硕士学位论文，第51页。

② 参见陈兴华、洪韬：《论物权法定原则与类推适用》，载《昆明理工大学学报(社会科学版)》2007年第3期。

③ 广东省佛山市中级人民法院民事判决书，(2021)粤06民终14774号。

免受侵害。刘某某从事珠宝生意多年，其明知涉案戒指属于高档奢侈品，且杜某某在交付戒指时也向其声明了价值，因此刘某某明知戒指的贵重性。刘某某称其拿走戒指后，曾拿纸巾包好，以防戒指磨损，此反映其对该贵重物品可能遭受的损害风险有所预见，但其却未采取必要的物品保存管理措施。所谓民法上的重大过失，应指行为人在其注意义务范围内能够预见而没有预见，或者已经预见但轻信可以避免从而导致损害的发生。由此可予认定，刘某某对于戒指遗失的损害结果发生具有重大过失，应承担侵权赔偿责任。刘某某以其行为的无偿与善意目的为由主张酌减赔偿责任。对此，本院认为，在情谊行为实施人主观为一般过失或轻过失，且所损害的利益不大之情形下，考虑好意施惠为道德所弘扬，根据民法公平原则，确可酌情或减轻免除赔偿责任。然而，情谊行为的无偿性决定所施之惠与侵权行为法所保护的法益不具有对价性，施惠之价值不足以使侵权人在故意或重大过失的主观状态下免除或减轻责任。对此，《民法典》第1217条就同属情谊行为的好意同乘发生交通事故情形所确立之归责原则和赔偿责任原理，对处理本案情谊侵权责任可类推适用。前述条款规定，非营运机动车发生交通事故造成无偿搭乘人损害，属于该机动车一方责任的，应当减轻其赔偿责任，但是机动车使用人有故意或者重大过失的除外。如前所述，刘某某在实施情谊行为过程中对于戒指遗失的损害结果发生具有重大过失，仅以其实施的行为无偿和善意目的不足为减责事由。"本案中，为了论证刘某某的抗辩理由是否成立，法官找到与其主张最为类似的法条——《民法典》中关于好意同乘的责任条款，该条款对于无偿的情谊行为实施人责任作了不同于一般侵权责任的规定。法官认为，刘某某的情谊行为与机动车使用人的好意同乘行为具有类似性，故刘某某的侵权责任可以类推适用该条款进行判断。法官随后对刘某某的行为过错程度进行分析，认为刘某某对于戒指的遗失存有重大过失，因此不符合上述条款中减轻赔偿责任的要件，故刘某某的主张不能成立。

类推适用的前提是法律存有漏洞，如果待决案件有据以裁判的法律规则，则当事人不可主张类推适用有利于自己的特殊规定。例如，杨某与李某某等财产损害赔偿纠纷案①中法官即认为于待决案件而言，法律不存在漏洞，否定了原告提出的类推适用有利于自己的法律条款的主张。2020年9月1日，杨某发现自己位于三楼的房屋室内地面被污水浸泡。经了解后发现，污水系公用下水管道堵塞返水所致。管道中清理出来的堵塞物主

① 江苏省东台市人民法院民事判决书，(2021)苏0981民初1405号。

要是生活垃圾和建筑粉浆，但来源无法查明。杨某遂以三楼以上的7户业主为被告诉至法院，请求按照《侵权责任法》第87条①规定判令7户业主共同承担损失赔偿责任。法院认为："《侵权责任法》第87条将可能加害的建筑物使用人全部作为补偿责任主体，不要求受害人证明建筑物使用人存在侵权行为或者危险行为，属于一般侵权规则的例外。从立法目的来看，由于高空抛物行为直接危及不特定公众的生命健康权，具有突发意外性强、冲击破坏性大、举证难度高、社会影响广等特点，考虑目前社会保障、社会救济尚不能覆盖此类损害的实际，故基于对受害人损害救济这一特殊政策考量而作出的专门性规定。由于该规定突破了一般侵权法规则，故不得随意类推适用于一般侵权领域。本案系下水管道堵塞导致的财产损害，无论在致损方式、损害后果、社会影响范围等方面均与高空抛物致损案件存在明显区别，不符合适用该条款的情形。综上，杨某向楼上业主主张赔偿，应适用过错责任归责原则。杨某虽能举证证明其存在财产损害后果，但未能举证证明李某根等楼上业主实施了侵权行为且行为与损害后果之间存在因果关系，应由杨某承担举证不能的不利后果。故对杨某的诉讼请求，本院不予支持。"该案同样具有特殊性，杨某认为自己遭受的损失应当由侵权人承担责任，但因举证不能，无法依照侵权责任的一般规则获得救济，遂提出类推适用高空抛物条款的主张。法官经过分析认为，高空抛物规则具有适用范围的限定性，不能够任意类推适用至一般侵权领域。杨某所受损害属于一般侵权，应当按照侵权责任法的一般规定主张权利；杨某之所以不能获得救济是因为举证不能，而非法律规定存有漏洞，进而否定杨某提出的类推适用主张。

三、目的性限缩

目的性限缩方法由拉伦茨教授提出。目的性限缩指因字义过宽而适用范围过大的法定规则，其将被限制仅适用于——依法律规范目的或其意义脉络——宜于适用的范围。② 杨仁寿先生认为，目的性限缩系指对法律文义所涵盖的某一类型，由于立法者的疏忽，未将之排除在外，为贯彻规范意旨，将这一类型排除在法律适用范围外的漏洞填补方法。③ 易言之，需要适用目的性限缩表明某个规范的事实构成在文义中涵盖的范围过广，根据法律条文进行文义解释，会出现规范目的不应当包含的内容。如果忠实于

① 《民法典》第1254条。

② 参见[德]卡尔·拉伦茨：《法学方法论》，陈爱娥译，商务印书馆2003年版，第267页。

③ 参见杨仁寿：《法学方法论》，中国政法大学出版社2013年版，第200页。

文字的规范意义适用可能导致结果与法律目的相悖。因为立法在条文表述时忽视了根据目的需要进行限制或规定例外条款,所以必须根据可认识的规范目的来对条文含义进行限制。关于目的性限缩,在逻辑上应当注意以下几点:(1)目的性限缩属于间接推理的一种,其逻辑命题的形式为:凡M都是P(大前提),M1非M(小前提),故M1非P(结论)。(2)目的性限缩的推论是演绎推理而非归纳推理,也就是说,其推理的过程是从一般到特殊。(3)目的性限缩是以规范的意旨为考量的,也就是说其视法律目的对案型分类,将不符合规范意旨的予以剔除。(4)在有利于被告或行政相对人时,目的性限缩在刑法和行政法中亦可适用。

根据《民法典》第1180条规定,因同一侵权行为造成多人死亡的,可以相同的数额确定死亡赔偿金。此处使用了“多人”一词,但未明确规定“多人”的标准,是否可以根据通常标准认为“三人以上”即为“多人”?对此,通过考察立法资料,发现该条规定来自《侵权责任法》第17条,而《侵权责任法草案》(三次审议稿)使用的表述为“因交通事故、矿山事故等侵权行为造成死亡人数众多的,可以不考虑年龄、收入状况等因素,以同一数额确定死亡赔偿金”。由此可见,该法条是针对群体性伤亡的赔偿而制定的。在大型的灾难、事故中,如果对死亡者用不同的赔偿标准计算死亡赔偿金,会增加损失统计难度,影响事故处理效率,且难为社会民众所接受。可见,立法本意在于平衡同一事故中“同命不同价”的利益冲突。因此,此处的“多人”不能简单等同于“三人以上”,而应依据立法目的对“多人”的范围进行限缩,即仅限于“群体性伤亡”。最高人民法院在一些司法解释中亦运用了目的性限缩的方法。例如,《中华人民共和国担保法》(已失效)第24条规定:“债权人与债务人协议变更主合同的,应当取得保证人书面同意,未经保证人书面同意的,保证人不再承担保证责任……”依文义解释,凡是债权人与债务人变更主合同未经保证人书面同意的,保证人一律免除保证责任。此解释的效果是:即使主合同变更后减轻了保证人的责任,保证人亦免除保证责任。如此理解显然违背立法目的。故《最高人民法院关于适用〈中华人民共和国担保法〉若干问题的解释》(法释〔2000〕44号,已失效)第30条将免除保证责任限缩为因主合同变更导致保证人责任加重的情形,若主合同变更后未加重保证人的责任,则保证人仍应承担保证责任。又如,《民法通则》第58条[①]规定“无民事行为能力人实施的”以及“限制民事行为能力人依法不能独立实施的”民事行为无效,未将无民事行为

① 《民法典》第144条和第145条。

能力人和限制民事行为能力人纯获利益的民事行为排除在外,不利于保护欠缺完全行为能力之人的利益,明显违反立法目的,形成规则不周漏洞。对此,《最高人民法院关于贯彻执行〈中华人民共和国民法通则〉若干问题的意见》[法(办)发〔1988〕6 号,已失效]第 6 条运用目的性限缩方法对上述漏洞进行填补。最终,《民法典》第 19 条、第 20 条以立法形式彻底消除该漏洞。

需要注意目的性限缩与限缩解释的区分。佩岑尼克指出,限缩解释将规则适用的范围限定至语言学上无争议的核心地带,亦即案件肯定能被规则所覆盖。它排除了全部的规则适用的外围地带,包括那些可能属于核心地带也可能属于外围地带的不确定的部分。① 限缩解释与目的性限缩各自的地位、归属、含义、作用均不同,它们在实务中的应用自当相异。进一步明确为两个方面的区分:第一,限缩解释仅就法律条文本身内容,在可能的文义之内进行使其字义缩小的解释;而目的性缩限已超出此"可能的文义"之外。例如,将"子女"限缩至其意义核心"生身子女",此为限缩解释;若对字义的核心范围附加额外的限制,如将成年子女排除在外,则已超越文义的射程,属于目的性限缩。第二,限缩的程度是否损及文义的核心。如果已经损及文义的核心则为目的性限缩,如果没有损及文义的核心,则为限缩解释。限缩解释优先于目的性限缩,只有当限缩解释难以胜任,已无法将不应为法条所涵摄的内容剔除于外时,才得适用目的性限缩。

在实务中,如果法条文义可以切割或分类,采用限缩解释,将其文义局限于核心部分;若不能将文义切割或分类,则以目的性限缩为之。例如,崔某诉海南美好房地产开发有限公司(以下简称美好公司)民间借贷案②中法官即运用了目的性限缩方法。崔某与美好公司签订借款合同一份,约定美好公司向崔某借款 400 万元,借期一年,借期内年利率 12%,逾期年利率 24%并承担违约责任,违约责任包括差旅费、律师费、实现债权的费用等。借款到期后,美好公司未还款。崔某遂诉至法院,要求美好公司归还借款、利息、违约金及律师费。美好公司主张,依据《最高人民法院关于审理民间借贷案件适用法律若干问题的规定》(法释〔2015〕18 号,以下简称《民间借贷司法解释》)第 30 条的规定,出借人与借款人既约定了逾期利率,又约定了违约金或者其他费用,出借人可以选择主张逾期利息、违约金或者其他费用,也可以一并主张,但总计超过年利率 24%的部分,人民法院不予支

① See Aleksander Peczenik, *On Law and Reason*, Boston: Kluwer Academic Publishers, 1989, p. 388-391.

② 山东省济南市中级人民法院民事判决书,(2016)鲁 01 民终 3794 号。

持。因此,律师费用属于其他费用,应包含在24%的年利率之内,不应另行支持。法院认为,从法条文义出发,“其他费用”的含义并不明确。此时,需要对“其他费用”之含义进行解释。一方面,从该法条立法目的看,之所以对出借人收取的“逾期利息”“违约金或者其他费用”进行限制,旨在防止出借人以“服务费、咨询费、管理费”等名目规避法律对民间借贷利率的限制而获取高额利息收益,因而此处的“其他费用”应理解为出借人获取的收益。“律师费”“诉讼费”等费用系出借人为收回借款及利息而向第三方支出的成本,即使由借款人负担亦仅可填平出借人的损失,出借人并不因此获益。另一方面,如果认为“其他费用”包含律师费,则会出现以24%的年利率计算的违约金不足以支付律师费的情形,导致守约方自行承担损失而违约方无须负担违约成本的不公平后果,此理解显然难合立法本意。因此,对于“其他费用”不应作字面理解,而应结合立法目的对其含义进行限缩,即“其他费用”限于“收益费用”,“成本费用”不在此列,律师费属于“成本费用”,不应包含于“其他费用”之内。该案法官将“其他费用”限制于“收益费用”范围,从文义上讲,“其他费用”应该是指逾期利息、违约金之外的各种费用,律师费本应包含在“其他费用”之内。如果以限缩解释方法,根本无法通过切割或者分类方法将律师费排除在“其他费用”之外,而必须对文义的核心范围作出附加的限制——收益性费用。这种操作已经损及了“其他费用”词义,因而属于目的性限缩。

四、目的性扩张

目的性扩张系德国学者卡纳里斯对照目的性限缩而提出的概念。所谓目的性扩张,是指法律文义所涵盖之案型,有时衡诸该规定之立法意旨显然过狭,以致不能贯彻该规范的意旨。是故,为贯彻该意旨,显有越过该规定之文义,将其适用范围扩张至该文义原不包括之类型的必要。① 魏德士将目的性扩张称为“目的延展”。其认为,在目的延展的情况下,表明某个规范的事实构成在文义中涵盖的范围过窄,以致根据规范目的必须囊括的某些事实不能被涵摄其中。② 目的性扩张在逻辑上应注意以下几点:(1)目的性扩张也是间接推理的一种,其逻辑命题的形式为凡M都是P(大前提),M1为M(小前提),故M1为P(结论)。(2)目的性扩张也是从一般到特殊的演绎推理。(3)目的性扩张以法律意旨为考量,将原文义未

① 参见黄茂荣:《法学方法与现代民法》,法律出版社2007年版,第499页。
② 参见[德]伯恩·魏德士:《法理学》,丁晓春、吴越译,法律出版社2013年版,第372页。

涵盖的而合于规范意旨的案型包括其中。目的性扩张的出发点是规范文义与其目的之间的紧张关系,文义表达范围过于狭窄,法律拘泥于文字的适用不能达到所追求的调整目标,必须根据可认识的规范目的来扩大条文的含义。例如,《民法通则》第 13 条规定不能辨认自己行为的精神病人是无民事行为能力人,但未规定植物人的主体地位及民事行为能力。植物人当然不能解释为精神病人,但从意识丧失这一核心要件和本质内容看,植物人与精神病人不能辨别自己行为属于同一种范畴,宣告植物人为无民事行为能力人符合保障意思表示受限制人权益的立法本意。司法实践中,法院大多采用目的性扩张方法宣告植物人为无民事行为能力人。《民法典》第 21 条将“精神病人”修改为“成年人”,从根本上消除了该漏洞。

需要注意目的性扩张与扩张解释的区分。扩张解释,是指法律规定的文义过于狭窄,不足以表示立法的真正意图,将本应适用该条的案件排除在它的适用范围之外,于是扩张其文义,将符合立法本意的案件纳入其适用范围的法律解释方法。如《民法典》第 1227 条规定:“医疗机构及其医务人员不得违反诊疗规范实施不必要的检查。”此规定旨在规范过度诊疗行为,诊疗行为本身包含诊断和治疗两方面。但该法条仅禁止医疗机构及医务人员对病人进行不必要的“检查”,而未禁止过度治疗行为。如果用扩张解释,“检查”行为无法包含“治疗”行为。此时,应运用目的性扩张方法将过度治疗行为扩张入禁止范围。

在王某甲诉杨某、泸州市汽车二队交通事故损害赔偿纠纷案①中,法官运用的方法即为目的性扩张。2002 年 4 月 27 日,车辆挂靠在泸州市汽车二队的杨某驾驶小货车将王某撞倒,王某经抢救无效死亡。交警部门认定杨某负此次事故的主要责任。王某生前与牟某自由恋爱多年并同居生活,王某死亡时,牟某已怀孕。2002 年 10 月 22 日,牟某生育王某甲。2003 年 1 月,牟某代理王某甲提起诉讼,请求判令杨某支付生活费、教育费、精神抚慰金。被告辩称,根据《民法通则》第 119 条规定,侵害公民身体造成死亡的,应当支付丧葬费、死者生前扶养的人必要的生活费等费用。王某甲并非王某生前扶养的人,其诉讼请求应当驳回。法院认为:《婚姻法》第 25 条规定,非婚生子女享有与婚生子女同等的权利。《民法通则》第 119 条规定的“死者生前扶养的人”,既包括死者生前实际扶养的人,也包括应当由死者扶养的人。王某甲是王某应当扶养的人,故应当获得赔偿。按照文义解释,“死者生前扶养的人”是死者去世前已经出生并接受扶养的人,无法

① 参见《最高人民法院公报》2006 年第 3 期。

包括死者去世后出生的人，因为死者不可能对其去世后出生的人实际进行扶养。但是，胎儿出生以后，必然需要接受父母的扶养，如果机械理解该规定，否定胎儿主张赔偿的权利，必然致立法目的无法实现。运用扩张解释，仍无法将胎儿包含在"死者生前扶养的人"的范围。该案法官运用目的性扩张方法将"死者生前扶养的人"扩张为"应当由死者扶养的人"，对胎儿权益予以保护。

五、依习惯填补

所谓民间法，顾名思义是来自并适用于"民间"的法，在形式上主要表现为习惯。[①] 习惯作为填补法律漏洞的主要"原材料"，对制定法形成了有力的补充。习惯，是指在某区域范围内，基于长期的生产生活实践而为社会公众所熟悉并普遍遵守的生活和交易习惯。[②] 习惯作为社会生活的规则，是人们长期以来生产生活经验的总结，确立了人与人正常交往关系的规范，是社会公共道德和善良风俗的反映。"习惯经历了世世代代人民的考验而被接受，它淘汰掉了那些给人民带来不便或者不适于他们性情与风尚的习惯，习惯的效力是在长期的运作中形成的。"[③]因此，在成文法之外，习惯是最可行也最能够为当事人所接受的裁判依据。根据《民法典》第10条的规定，当法律没有规定时，法官可以适用不违反公序良俗的习惯进行漏洞填补。《民法典》第321条第2款规定："法定孳息，当事人有约定的，按照约定取得；没有约定或者约定不明确的，按照交易习惯取得。"《民法典》第289条规定："法律、法规对处理相邻关系有规定的，依照其规定；法律、法规没有规定的，可以按照当地习惯。"时任全国人大常委会法工委主任李适时称："民事关系十分复杂，对法律没有规定的事项，人民法院在一定条件下根据商业惯例或民间习惯处理民事纠纷，有利于纠纷的解决。将'习惯'作为一种新的规范类型做了确认，是一个很大的立法进步。"[④]习惯可以作为解释法律的依据，在合同法中，交易习惯可以成为解释合同及合同法的依据。习惯不仅可以作为不确定法律概念价值补充的依据，还可以作为漏洞填补的依据。习惯对法律漏洞的填补，是跳出成文法自身的框架寻求裁判依据。同时，以习惯作为个案裁判依据填补法律漏洞的成本是最

① 参见严存生：《民间法与国家制定法互动关系的法社会学思考》，载谢晖、陈金钊主编：《民间法》第16卷，山东人民出版社2015年版，第2~4页。

② 参见王利明：《法律解释学》，中国人民大学出版社2011年版，第386页。

③ 陈绪纲：《法律职业与法治：以英格兰为例》，清华大学出版社2007年版，第238页。

④ 刘作翔：《在民法典中应确立法律、政策、习惯三位阶规范渊源结构》，载《人民法院报》2016年9月30日，第2版。

低的。因为习惯已在相关主体间形成“规范”共识，法官只需对习惯作公序良俗的判断审查，当事人对其妥适性疑虑较小，从习惯中提炼出的规则自然容易为当事人所接受。

习惯具有传统性、经验性、区域性、惯行性的特点。习惯的传统性，是指民间规则历史相当悠久，已经演变成为风俗习惯。韦伯（Weber，1864—1920）说：无论何时，只要行为规则变成习惯，即它成了众人同意的指导性行动，可以说，这就是传统。[①] 传统规则对人的行为具有无形的指引作用。习惯的经验性，是指大多数民间规则起初只是一种做法，而之所以会使用这种做法，是因为经过实践检验后人们认为这种做法最为合理，愿意接受和执行，于是把它延续至后期的生活实践中。经过长期实践，习惯也在经验的淬炼中日臻完善。可以说习惯是民间经验理性的产物。习惯的区域性，是指习惯是生活在一定范围内的人们形成的一种行为规则，也称为“活的法”。[②] 我国民间有“十里不同风，百里不同俗”的说法，即是对习惯区域性特征的评价。因此，法院调查的习惯应当是案件当事人生活地的习惯，而不应是其他地区或者法院所在地的习惯。习惯的惯行性，是指习惯作为规则可以约束人们的行为，其约定俗成、世代相传，规范着人们的行为，并指导着人们的生活，虽然没有国家强制力保障实施，但仍然具有一定的约束力。[③] 入乡随俗，在习惯的惯行性拘束下，即便是区域之外的人，在知悉当地相应习惯以后，也应尊重当地习惯，而不能轻易违反或改变。

为了进一步认识习惯，有必要介绍习惯法。王泽鉴先生认为，与成文法抵触、违反公序良俗的习惯不会被认可为习惯法。[④] 王利明教授认为，习惯法是获得国家认可的部分习惯。[⑤] 传统观点认为习惯法的成立要件有四：（1）须人人确信其为法；（2）须于一定期间内，就同一事项，有反复相同之行为；（3）习惯所支配之事项，系法令所未规定之事项；（4）须无背于公

① 参见［德］马克斯·韦伯：《论经济与社会中的法律》，张乃根译，中国大百科全书出版社 1998 年版，第 27 页。

② 参见杨建军：《惯例的法律适用——基于最高人民法院公报案例的考察》，载《法制与社会发展》2009 年第 2 期。

③ 参见姜堰区人民法院：《司法运用习惯促进社会和谐——人民法院民俗习惯司法运用经验》，载公丕祥主编：《审判工作经验.3》，法律出版社 2009 年版，第 337 页。

④ 参见王泽鉴：《民法总则》，中国政法大学出版社 2001 年版，第 58 页。

⑤ 参见王利明：《法学方法论》，中国人民大学出版社 2011 年版，第 461 页。

共秩序及利益。[①] 习惯可以考虑各个不同行业、领域、民族等的特殊需要，从而形成具有针对性的规则。刘作翔教授的评价颇为中肯：有些学者认为法律一旦确认了政策和习惯的地位，它们就理所当然地成为法律渊源，这样一种认识混淆了法律渊源和规范渊源之间的界限。[②] 即习惯并非法律渊源，而是规范渊源。习惯不同于习惯法，习惯法源于习惯，是被国家制定法所确认已经上升为法律的习惯。例如，《婚姻家庭编司法解释（一）》第5条关于彩礼返还问题所作的规定即是在考察民间习惯的基础上，将习惯上升为法律。习惯则是尚未上升为法律的民间规则，在不违反公序良俗并经法院审查认可后可以作为漏洞填补的依据。我国不适用判例法，即便习惯已被法院适用，亦不因此而改变其民间规则的地位。

依习惯填补法律漏洞应遵循特定的规则或要求。首先，习惯须合于法律强制性规定，不得违反公序良俗。既然习惯已经上升至裁判依据的层级，当然不能与制定法相冲突。例如，我国很多农村地区的习俗认为，出嫁女不享有继承权和分割家庭财产的权利，[③]该习惯与《民法典》中子与女享有平等继承权的规定相违背，自然不能被法院采纳。公序良俗是广义的违法性判断标准，如果习惯违反了公序良俗，亦不能成为填补法律漏洞的依据。通过公序良俗的检验，必须将与整体法秩序不一致的“陈规陋习”排除。其次，习惯须经司法审查才能成为漏洞填补的依据。法官在适用习惯时，必须对习惯进行司法认定，以确定是否可以作为漏洞填补的依据。在填补漏洞时，法官应从习惯中抽象出具体的裁判规则，而不能直接以某个习惯作为裁判依据。最后，习惯具有特定的适用范围。习惯具有区域性特征，在寻求裁判依据时，不能把特定地区的习惯推及全社会，也不能将特定行业的习惯适用于其他行业。如适用非本地区、非本行业的习惯，则可能产生不公正的裁判结论。即便是经过调查并上升为法律的习惯，也会出现“水土不服”的情况。因此，以习惯填补法律漏洞时，必须考虑习惯的地域性差异。

---

① 参见王世杰：《大理院与习惯法》，原文发表于《法律评论》1926年第12期，转载于何勤华、李秀清主编：《民国法学论文精萃》（诉讼法律篇），法律出版社2004年版，第175~176页。民国四年（1915年）上字八六六号判例所确定的“习惯”须具备四种条件：①法律无明文；②确有习惯事实；③为该地方通认为有拘束行为之效力；④不违背善良风俗及公共秩序。

② 参见刘作翔：《在民法典中应确立法律、政策、习惯三位阶规范渊源结构》，载《人民法院报》2016年9月30日，第2版。

③ 参见汤建国等主编：《习惯在民事审判中的运用——江苏省姜堰市人民法院的实践》，人民法院出版社2008年版，第34页。

贾某丙诉贾某乙返还原物纠纷案①系法官依据习惯裁判的典型案例。贾某丙(2000年出生)系贾某与李某夫妇之子。2004年,贾某与李某离婚。2006年,贾某去世,贾某之父贾某甲为其办理了后事,购买骨灰盒并将贾某骨灰安葬于某地陵园,骨灰安放证持证人记载为贾某甲。2007年,贾某甲去世。此后,骨灰安放证由贾某丙的叔叔贾某乙保管。现贾某丙认为其系贾某唯一继承人,诉至法院请求判令贾某乙返还骨灰安放证。法院认为:"骨灰安放证系对骨灰处置的权利凭证。双方争议核心在于贾某骨灰安葬方式的支配权问题。首先,我国现行法律法规对于骨灰安葬权利的归属问题未有明确规定,但民间殡葬习俗却行之已久。根据我国民间传统习俗,近亲属一般享有按照风俗习惯确定死者安葬方式的权利,且该权利顺位一般与血缘关系之亲疏远近相一致。其次,骨灰是死者身体利益的载体,在不违反法律法规强制性规定及不违背公序良俗的前提下,死者生前可以对自己骨灰的安葬作出合理安排,死者亲属对于骨灰的安葬应尊重死者遗愿。最后,若死者生前对于骨灰如何安葬未有明确意思表示,因死者骨灰对于死者亲属具有精神价值,骨灰的安葬方式必然影响死者亲属的精神利益,与死者关系的亲密程度往往与各亲属精神利益的大小成正相关,此亦与我国关于安葬权顺位的传统习惯相契合。故就亲属之间对骨灰安葬权利的顺序问题,可参照《继承法》第10条关于法定继承的顺序加以安排。同时,除以上述婚姻、血缘为基础形成的亲属关系外,还应结合死者亲属与死者生前共同生活、相互扶助等因素,对亲属与死者之间的精神依赖程度作综合考量。具体到本案中,因双方均未举证证明贾某生前曾就其骨灰安葬方式存在明确的意思表示,故本院参照上述考量因素就哪方应在本案中就贾某之骨灰安葬方式享有决定权作出裁判。一方面,双方均未提供证据证明对于贾某骨灰之安葬存有特殊之风俗习惯,贾某乙虽主张贾某现骨灰安葬地为家族墓地,但现仅有贾某一人骨灰安葬于此,其他已故家族成员之骨灰并未在此安葬。另一方面,贾某去世时,贾某丙尚年幼,贾某之骨灰由其父贾某甲安葬并无不妥,但现在贾某甲已过世,而贾某丙已成年且作为贾某唯一第一顺位继承人,在血缘上必然相较贾某乙更为亲近,因贾某骨灰安葬方式所产生的精神利益亦更为紧密。据此,在本案双方就贾某之骨灰安葬问题协商不成时,贾某丙应享有优先决定权,骨灰安放证由贾某丙持有更为适宜,贾某乙应向贾某丙交付。"此案中,现行法律法规对

---

① 北京市第二中级人民法院民事判决书,(2019)京02民终13152号。

骨灰的性质、骨灰安葬的权利等未有明确规定，法官认为应当依照习惯对法律漏洞进行填补。经过调查，法官从当地殡葬习惯中总结出"近亲属一般享有按照风俗习惯确定死者安葬方式的权利，且该权利顺位一般与血缘关系之亲疏远近相一致"的安葬规则，并认定该规则不违背传统公序良俗。最终，法官在习惯调查基础上参照《继承法》相关规定[①]拟制了裁判规则。

需要注意的是，以习惯为主要表现形式的民间法不仅限于对法律漏洞的填补。"民间法可以通过立法与司法互动规范化、以民间组织为载体实现规则再生成和激发社会参与者主体自觉三个途径介入社会治理。"[②]换言之，民间法主要通过三种方式作用于社会：一是在立法过程中，立法者通过对民间法中有益的、已有成熟经验的成分的吸收，为制定法提供规则资源；二是在司法过程中，当确认法律漏洞存在时，法官可以运用习惯等民间法作为法律渊源对法律漏洞进行填补；三是在确认待决事项归属法外空间时，民间法直接作为纠纷的解决手段。但是，当民间法被立法者上升为制定法时，其间蕴含的"民间法"已成为制定法的渊源，而不再属于传统意义上的民间法。因此，民间法主要以后两种方式参与社会治理。

六、依法律原则填补

依法律原则对法律漏洞的填补，是指法官根据法律原则进行规则创设，确定推理大前提的方法。法律原则具有很强的抽象性、包容性和适应性，体现了法律的价值和精神。如将诚实信用原则具体化为规则后予以适用，形式上看是对制定法之适用，实际上却系漏洞填补行为。原则可以分为制定法内的原则和制定法外的原则。[③] 用以填补法律漏洞的原则通常应由法律明文规定，而不包括没有进入制定法的原则，如此，法官援引原则作出裁判才可以视为具有法律依据。援引尚未进入制定法的原则进行漏洞填补，则应当归属于依法理学说补充或者创造性补充之列。

法律原则的适用应当遵守以下三个规则：一为穷尽规则。法律原则是一切具体法律规则的生成来源，依据法律原则可以推导出一切具体法律规则。我国民法中的原则在具备一定兜底性的同时存在增加法律不确定性的可能；因此，依法律原则填补法律漏洞的方法给予法官较大的自由裁量权，该方法是兜底性的工具，只有在其他制定法内的漏洞填补方法无法达

---

① 《民法典》第 1127 条。
② 李杰：《论民间法在社会治理中的作用及介入途径》，载《甘肃政法学院学报》2015 年第 1 期。
③ 参见郑永流：《法律方法阶梯》，北京大学出版社 2012 年版，第 196 页。

成可供适用的规则时方可得以适用,此即"禁止向一般条款逃逸"的裁判准则。法律获取的主要任务是法官全面彻底地寻找据以裁判个案的规则。法官首先要援引具体规则,即便规则存在漏洞,法官也要先运用类推适用、目的性限缩或扩张、习惯等方法弥补法律缺陷,而不应径行援引法律原则。因此,若不穷尽规则就不应适用法律原则。在刘某某与孙某某民间借贷纠纷案[①]中,法官对该规则有精彩的论述。"诚实信用原则是民法的基本原则,其作为裁判的法理和依据应限于两种情形:一是法律和合同无相应规定、约定,通过解释法律亦不能找到直接法律依据时,得以诚实信用原则平衡当事人各方之权利义务,提供解决问题的规则。二是在法律和合同虽有明确,但处理结果显失公平,有违实质正义时,可依据诚实信用原则对相应的法律和合同规定进行价值解释,继而作出裁判。无论依照诚实信用原则填补法律漏洞还是合同漏洞,或是平衡当事人之间的利益,均属于对现有法律和合同的补充。本案系民间合同借贷纠纷,应当首先适用《合同法》和《民间借贷司法解释》的相关规定以及合同约定,而不是首先适用诚实信用原则。"在黄某某与曹某某行纪合同纠纷案[②]中,法官在判决中表达了同样的观点。"合同纠纷中,应尊重当事人的意思自治。忽视合同约定和法律规定,在没有法律漏洞的情形下径直适用公平原则调整双方当事人的权利义务,表面上似乎是公平的,实则是以损害当事人意思自治、损害现有法律权威为代价。"二为实现个案正义。在通常情况下,适用法律规则不需要对其进行正确性判断。但如果适用法律规则可能导致个案极端不公正的后果,法官应对其正当性进行实质审查;当经过审查认定法律规则存在悖反漏洞时,法官得对其拒绝适用。可以将这个条件用反面推论的方式确立为法律原则适用的第二个规则:法律原则不得径行适用,除非旨在实现个案正义。三为更强理由。在判断何种规则在何时及何种情况下极端违背正义,其实难度很大,法律原则必须为适用第二个条件提出比适用法律规则更强的理由,否则第二个条件就难以成立。阿列克西(Robert Alexy,1945—　)对此曾作过比较细致的分析:当法官可能基于某一原则 P 而欲对某一规则 R 创设一个例外规则 R′时,对 R′的论证就不仅是 P 与在内容上支持 R 的原则 R. p 之间的衡量而已,P 也必须在形式层面与支持 R 的原则 R. pf 作衡量。而所谓有在形式层面支持 R 之原则,最重要的就是"由权威机关所设立之规则的确定性"。要为 R 创设例外规则 R′,不仅 P

---

① 山东省潍坊市中级人民法院民事判决书,(2020)鲁 07 民终 1307 号。
② 湖南省长沙市中级人民法院民事判决书,(2021)湘 01 民终 12669 号。

要有强过 R. p 的强度，P 还必须强过 R. pf，或者说，基于某一原则所提供的理由，其强度必须足以排除支持此规则的形式原则，尤其是确定性和权威性。而且，主张适用法律原则的一方负有举证（论证）的责任。① 显然，在已存有相应规则的前提下，若通过法律原则改变既存之法律规则或者否定规则的有效性，却提出比适用该规则分量相当甚至更弱的理由，那么适用法律原则就没有逻辑证明力和说服力。② 从上述三个规则可以看出，依法律原则填补漏洞条件严格，同时说明法律原则在漏洞填补中的重要作用。在规则出现空缺漏洞时，法律原则可以作为漏洞填补方法；在规则出现悖反漏洞时，法律原则可以作为创设新规则的依据；在认定规则是否出现悖反时，法律原则可以作为论证依据。另外，法律原则的适用还需要注意以下两点：一是法律原则因过于抽象而不具有直接适用性，法官在运用法律原则进行漏洞填补时，不应直接以基本原则作为裁判的依据，而应当根据基本原则推导出一个适用于特定案件的具体规则。③ 二是法律原则之间具有内在矛盾，法律原则之间会出现“竞争关系”或“矛盾关系”，引用不同的原则可能会出现不同的裁判结果。对于存在“竞争关系”的法律原则，法官应当根据案情进行价值排序，进而选择用于漏洞填补的法律原则；对于存在“矛盾关系”的法律原则，经过效力排序仍不能解决的，则应当报请有权机关作出解释之后方可进行漏洞填补。④

例如，在冯某某与李某某、黄某某、北京山林世纪房地产开发有限公司（以下简称山林公司）股权转让纠纷案⑤中，法官即运用诚实信用原则填补了法律漏洞。2010 年 1 月，李某某、黄某某（甲方）与冯某某（乙方）签订转让协议，约定甲方将山林公司全部权益转让给乙方，转让价格 1300 万元，乙方应于 2011 年 7 月 31 日付清转让款。此后，山林公司的股东由李某某、黄某某变更为冯某某。2010 年 5 月，李某某向冯某某交付山林公司材料。冯某某接收公司及资产后未继续建设相关房产项目，亦未支付股权转让款。2019 年 2 月，李某某、黄某某以冯某某迟延履行付款义务至今 8 年有余且经催告后明确拒绝履行，致使合同目的无法实现，构成根本违约为由，诉至法院，请求解除双方签订的转让协议。法院认为：“《合同法》第 95

---

① Robert Alexy，Zum Begriff des Rechtsprinzips，S. 79. 转引自颜厥安：《法与道德——由一个法哲学的核心问题检讨德国战后法思想的发展》，载《政大法学评论》1993 年第 47 期。

② 参见舒国滢：《法律原则适用的困境——方法论视角的四个追问》，载《苏州大学学报》2005 年第 1 期。

③ 参见王利明：《法学方法论》，中国人民大学出版社 2011 年版，第 475～477 页。

④ 参见魏治勋：《法律解释的原理与方法体系》，北京大学出版社 2017 年版，第 280 页。

⑤ 北京市第三中级人民法院民事判决书，（2019）京 03 民终 6340 号。

条规定,法律规定或者当事人约定解除权行使期限,期限届满当事人不行使的,该权利消灭。法律没有规定或者当事人没有约定解除权行使期限,经对方催告后在合理期限内不行使的,该权利消灭。该法并未明确法律没有规定或当事人未约定解除权行使期限,对方亦未催告的情形下,合同解除权的行使期限应如何确定。若无对方催告是否可以无限期行使合同解除权?对此本院认为,此种情况应以《民法总则》第132条规定的禁止权利滥用原则填补法律漏洞。权利失效规则作为禁止权利滥用原则的衍生规则,在合同解除权行使上起到限制解除权行使期限的作用……有限责任公司的股权交易关涉诸多方面,在股东变更登记已经完成且公司已经营多年的情况下,动辄解除股权转让合同对于公司内部经营管理及外部交易行为的稳定均会产生不利影响,故股权转让合同的解除权行使较其他民事合同应更为严格,对解除权的行使期限进行限制亦尤为必要。故即使未经催告,合同解除权亦应当在合理期限内行使,否则势必影响当事人双方权利义务关系的确定。此处合理期限就是法律上所称的除斥期间,本院认为该合理期限不得超过股权转让对价付款期限届满后两年。不超过两年是因为李某某、黄某某系根据《合同法》第94条第1款第4项'当事人一方迟延履行债务或者有其他违约行为致使不能实现合同目的'主张解除合同,截至转让协议约定的最后付款时间2011年7月31日冯某某并未支付任何的股权转让款。李某某、黄某某在此时即应当知道已享有合同解除权,而在可以主张股权转让款的诉讼时效两年的时间内,李某某、黄某某既未主张支付转让款亦未主张解除合同,而是怠于行使权利。如本案认定的除斥期间超过股权转让对价到期后两年,将导致已过诉讼时效的债权又允许当事人通过无限期行使合同解除权的方式寻求法律恢复对相应利益的保护,造成诉讼时效制度作用虚化,亦违背解除权除斥期间的规范意旨,故本案中合同解除权行使的合理期限不得超过两年。李某某、黄某某远超过解除权行使的合理期限,无权主张解除转让协议。"此案中,双方当事人的转让协议未约定解除权的行使期限,而《合同法》规定的是"对方催告后在合理期限内"①,此处解除权是否丧失要涉及两个条件:一是对方催告,二是合理期限。而该案中,对方并未催告,且合同约定的转让款已经远超诉讼时效。是否催告的问题,法官通过合同履行期限的约定,免除了催告义务。但是,合理期限的确定却遭遇了法律(合同)漏洞。此时,法官运用权利不得滥用原则作为依据论证了该案中的合理期限应当与诉讼时效相一致的

① 《民法典》第564条。

观点，填补了漏洞。

第二节　超越制定法的漏洞填补方法

一、依比较法填补

比较法对漏洞的填补，是指通过借鉴国外立法和判例，并结合本国法制背景和社会实际，确定裁判依据以填补漏洞的方法。[①] 一般情况下，必须是在因个案中缺乏本国法律规则，且无法通过制定法内的漏洞填补方法予以解决的情况下，方可采用该方法，通过寻求国外相关法律制度的支持，以获得可供个案裁判适用的具体规则。王泽鉴先生指出，参酌外国或地区立法例（判例学说）以为本国（地区）法律解释之用，乃是文明国家之通例。英国法院最称保守，但早在1833年即曾引用法国民法学者Pothiers氏所著“Traite des obligations”（债法论）作为判决资料。德国法学昌盛，世所公认，但其最高法院亦常引述外国立法例作为判决依据。瑞士判例学说承认外国立法例（比较法），作为补充法律不备的手段。[②]

在北京拓思德科技有限公司（以下简称拓思德公司）与深圳市诚煜创科科技有限公司（以下简称诚煜公司）不当得利纠纷案[③]中，法官即借助比较法填补了法律漏洞。2015年10月16日，拓思德公司与诚煜公司签订购销合同（合同号：TSD-P0-2015110203），约定：拓思德公司向诚煜公司采购交互白板TSC-B0080，合同总价为140,580元；诚煜公司收到货款后3日内发货。拓思德公司提供的公司内部付款申请单显示：2015年10月28日，用途：采购白板，合同编号TSD-P0-2015110203。2015年10月29日，拓思德公司向诚煜公司转账140,580元，备注购货款。拓思德公司提供的第二份付款申请单显示2015年11月9日，拓思德公司内部再次启动付款流程，载明合同编号为TSD-P0-2015110203，支付全款。2015年11月17日，拓思德公司向诚煜公司再次转账140,580元，备注购货款。拓思德公司向法院提出诉讼请求：诚煜公司向拓思德公司返还款项140,580元及资金占用期间的利息。诚煜公司辩称：确收到这笔款项，但是拓思德公司主张的不当得利不能成立，因为双方在2015年7月20日另外签订有一份委托生产合同，该合同约定拓思德公司向诚煜公司采购货物总价为941,500

---

① 参见王利明：《法律解释学》，中国人民大学出版社2011年版，第408页。

② 参见王泽鉴：《民法学说与判例研究》，北京大学出版社2015年版，第20~21页。

③ 广东省深圳市前海合作区人民法院民事判决书，（2016）粤0391民初609号。

元,拓思德公司尚欠诚煜公司348,355元,拓思德公司2015年11月17日支付的140,580元应当抵销该合同项下的欠款。法院认为:“在司法实务中,由于法律条文供给的缺失,加上个案的差异,就如何对待抗辩性抵销有不同的看法……从比较法的维度来看,承认诉讼抵销制度的国家在事实关系较为复杂的情形下也要求被告提出的抗辩主张与原告的诉请在审理上进行分离。如德国《民事诉讼法》第一百四十五条第三款、第三百零二条规定,如果被告主张的反对债权与原告起诉的主债权没有法律上的联系,法院可以命令将主债权与反对债权进行‘分离辩论’;法院先行查明主债权后可作出一个‘保留判决’,即先仅对主债权进行裁判,保留关于抵销的裁判事项。当法院预计不能很快就对抵销进行裁判并且反对债权存有疑问时,法院就会作出这样的保留判决。另一方面,关于在裁判中保留抵销的诉讼,其诉讼系属关系仍然存在。如果法院继续审理之后确认了主债权因为抵销而被消灭,则应撤销之前的判决,驳回原告的请求。该‘分离辩论’‘保留判决’都是针对诉讼抵销而设立的专门规则,目的是防止诉讼拖延……我国民事诉讼法并无类似德国‘保留判决’制度,也没有对诉讼中如何行使抵销权作出明确规定。基于相似的理念,结合我国司法实践情况,本院认为,诚煜公司所提的抵销性抗辩与拓思德公司的诉讼请求并非出于同一民事法律关系,抗辩的原因事实较为复杂、双方争议较大,短期内难以作出判断,法院基于适度合理的原则应当停止在本案中对于抵销事由的审查,驳回其抵销性抗辩。但应明确的是,驳回只具有程序性意义,驳回本身不产生否定被告抗辩所依托的基本事实的真实性之后果,而是将审查的指针归零,恢复到未审查之初的状态。因此,诚煜公司依然有权就其所主张的事实另行起诉。”该案法官发现,现行《民事诉讼法》及司法解释对于如何在诉讼中展开对抵销性抗辩的审查没有明确规定,出现规则空缺漏洞。法官在对该问题进行理论探讨的基础上,引入德国民事诉讼法中的“分离辩论”“保留判决”诉讼抵销权处理规则,并认为该两项规则符合我国民事诉讼法的基本理念,能够平等保护双方当事人的合法权益,并在整体上减少当事人的讼累,提高诉讼效率。在多方面论证德国法中两项规则符合我国法秩序的前提下,又对运用该两项规则填补法律漏洞后的裁判结果进行衡量和计划,继而运用比较法填补了案件中规则空缺漏洞。

依比较法填补漏洞中的“比较”包括两个方面:一是不同的法律制度之间的比较,包括各个国家相关具体制度的差异,立法背景、价值判断的异同以及判例学说的演进路线;二是外国与本国法律制度之间的比较,比较法方法不能脱离本国实际,必须结合本国实际在宪法和法律的框架内进行,既不能与本国宪法、法律原则和精神相违背,也不能与本国社会生活实际相冲突。依比较法填补法律漏洞应当遵循如下程序:(1)确定本国制定法存在规则空缺;(2)确定不可以适用制定法内的漏洞填补方法解决;(3)采用比较的方法确定可供适用的规则;(4)关联性分析;(5)通过比较分析确定可供适用的大前提。① 王泽鉴先生认为,经由比较法所发现、整理、评价之外国立法例,虽可作为法律解释之准则或因素,但应注意这三点:一是外国立法例,虽为法律解释之一项准则,但并不具有优越地位,因此不能以外国立法例较佳,即径为援引采用以取代本国(地区)法规定。外国立法例之斟酌,虽可导致本国(地区)法规之扩张或限制解释,但不得逾越法规文义之范围。对明确法规文义之尊重,是法治之基础。二是外国立法例之采择系"质"的问题,因此就特定问题,多数外国立法例采取同一见解者,虽具有重大参考价值,但是否得援引以阐明本国(地区)法律疑义,弥补法律缺漏,仍应斟酌法律全体精神及社会情况而定。三是由于法律之辗转继受,各国(地区)法律规定文义雷同者,颇为不少。这就要求,对于所要借鉴的国外法律,必须弄明白其真实含义,甚至知悉法律规则的来源,即知其然更要知其所以然。② "不追根溯源地盲目地参考外国判决甚至可能会模糊了问题而不是阐明了问题,法官可能没有理解外国制度,甚至可能误读了外国规则。"③基于对国外法律产生的社会、历史、政治和制度等背景不熟知以及对国外法律和判决语言不理解的担心,波斯纳(Posner,1939—　)法官对于援引外国法进行裁判表示了强烈的反对。④

经过数十年的发展,我国已经形成了有中国特色的社会主义法律体系。在各部法律制定过程中,均有对国外法的考察和借鉴,国外法中很多先进的制度和规则被陆续吸收入国内法之中。换言之,法律在制度层面的漏洞大多会以立法方式加以修复,需要在司法过程中直接以国外法作为漏洞填补依据的情形会进一步减少。从司法实践来看,法官援引国外法作为法律漏洞填补材料的案例也非常少见。

二、依法理学说填补

所谓法理,乃指法律之原理而言,亦即自法律根本精神演绎而得之

① 参见王利明:《法学方法论》,中国人民大学出版社 2011 年版,第 470~472 页。

② 参见王泽鉴:《民法学说与判例研究》,北京大学出版社 2015 年版,第 27~28 页。

③ 姜世波:《比较法方法在司法过程中的适用》,载《法律适用》2011 年第 9 期。

④ 参见孔祥俊:《法律方法论》(第 2 卷),人民法院出版社 2006 年版,第 976 页。

法律一般的原则。法理存在态样包含四个方面:一是平等原则,二是立法旨意,三是法理念,四是事物之性质:事理。上述法理之应用,在价值上,最终必须取向于法理念,亦即正义之要求,另外不与生活脱节。盖终究法理规范的最终目的,在于将正义实现至人间。法理念与事理距离规范化较远,但其对法律之制定及补充并非毫无作用。① 学说是学者基于立法和实践对法律的概念规则和制度所作的解释或提出的观点理论主张等;②或指法学家对成文法的阐释、对习惯法的认知以及对法理研究所表示的意见。③ 由此可见,法理与学说均处于法学研究领域,属于学者对法理念、一般原则提出的主张,二者应等同视之。从法源的角度看,法理或学说是指法学研究者的讨论被当成判决的依据或者被立法者赋予权威。④ 法律是以实现公平正义为最高价值目标,以调和社会生活中相冲突的利益关系为任务的社会规范。因此,法律精神与社会大众对于社会正义的理解息息相关。

相比而言,大陆法系国家比英美法系国家更为重视法理学说的作用。从大陆法系的发展可以看出,法学家的学说对立法起着主导性的作用。在古罗马时期,《法学阶梯》和以权威法学家言论而编成的学说汇纂都被纳入《民法大全》,直接被定性为法律。罗马法的复兴、法典化运动,都离不开法学家的贡献和法理学说的推动。成文法具有滞后性和局限性,而学说则具有一定的前瞻性和灵活性,正好可以弥补成文法的空隙和不足。很多国家和地区在法律中直接规定法理学说可以作为漏洞填补方法。如《瑞士民法典》第 1 条规定:"如果法律没有相应规定,法官应当遵循习惯法;没有习惯法时,法官应当依据公认的学说和传统提出裁判规则。"⑤我国台湾地区民事法律规定,民事,法律所未规定者,依习惯;无习惯者,依法理。随着两大法系的融合,法理学说逐渐在英美法系国家司法审判中得到重视。英美法系国家的判决书着重论述法律意见,即法官对案件性质的看法和支持处理决定的法律理由,而法律意见中经常引证法学论著的观点。卡多佐发

① 参见黄茂荣:《法学方法与现代民法》,法律出版社 2007 年版,第 478 页。

② 参见韩德培主编:《国际私法》,高等教育出版社、北京大学出版社 2000 年版,第 18 页。

③ 参见姚辉:《论民事法律渊源的扩张》,载《北方法学》2008 年第 1 期。

④ 参见陈金钊主编:《法理学》,北京大学出版社 2002 年版,第 446 页。

⑤ 《瑞士民法典》第 1 条被称为"著名的第一条",包含以下三层意思:①凡依本法文字或释义有相应规定的任何法律问题,一律适用本法。②无法从本法得出相应规定时,法官应依据习惯法裁判;如无习惯法时,依据自己如作为立法者应提出的规则裁判。③在前款的情况下,法官应遵循公认的学理和实务惯例。该法在世界范围内首次将法理学说明确规定为法官裁判的依据。

现,法院往往依据法律条文、法律原则以及各种学说等多种司法资源进行案件审判,从而得出权威性的判决。[①]

制定法是我国法律的主要渊源,是司法适用中最主要的审判依据,法理学说不得直接作为审判依据。但因法理学说对于法律的理解往往具有非常重要的意义,为了弥补成文法的缺陷,权威法学家的理论观点有时会成为法官说理的依据。例如,我国对死者人格利益是否应当受到法律保护的问题有过一段时间的争论。法院在审理此类案件时,经常运用法理学说解释法律,作出合理的判决,直接推动了立法对死者人格利益保护的进程。孔祥俊调研后发现,随着我国法律职业化建设的推进,法官队伍中受到法学专业教育者的比例逐渐增多,他们熟知并尊重法学专家的观点,因此教科书或者法学著作中的理论学说经常在裁判理由中得到援引和阐述。[②]

"无锡胚胎案"中法官即运用了法理学说。2012 年 8 月,无锡沈某和刘某夫妇因无法孕育,遂到南京市鼓楼医院实施"体外受精——胚胎移植助孕手术"。医院于当天冷冻了四枚受精胚胎。双方约定医院在合同限期内对胚胎负有保管义务。2013 年 3 月,刘某夫妇两人因交通事故离世。2013 年 11 月,为获得四枚冷冻胚胎的处置权,沈某父母对刘某父母和医院向宜兴市人民法院提起诉讼。宜兴市人民法院认为,冷冻胚胎是具有发展为生命的特殊之物,不能成为继承标的。且我国禁止代孕、买卖胚胎,对其使用既要合法也不得违反伦理道德。因此,双方父母均不能依据《继承法》的有关规定获得胚胎。[③] 后沈某父母提出上诉。无锡市中级人民法院认为:"现行法律未明确规定胚胎的法律属性,但双方父母与胚胎联系最为密切。双方老人应获得胚胎的处置权和监管权,不仅是对胚胎的尊重与保护,更是对老人精神上的慰藉。"二审法院撤销一审判决,改判双方父母对四枚冷冻胚胎共同享有监管权和处置权。[④] 该案双方当事人争议对象为"人体胚胎",我国法律未对胚胎的性质有所规定。二审法官对相关学说进行了梳理:"近代以来的民法都采纳法律关系为其基本方法,据此构建法律关系的基础以'主体—客体—内容'为其基本逻辑,将市民社会的物质构成要素分为人与物对立的二元格局,构建了市民社会认识、规范和处理

① 参见[德]伯恩·魏德士:《法理学》,丁晓春、吴越译,法律出版社 2013 年版,第 114 页。

② 参见孔祥俊:《法律方法论》(第 1 卷),人民法院出版社 2006 年版,第 104 页。

③ 江苏省宜兴市人民法院民事判决书,(2013)宜民初字第 2729 号。

④ 江苏省无锡市中级人民法院民事判决书,(2014)锡民终字第 01235 号。

纠纷的基本方法。”[①]在人与物两分的基础上，主体与客体成为一组相对的概念。但是，由于胚胎的特殊性，关于其法律属性则形成主体说、客体说和折中说三种观点。主体说主张冷冻胚胎为限定的人的范畴，出于对人的身体完整性保护考虑，在一定条件下，把冷冻胚胎看作法律上的人，享有一般自然人的民事主体地位。客体说主张冷冻胚胎等脱离人体的器官和组织的法律属性为民事法律关系的客体，具有物的属性。折中说既不承认冷冻胚胎取得人的主体地位，也不把冷冻胚胎简单视为一团细胞组成的物，认为应对其赋予比一般物更多的保护。二审法官最终采折中说，认为胚胎是“介于人与物之间的过渡存在”，进而给予其高于物的特殊保护。此案法官即运用法理学说填补法律漏洞。

成功运用法理学说可以提升法院公信力以及法院在推动立法进步方面的地位。但是，法理学说并非正式法源，且具有不确定性，在适用时应当有严格的条件限制。王泽鉴先生认为，法理学说的适用应受如下限制：其一，学说的争议须与问题的解决有关。其二，撰写课外作业或论文时，须引用学说，并注明出处，此在考试，显不可能，亦无必要……考生确信出题者的见解具有说服力，自可采用，详为论述，唯仍无须特别强调，指出其姓名。其三，处理实例时，常须引用“通说”以支持其论点。[②] 杨立新教授认为，法理学说的适用应遵守如下规则：第一，该请求权法律基础确系法律未规定者，且无合适的民事习惯作为补充；第二，该法理为通说，为权威学说，为多数学者所相信；第三，该法理有相应的国外立法、司法经验作为支持；第四，该法理不违反民法平等、公平、诚实信用和公序良俗规则。[③] 在安徽省华皖通信有限公司诉安徽宏图三胞科技发展有限公司买卖合同纠纷案[④]中，法官多处援引法理学说。如判决书中引用了“刑事被害人认定理论”以确定被害人，该理论与案件中法律争议点相一致；同时，法官所援引的理论系学界主流观点，该处援引并无不妥。[⑤] 但是，该判决书中明确援引南京大学孙国祥教授、叶金强教授和东南大学法学院刘艳红教授等学者在会议或论文

---

① 杨立新：《民法总则》，法律出版社 2013 年版，第 30~36 页。

② 参见王泽鉴：《法律思维与民法实例》，中国政法大学出版社 2001 年版，第 299~300 页。

③ 参见杨立新：《民事裁判方法》，法律出版社 2008 年版，第 240 页。

④ 江苏省南京市玄武区人民法院民事判决书，(2013)玄商初字第 580 号。

⑤ 援引内容为：刑事案件被害人的认定理论也可以辅助判断本案被告的交付义务有无履行。根据刑法理论，在经济犯罪案件审理中，被害人的确定应当遵循直接原则、过错原则。直接原则，是指通常情况下犯罪行为直接针对的对象就是被害人。过错原则，是指在经济犯罪案件中存在多个民事合同关系和多个民事法律主体的情况下，应保护善意、无过错的民事主体，不认定其为被害人。与之相对应的，因追逐高额回报，贸然从事高风险投资对自己的财产受到损失持不谨慎甚至放任态度，主观上存在过错的，应认定为被害人。

中的个人观点进行说理,显然失于妥当。[①] 法官进行说理并非论文创作,无须更不应注明出处。理由为:其一,法官不注明出处引用学说,有法律依据。《著作权法》第 24 条第 1 款第 7 项规定,国家机关可以为执行公务在合理范围内使用已经发表的作品。法院作为专司审判的国家机关,在属于执行公务的裁判过程中,依法有权在合理范围内使用学者的作品。而所谓"合理范围内",则可以依照《著作权法实施条例》第 21 条规定予以确定,即"不得影响该作品的正常使用,也不得不合理的损害著作权人的合法利益"。裁判文书引用学说不注明出处,不会超出该合理范围。其二,引用学说进行裁判说理,仍为少数情形。《最高人民法院关于加强和规范裁判文书释法说理的指导意见》(法发〔2018〕10 号)第 13 条列举了"法律法规、司法解释"之外共七大类说理的依据,其中"法理及通行学术观点"排在倒数第二位。其三,不注明出处引用学说进行说理,不会损害著作权人利益。基于法律人的自觉守法意识和对学术成果的尊重,法官在学习相关学说观点后,以自己的理解结合案情进行原创式或意引式的表达,"复制—粘贴式"引用,极为罕见。知识产权采"保护表达但不保护思想"的保护原则,法官采用意引式引用学说,并不构成对著作权的侵害。相反,学说具有主观性和不确定性,如果注明出处,会使人产生以下怀疑:其一,究竟是法官、法院在判案,还是学者、学派在判案?陈金钊教授将这种信任风险称为"学者造法"。[②] 其二,法官是依"法"判案?还是依"理"判案?其三,被援引学者的观点如此,其他学者的观点又是如何?法官如何证实其援引的观点是通说?其四,援引不同的观点会产生不同的判决结果,如何保障判决结果的确定性和公正性?因此,依法理学说填补法律漏洞,法官应当直接以占据主导地位的学说或通说进行说理论证,并从法理中创设出规则作为裁判依据,而不能直接引用某学者的观点。

---

① 援引内容为:南京大学刑法学专家孙国祥教授在 2014 年 5 月 13 日南京市中级人民法院召开的经济犯罪案件中刑民交叉问题案例研讨会(以下简称刑民交叉研讨会)上认为,在刑民交叉案件被害人的确定问题上,过错原则的确立是非常重要的。在善意、过错两方同时存在的情况下,善意一方的利益更值得保护。关于民事诉讼中出现未涵盖在生效刑事判决中的新证据,致民事判决与生效刑事判决可能存在冲突如何协调的问题,法律或司法解释缺乏相应的规定。南京大学民法学专家叶金强教授在刑民交叉研讨会上认为,刑民交叉案件的处理应当采取分别判断、个案判断。即在该类案件中,案件的事实是同一的,但刑事审判程序与民事审判程序关注的重点不同,需要的案件事实、证据材料不同,裁判的结果也应当根据刑法、民法分别作出判断。东南大学法学院院长刘艳红教授在刑民交叉研讨会上认为,刑民交叉案件没有一个简单的处理模式,无论是"先民后刑"还是"先刑后民"都是教条化、简单化的处理方法,最重要的原则还是取决于具体个案中民事关系和刑事关系的关联性和相互影响程度。

② 参见陈金钊:《法律解释的哲理》,山东人民出版社 1999 年版,第 208 页。

三、创造性填补

创造性填补，是指法院受理的案件在遭遇法律漏洞，不能通过运用民法解释学上的各种方法解决问题，也不能通过直接适用诚实信用原则裁判时，法官不得已创设规则，并且不借助于前述各种方法。[①] 换言之，创造性填补的适用时机为法官对于待决案件无法从国内外制定法、习惯、法律原则中寻得裁判依据，当前的法理学说亦未有涉及或深入研究。创造性填补法律漏洞在我国现行法中没有依据，但其在国际上是存在立法例的，如《瑞士民法典》第1条。卡多佐认为，在法律存在漏洞的情况下，为真正实现公平和正义，法官在某种程度上必须创新，因为一旦出现了一些新条件，就必须有一些新的规则。[②] 创造性填补是法官将自己作为立法者而设定规则，有僭越立法权之嫌。因此，必须对法官的创造性填补活动进行严格的条件限制，即遭遇"法律紧急状态"，也就是说，法官在进行创造性填补时应当遵循非必要不可创设原则（详见第八章）。在此前提下，为兼及法的安全性，法官的创造性填补活动应遵守相应的前提，提供相应的正当性论据，并且在必要的界限内进行。

例如，在指导性案例65号（2016年）[③]中法官运用了创造性填补方法。2004年3月，环亚公司购买久乐小区房屋一套，但未缴纳房屋专项维修资金。2010年9月，久乐小区业主大会代表业主对环亚公司提起诉讼，要求环亚公司缴纳维修资金。环亚公司辩称业主大会的起诉已超过诉讼时效。法院认为，《物权法》第79条规定："建筑物及其附属设施的维修资金，属于业主共有。经业主共同决定，可以用于电梯、水箱等共有部分的维修……"[④]《物业管理条例》第53条第2款规定："专项维修资金属于业主所有，专项用于物业保修期满后物业共用部位、共用设施设备的维修和更新、改造，不得挪作他用。"《住宅专项维修资金管理办法》第2条第2款规定："本办法所称住宅专项维修资金，是指专项用于住宅共用部位、共用设施设备保修期满后的维修和更新、改造的资金。"依据上述规定，维修资金性质上属于专项基金，系为特定目的——住宅共用部位、共用设施设备保修期满后的维修和更新、改造而专设的资金。共有部分的维修关乎全体业主的共同或公共利益，所以维修资金具有公共性、公益性。缴纳专项维修

---

① 参见梁慧星：《裁判的方法》，法律出版社2012年版，第247页。

② 参见［美］本杰明·卡多佐：《司法过程的性质》，苏力译，商务印书馆1998年版，第85页。

③ 上海市虹口区人民法院民事判决书，（2011）虹民三（民）初字第833号。

④ 《民法典》第281条。

资金是为特定范围的公共利益,即建筑物的全体业主共同利益而特别确立的一项法定义务,这种义务的产生与存在仅取决于义务人是否属于区分所有建筑物范围内的住宅或非住宅所有权人。因此,缴纳专项维修资金的义务是一种旨在维护共同或公共利益的法定义务,其只存在补缴问题,不存在因时间经过而可以不缴的问题。如果允许某些业主不缴纳维修资金而可享有以其他业主的维修资金维护共有部分带来的利益,其他业主就有可能在维护共有部分上支付超出自己份额的金钱,这违背了公平原则,并将对建筑物的长期安全使用、全体业主的共同或公共利益造成损害。环亚公司以超过诉讼时效进行抗辩的理由不能成立。

本案争议焦点在于维修资金请求权是否适用诉讼时效制度。关于诉讼时效,《最高人民法院关于审理民事案件适用诉讼时效制度若干问题的规定》(法释〔2008〕11 号)第 1 条规定:当事人可以对债权请求权提出诉讼时效抗辩,但对下列债权请求权提出诉讼时效抗辩的,人民法院不予支持:(1)支付存款本金及利息请求权;(2)兑付国债、金融债券以及向不特定对象发行的企业债券本息请求权;(3)基于投资关系产生的缴付出资请求权;(4)其他依法不适用诉讼时效规定的债权请求权。该司法解释对物权请求权是否适用诉讼时效制度并未明确,但根据"明示其一排除其他"的立法规则,可以认为物权请求权被排除在诉讼时效制度之外。易言之,物权请求权与上述规定中的债权请求权不适用诉讼时效制度。业主大会要求业主缴纳维修资金是债权请求权,而非物权请求权。但是,该债权并不属于上述规定中不适用诉讼时效制度的债权。因此,如果依照现行法律规定,法官应当认定被告的诉讼时效抗辩成立。此判决结果系严格依法裁判得出,但给人以不公正的感受。因为,诉讼时效制度的主要功能在于督促权利人及时行使权利,避免权利人"躺在权利上睡大觉",而非纵容责任人。如此裁判不仅不能实现立法目的,反而会使未缴纳维修资金的业主"因自己的过错行为"获益,这对于其他业主而言是难以接受的。这会加剧其他业主与未缴纳维修资金业主之间的矛盾和对抗,不利于纠纷的化解。不支持被告的抗辩理由则是合乎正义的,并可发挥裁判对社会良性秩序的指引作用——守法者利益不应受到损害,违约和不守信者不能借助法律逃避责任。

法官为了进行说理论证,从《物业管理条例》和《住宅专项维修资金管理办法》出发,得出专项维修资金的性质具有公共性、公益性,并认为缴纳专项维修资金的义务是一种旨在维护共同或公共利益的法定义务。不缴纳维修资金的"个人利益"与其他业主的"集体利益"相较,"集体利益"应当高于“个人利益”,“集体利益”应当给予优先保护。其裁判理由的核心内容即专项维修资金的缴纳系法定义务,不适用诉讼时效规定。但是,该裁判理由并无法律依据,法官实际上自行创设了“涉及公共利益、集体利益及他人利益的法定债权请求权不适用诉讼时效制度”的规则。

第八章　约束法律漏洞填补行为的抽象路径

法官进行法律漏洞填补操作犹如一把“双刃剑”，它在修复法律欠缺的同时带来了司法擅断的风险。人们对于这种风险的忧虑是有理由的：漏洞填补时的规则创设可能是法官代替了立法者的价值判断，会造成法实施效果的主观性和不确定性；法律的权威性源于包括法官在内的全体成员的服从和遵守，如果法官可以完善甚至修正法律，则社会民众对法律的敬畏之心必然被削弱。同时，如果法官创设规则并将其适用于待决案件违反了法不溯及既往原则，显然会破坏法律的预测性。卡多佐大法官指出，法官在某种程度上必须创新，因为一旦出现了一些新情况，就必须有一些新的规则，但即使法官在自由时，他也仍然不是完全自由，他不得随意创新……而应受到制度的纪律约束，并服从社会生活中对秩序的基本需要。① 法官在进行法律漏洞填补操作时，绝不能听任主观判断而自由裁量，而应在权限范围内遵守相应的原则谨慎行事。为了进一步提高我国法官填补法律漏洞的能力，提升裁判结论的正当性，保障同类案件法律适用的统一性，需要对法官的法律漏洞填补行为进行规范。划清权力边界，可以将法官的权力约束在职权范围之内；设定法律漏洞填补原则，可以使法官的裁量实现真正的自由。

第一节　司法案例反映出的问题

依法裁判原则要求法官作出的判决必须生成于既有法律规范，法官大多会认为自己对法律进行了“解释”，而很少承认自己对法律漏洞进行了填补。在这种隐晦不明的态度指引下，法律漏洞填补操作问题难以得到正确对待。

一、怠于进行法律漏洞填补

即使待决案件没有法律规范可供援引，禁止拒绝裁判原则要求法官必须进行法律解释或补充，这也是法官进行法律漏洞填补的合法性基础。但

① 参见［美］本杰明·卡多佐：《司法过程的性质》，苏力译，商务印书馆1998年版，第88页。

是,出于司法效率和裁判安全两方面的考虑,一些法官会选择对法律漏洞“绕道而行”。就司法效率而言,如果待决案件遭遇法律漏洞,会使原告的诉求缺乏合理的法律依据,而民事审判坚持“以事实为依据,以法律为准绳”的基本原则,亦即原告的请求权必须建立在法律规范之上。如此一来,法官径行以“于法无据”为由判决驳回原告的诉讼请求,无疑是一种简单高效的裁判策略。就裁判安全而言,驳回原告诉讼请求的判决并未援引实体法上的法律条文,当然不存在法律适用错误的风险。并且,如果没有相当充分的理由,二审法院原则上是不会对一审进行改判的。因此,此种裁判结果也是最为安全的。例如,“江西 SK-Ⅱ刘嘉玲案”,法官就未对法律漏洞进行填补。该案中,刘嘉玲代言虚假化妆品广告,消费者吕某信以为真购买化妆品并受到损害。吕某将售货商场江西凯美百货投资管理有限公司、经销商广州浩霖贸易有限公司、日本 SK-Ⅱ制造商告上法庭。诉讼中,吕某申请追加广告代言人刘嘉玲为被告参加诉讼,法院以“于法无据”为由驳回了申请。[①] 但是,依照侵权行为构成要件理论,虚假广告代言人的行为符合侵权行为构成要件,应当承担侵权责任。因此,不支持原告的请求等于放纵违法行为人,使虚假广告代言人逃脱责任。这与民法救济私权的目的相违背,应当认定法律出现漏洞。[②] 但该案法官却未认定漏洞存在并对其进行填补,吕某提出上诉后,二审法院维持了一审判决。

二、违法进行法律漏洞填补

错误认定法律漏洞必然造成违法的漏洞填补。错误认定法律漏洞通常有两种情况。一种情况是错误将法外空间的事项纳入法律调整范围。例如,某高三学生平日成绩名列前茅,高考填报志愿时,班主任建议其填报某重点大学,考生听从了建议。但考生在高考中发挥失常,名落孙山。考生遂将班主任诉至法院要求其赔偿损失。法院认为,班主任指导报考行为与考生落榜之间存在因果关系,班主任的不当指导给考生造成了重大损失。从利益衡量的角度看,考生的利益应当优先于班主任的利益获得保护,班主任应承担侵权赔偿责任。该案法官所犯错误在于,班主任的报考建议属于不具有强制力的情谊行为,两人之间并不因此形成任何法律关

---

① 参见《SK-Ⅱ代言人刘嘉玲成追加被告　形象代言人为不实广告负责于法无据》,载《中国青年报》,http://news. sina. com. cn/o/2005-03-17/05245380251s. shtml。

② 2013 年修订的《消费者权益保护法》规定,广告代言人在关系生命健康商品或服务的虚假广告、宣传中向消费者推荐商品或服务并造成消费者损害的,应当与经营者承担连带责任。该规定消除了法律未对虚假广告代言人责任承担作出规定的漏洞。

系。法官判决班主任承担侵权责任,即属错误地将法外空间的事项认定为法律漏洞并予以填补。另一种情况是错误认定法律存在漏洞。《人民法院报》曾刊载一篇案例,裁判摘要为:夫妻之间关于不动产物权的约定,无须另行经过法定登记手续,一旦约定生效,即在二人之间发生物权变动的效力。[①] 此案例中,法官认为法律应当对夫妻之间的财产约定作出特别保护,法律于此存有漏洞,故创设了“意思主义”物权变动规则对案件予以裁判。但是,我国《物权法》规定不动产物权的权利变动必须遵循物权法定和公示原则,即不动产物权变动必须依照法律规定的登记方式进行,当事人不得自行约定物权变动方式。法官创设的规则违反了上述原则,属于错误认定法律存有漏洞。

三、不当进行法律漏洞填补

正确认定法律漏洞仅是漏洞填补操作的基础,获得正确的判决结果还需依赖正确的漏洞填补方法的选择和运用。漏洞填补方法选择或运用不当,同样会导致判决结果不当。这也包括两层含义:一层含义是,漏洞填补方法应当依照法律漏洞类型进行选择,而不能根据法官偏好或者为达至某种裁判结果而任意选用。比如,规则空缺漏洞应当优先选择类推适用,在存有可供类推适用的法律规范的情况下,法官不得选择习惯、道德原则、法理学说等方法进行漏洞填补。另一层含义是,漏洞填补方法正确运用方可得到正确的裁判结果。如谢某某诉张某某相邻关系纠纷案[②],法院判决:张某某于判决生效后 5 日内将新建塑钢大棚撤离谢某某房屋后墙,按照当地习惯保持与墙体的距离。该判决认为法律对相邻关系中房屋滴水的距离未有明确规定,存在规则空缺漏洞,应依照当地习惯对法律漏洞予以填补并作出判决。此处,法官选择习惯作为漏洞填补方法是正确的,但应对当地习惯进行调查,提炼具体的习惯内容作为规则进行判决,而不应在判项中直接表述“按照当地习惯保持与墙体的距离”。因为,此判决结果判项内容不明,会造成当事人履行和法院执行标准的确定困难。

四、同类法律漏洞案件裁判结论各异

“同案异判”一直备受关注和批评。遭遇法律漏洞的案件属于“同案

---

① 参见张纪云:《基于夫妻财产约定的不动产物权在未经登记下的司法保护——北京大兴法院判决王某英诉王某琪、赵某阳执行异议之诉案》,载《人民法院报》2016 年 11 月 10 日,第 6 版。同样情形的另一案例参见《臧旭霞执行异议审查案——离婚协议是否具有物权变更效力》,载《人民法院案例选》2016 年第 2 期。

② 河南省许昌市中级人民法院民事判决书,(2016)豫 10 民再 4 号。

异判”风险高发案型。《侵权责任法》出台以前，我国曾发生多起高空抛物致人伤亡案件。此类案件中侵权人无法查明，如果严格依法裁判，法院应以原告未完成举证责任为由判决驳回诉讼请求。如此一来，受害人的权益无法获得法律保护，这是极不公平的。此类案件的裁判一直处于争论之中，判决结果各行其是的情形时有发生。2000 年“重庆烟灰缸案”，法院判决 24 户居民中的 22 户共同分担 17 万元赔偿责任。2001 年“济南菜墩案”，法院判决全体业主共同承担赔偿责任。2002 年“重庆鹅卵石案”，法院以证据不足为由判决驳回原告的诉讼请求。2006 年“深圳玻璃案”，法院判决 73 户业主无责，物业管理公司承担 30%的赔偿责任。2007 年“广州瓷片案”，法院以原告无法证明侵权行为实施人为由判决驳回原告的诉讼请求。“重庆烟灰缸案”与“济南菜墩案”，法官认为法律出现漏洞，并依法理学说创设了“高空抛物连坐”的裁判规则。该规则被 2009 年颁布的《侵权责任法》第 87 条采纳，经修改后编纂为《民法典》第 1254 条。“重庆鹅卵石案”与“广州瓷片案”，法官不认为法律存有漏洞，故依照普通侵权行为的举证责任进行判决。“深圳玻璃案”，法官通过利益衡量发现如果对原告的利益不予保护有失公平，认定法律存有漏洞并创设了“物业管理公司承担与过错程度相当的责任”的裁判规则。上述一系列同类案件中，法官对法律是否出现漏洞、是否应当予以填补、运用何种方法填补均有不同的认识，造成了不同的判决结果。

五、漏洞填补方法或说理论证缺失

法律漏洞填补要保证裁判结果的正确性，更要明示所运用的漏洞填补方法并公开说理论证过程以提升裁判结果的可接受性。漏洞填补应当有正当充分的理由，而且，应当尽到更充分的论证义务。① 有些案件中缺少具体的漏洞填补方法。如指导性案例 65 号，法官通过利益衡量后认为业委会对业主追索房屋维修基金的请求权不适用诉讼时效制度，但从判决说理中无法得知法官是以何种方法对漏洞予以填补的。在判决书网上公开，社会舆论对判决极尽挑剔的背景下，为避免言多有失，在有些案件中，法官甚至直接给出结论。例如，韩某诉北京市昌平区兴寿镇西营村村民委员会等侵犯集体经济组织成员权益纠纷案②，涉及法律未作规定的外嫁女集体成员资格认定问题。法院援引《物权法》第 59 条“农民集体所有的动产和不

① 参见王利明：《法学方法论》，中国人民大学出版社 2011 年版，第 439 页。

② 北京市昌平区人民法院民事判决书，（2011）昌民初字第 2884 号。

动产,属于本集体成员集体所有"之规定判决外嫁女身份的原告作为该集体组织成员享有土地承包经营权。从文义上理解,该法条并不能直接涵摄待决事项。法官实际上运用了目的性扩张方法将"曾经的集体组织成员"扩张为"集体组织成员"予以保护,但判决书并未对其援引该法条填补法律漏洞的理由作任何说明。

第二节 制度层面的原因探究

法律漏洞填补操作出现问题的原因是多方面的,笔者关注的重点在于对漏洞填补行为的规范,从制度层面上看,主要存在三个方面原因:立法上未明确授予法官进行法律解释、漏洞填补的权力,使法官因缺少授权而"不敢为";对司法解释形成的路径依赖,使法官因缺少动力而"不愿为";案例未能充分发挥裁判示范效用,使法官因缺少参照而"不能为"。

一、缺位的法律授权

从国家权力分配层面看,以立法形式彻底消除法律漏洞具有政治上和权力上的正当性,会获得国家层面和社会民众理所当然的支持。而法官在个案中进行法律漏洞填补,虽然在目的上是适合的,但并非职权行为,而属"分外之举",在政治上具有较弱的支撑力,即所谓名不正则言不顺。[①] 同时,法律漏洞填补是一项非常复杂的工作,对法官自身的能力及相应的操作规则均有严格的要求。因此,无论是权力来源的合法性还是权力行使的妥当性均要求有相关的立法进行授权和规范。法律解释法(interpretation act)通常规定法律解释、法律漏洞填补的一般原则和具体操作规则,规定法官在法律解释领域的权限、权力行使方式与后果,并规定通用的概念、字词的含义,使法官对于法律的解释及法律漏洞的填补有法可依、有据可循。从世界范围看,英国、北爱尔兰、加拿大、美国、澳大利亚及多个地区均颁布有法律解释法。我国台湾地区、香港特别行政区也有法律解释的专门立法。2017 年颁布的《民法总则》第 10 条[②]规定法官可依习惯填补法律漏洞;2018 年最高人民法院发布的《关于加强和规范裁判文书释法说理的指导意见》(法发〔2018〕10 号,以下简称《释法说理指导意见》)规定法官有权进行法律解释和漏洞补充。这是最高权力机关和最高人民法院对法官

---

① 参见宋远升:《法官论》,法律出版社 2012 年版,第 159 页。

② 《民法典》第 10 条。

在个案中进行法律解释、漏洞补充的明确授权。但该授权仍然模糊不明,缺乏可供具体操作的规则、标准和方法等。而此前,法官进行漏洞填补仅有法理上的正当性。在错案责任追究压力与日俱增的司法环境下,法官当然不会对法律漏洞填补过于主动。

二、强势的司法解释

1981 年,《全国人民代表大会常务委员会关于加强法律解释工作的决议》授予最高人民法院在审判过程中对法律进行解释的权力。这是立法机关出于立法安全性考虑,将一些暂时难以由法律明确规定的事项有意不作规定而留给最高人民法院进行解释。从立法机关对最高人民法院的授权范围看,司法解释所负担的主要是对审判过程中的法律适用问题进行解释。但从实际运行情况看,司法解释既有针对个案法律适用的解释、对法律价值的补充,又有对法律漏洞的填补、对规则的创设甚至是对现有法律修改的准立法活动。我国立法的不完善导致法律难以及时满足司法实践需要,司法解释发挥了重要的补充作用,特别是在民商事领域。杨立新教授指出,在司法实务中不断发现民法立法的不足,理论研究中发现的问题也不断地反映到司法实务中。民法的司法解释抓住这些问题,作出如何适用民法的说明,丰富了民法的内涵,填补了立法漏洞,完善了民法体系。①司法解释大多针对审判实践中的法律适用疑难问题制定,具有很高的适用价值,这也促成了法官对司法解释的依赖。法官出于自我保护的考虑会扩大请示案件的范围,以至于有学者批评称,法官一旦发现个案没有足够的司法解释,不是参酌双方的观点、相关学理见解来辨法说理,而是层层上报坐等最高人民法院的解释,形成办案路径依赖。② 由于最高人民法院在作出司法解释时过于主动的、扩张的活动方式,判案法官天然拥有的裁量解释权被压缩成狭小的、零碎的状态。这样会使下级法院的法官在遇到棘手案件时顺水推舟地层层上报最高人民法院,不愿行使解释权;即使有主见的法官面对规模日益扩张的司法解释,可能也搞不准哪些该自己解释、哪些该最高人民法院解释,不敢主动行使解释权,③操作能力自然因缺乏演练而生疏。在遇到存在法律漏洞的案件时,法官请求个案批复或等候司法解

① 参见杨立新:《民事裁判方法》,法律出版社 2008 年版,第 127 页。

② 参见杨艳霞:《刑法解释的理论与方法:以哈贝马斯的沟通行动理论为视角》,法律出版社 2007 年版,第 177 页。

③ 参见刘风景:《权力本位:司法解释权运行状况之分析》,载《中国青年政治学院学报》2005 年第 1 期。

释出台，以避免因自行处理不当而承担错案追究的风险，也自在情理之中。

三、羸弱的案例效用

成文法制度可以在很大程度上保持法律的稳定性，但与生俱来的缺陷是较差的适应性，而判例法制度却正好与之相反。判例可以最及时的速度适应社会发展，弥补制定法的不足和局限，为同类纠纷的解决提供指引。[①]在中国，成文法无疑是最主要的法律形式，但随着两大法系的互相借鉴和融合，中国与其他成文法国家一样正在积极地对待判例制度并吸收其有益成分为我所用。判例在我国并非正式法律渊源，但2010年案例指导制度的出台为判例在司法实践中的运用提供了制度上存在的空间。目前主要的问题是案例的发展远不能满足实践的需要。原因如下：其一，案例出多门，各种案例效力和地位不明。目前发布的各种案例中，有最高人民法院发布的指导性案例、公报案例，有《法律适用》《人民司法》《人民法院案例选》《中国案例指导》等刊物中发布的案例，有最高人民法院各庭室编写的审判指导丛书中发布的案例，有各省高级人民法院通过《案例参阅与指导》发布的案例等。这些形形色色的案例中，除指导性案例"应当参照"之外，其他各种案例多系因具有典型性、代表性、疑难性而被选为典型案例以供审判实践参考。但是，各种案例仅限于"指导、参考、借鉴"之效力，难免会让人有意犹未尽之感，不足以保证实现"统一法律适用标准"的方法论目标。[②] 其二，指导性案例和公报案例之外的案例大多没经过正式的编纂和梳理，案例之间难免不一致甚或冲突，很难供应主流的裁判规则。即使一方当事人提供了利于己方观点的案例，对方当事人在多数情况下也能够提供同等或更高级别的相反观点的案例。如此一来，法官通常会以我国并非判例法国家为由对双方提供的案例均不予参考。其三，案例培育和遴选的激励机制不健全，法官对案例培育积极性不高，导致案例发展速度迟缓。前文提到的"高空抛物"系列案件，自2000年"重庆烟灰缸案"开始，文中提及的每个案件均引起社会广泛关注及媒体的跟踪报道，判决结果亦公之于众。但从后期不断出现的各种判决结果看，发生在前的案例并未对其后案件的裁判产生有效指引，同类案件的裁判尺度没有任何走向统一的趋势。如果在该类案件产生初期，其中某个审理法院以个案请示方式获得最高人民法院批复或全国人大常委会的立法解释，则可以尽早完成个案

---

① 参见雷鸿：《民事指导性案例研究：一个方法论的视角》，法律出版社2013年版，第130页。

② 参见陈洪杰：《论法律续造的方法》，载《法律科学（西北政法大学学报）》2010年第6期。

(准)立法进而统一同类案件的法律适用。

第三节　法官应当尊重的外部权力

依法裁判意味着法官对法律的态度是“忠诚于法律”,不得逾越权力的边界。国家在进行制度设计时的权力体制安排,可以有效防止法官过分行使自由裁量权。合议庭、审判委员会等合议组织可以弥补法官个人能力的不足;最高人民法院限制了法官法律适用与解释的范围;立法机关则划定了司法权行使的边界。法官在进行漏洞填补时应当自觉接受上述三种外部权力的约束。

一、合议组织对法官权力的补足

依法独立行使审判权要求法官对案件独立发表裁判意见,特别是法官员额制改革之后,“谁审理谁裁判,谁裁判谁负责”的办案及责任追究原则进一步明确,法官对自己承办的案件享有更大程度的决定权。法官并非机器,但其思考过程应尽量避免受到个人内在因素的影响。法官在漏洞填补过程中面临利益衡量、价值考量及漏洞填补方法的选择,其法律方法适用能力、创造力等因素在这个过程中起着决定性的作用。国外研究表明,法官进行漏洞填补而完成的裁判的质量在很大程度上取决于法官的素质。[①]案件裁判过程蕴含的主观评价往往会因承办法官的不同而不同,这与法律所追求的确定性目标不符。为了避免法官个人能力或偏好对案件裁判结果带来个性化倾向,合议庭和审判委员会等合议组织应运而生。群体决策是建立在个体决策基础之上,为应对日益复杂的重大问题而产生的一种决策方式。“群体决策通过个体间的联合来实现更优化的决策,而且它不是个体决策简单的相加和平均,而有其自身特性。与个体决策相比,群体决策提供的信息、方案比较丰富,在易出错时也有更多的检验和矫正机制。”[②]合议制的主要功能即是运用群体决策发挥集体智慧,以群体力量保障裁判结果的公正性。合议庭和审判委员会等合议组织中每个法官不同倾向、不同观点的碰撞和对抗促使案件的裁判结果更加趋于理性。合议组织中法官们在达成共识的过程中的努力,促使裁判结论最大限度接近客观

---

① 参见[比]卡内冈:《法官、立法者与法学教授——欧洲法律史篇》,薛张敏敏译,北京大学出版社 2006 年版,第 126 页。

② 张雪纯:《我国合议制裁判的缺陷及其完善——基于决策理论的分析》,载《法学家》2009 年第 3 期。

公正。合议组织的集体智慧显然要高于任何一个个体法官,这有助于弥补承办法官自身能力的不足,更妥当地完成漏洞填补任务。因此,承办法官需要重视合议庭成员的不同意见,必要时应依法提交专业法官会议或审判委员会讨论决定,不应片面追求审判独立而忽视合议组织的积极作用。

二、最高人民法院对法官权力的限制

司法解释虽然在一定程度上抑制了法官的创造力,但任何事物都有两面性,从控权的角度看,司法解释尤其是个案批复构成对法官漏洞填补权行使最直接的监督和约束。个案批复需要经过最高人民法院审判委员会集体讨论后决定,以个案批复形式填补法律漏洞显然更具有权威性和信服力。个案请示在经过多层审判委员会研究把关后,部分没有请示必要的案件会被退回,但这项工作并非无功而返,因为退回本身即意味着本院或上级法院审判委员会认为案件可以由合议庭自行处理。因此,提请最高人民法院作出个案批复,成为承办法官法律漏洞填补权行使范围确定的直接路径。《司法解释工作规定》授权各级法院对“自己认为需要”的案件报请制定司法解释或批复,但未提供具体标准。可以明确的是,承办法官与最高人民法院在法律漏洞填补这一工作中是有分工的:法官负责在个案中进行法律漏洞填补,最高人民法院负责一般规则的制定。这种原则性的权力划分的困难在于具体边界究竟如何确定?亦即,何种情况下法官可以在个案中自行填补法律漏洞?何种情况下法官应当将案涉法律问题层报最高人民法院作出批复?这在实际操作中确实很难有更明确的标准,只能因案而宜,视问题的具体情况而定。前已述及,是否报请最高人民法院进行批复的决定权并不掌握在承办法官手中,而是由本级或上级法院审判委员会研究决定。因此,如果法官不能确定自己承办的案件究竟是应该自行完成漏洞填补还是需要报请批复,则应将案件提交本院审判委员会研究决定。

三、立法机关对法官权力的限定

司法权与立法权分别独立行使是现代法治国家的基本要求。大陆法系国家普遍对法官进行法律漏洞填补持反对或警惕态度,主要是希望通过权力之间的分工制衡实现最大限度的民主与平等。孟德斯鸠认为,如果司法权同立法权合二为一,就会产生对公民的生命和自由专断的权力,因为法官就是立法者。[①] 对于个体法官形式的造法，虽然可以减少立法机关立法滞后或者拖沓的弊病，然而，其却也没有通过集体智慧弥补个人智识不足的可靠依托，并且也没有相应的程序自我纠正而减少立法速成带来的风险。[②] 依照我国宪法和法律规定，法官并无立法权。立法是全民意志的体现，立法会获得政治及民意的支持，具有政治上的正当性；而法律漏洞填补是为解决个案纠纷进行的，法官在此过程中创设的规则并不具有普遍的效力。法官被看作法律的"喉舌"，其在执行法律时候的首要思维方式应当是依照法律进行思考，被动地对当事人提出的请求和抗辩进行判断。法官应当从制定法中寻找裁判依据，而不能依靠自己的良知、对正义的理解去进行价值判断，更不能过于积极地替代立法者对法律进行批判。即便是在司法中心主义的普通法系国家，法官解释、创造法律的活动亦非随心所欲，而应受制于判例和已通过的立法，在比较小的范围内自由活动。[③] 因此，法官作为客观、公正、博学的法律宣告者的形象，比提出公然认为是人类行为新准则的法律制定者的形象，更深地蕴藏在文明社会的意识之中。[④] 法官对法律的创造性并非反抗制定法，而应是更好地体现对法律的服从。法官对于法律漏洞的填补，特别是创造规则填补法律漏洞，其权力实质是一种法律续造行为，虽然这种续造的法律并不产生普遍适用的效力，但对于某种事项的价值选择需要进行政治性决定的时候，便超出了法官的司法权范围。所以，对于将广泛深远地影响多种不同生活领域的法律问题，只有能获致必要的宏观认识之立法者才适宜作出答复。[⑤] 而法官只能在司法权的界限内和有限的空间内"作出有创意的裁判、共同参与法秩序的形成"[⑥]，谨防在法律漏洞填补过程中侵蚀立法权。

第四节　法官应当遵循的漏洞填补原则

经由法理层面的论证设定法官进行法律漏洞填补时应当遵循的原则，可以进一步限定法官进行法律漏洞填补活动的空间，提升裁判结果的可预

---

① 参见[法]孟德斯鸠：《论法的精神》，许明龙译，商务印书馆 2012 年版，第 187 页。
② 参见宋远升：《法官论》，法律出版社 2012 年版，第 166 页。
③ 参见[英]詹宁斯：《法与宪法》，龚祥瑞等译，生活 · 读书 · 新知三联书店 1998 年版，第 175 页。
④ 参见[英]罗杰 · 科特威尔：《法律社会学导论》，潘大松等译，华夏出版社 1989 年版，第 259 页。
⑤ 参见[德]卡尔 · 拉伦茨：《法学方法论》，陈爱娥译，商务印书馆 2003 年版，第 114~115 页。
⑥ a. a. O. ,S. 52-53.

测性,保障法律实施效果的统一性。

一、体系正义原则

宪法之下的各部门法之间是相互联系,彼此不可分割的。各部门法中的法律规范互相联系、互为辅助,共同成为部门法。这种法律与法律之间、法律规范与法律规范之间的联系与统一关系即法的整体秩序。法律漏洞填补属于对制定法的完善或修补,必须符合并维护法的整体秩序。王泽鉴先生指出,“解释法律,补充漏洞,虽系法院之重要工作,但法院创造法律之活动并不限于此,在甚多情形,法院便得改进现行规定,创造新的制度,但不得恣意为之,必须合乎法律之基本原则,符合宪法价值判断,并得纳入现有之法律内在体系”。① 王利明教授亦指出,用于填补法律漏洞的规则与法律既有规则之间应当保持其体系性,包括外在体系和内在体系。所以,通过体系化思维而进行的漏洞填补,就应当能够纳入法律体系之中,尤其不能与宪法、法律的价值体系发生冲突。② 此所谓体系正义原则,即法律问题的解决不仅要合乎逻辑地纳入由同位阶和更高位阶法律规范组成的体系当中,并且要在目的上与这个体系保持一致。③ 法官自身应当具有维护体系正义的主动意识,在进行漏洞填补时,应当将其创设的规则放置于整个法秩序之中,在整个法秩序内考察他所要创制的裁判规则是如何得以支持,④必须考虑漏洞填补的方法与效果是否符合宪法、法律的基本精神与价值,必须考虑案件裁判结果对于同类案件或相关领域产生的深远影响。如果不对法律进行体系化的考察,甚至超越法律的原则、理念进行思考,法官就难为待决案件创制一条合法的裁判规则。当然,是否符合体系正义是一个非常抽象和棘手的问题,比较具有可操作性的解决方法是:将既有法律原则作为对新创设规则的评价依据,并对漏洞填补得出的裁判结论进行正当性检验。

二、评价限于个案原则

法院在案件中所表示的法律见解,无论是对法律的解释或对法律漏洞的填补,此过程中产生的裁判规则应仅对被裁判个案发生直接效力。然

---

① 王泽鉴:《民法学说与判例研究》,中国政法大学出版社 2005 年版,第 307 页。如 1942 年《意大利民法典》规定,如果一条明确的规定不足以解决争诉,可以适用解决同类案件或相似案件的规定;如果案件仍有疑问,则应根据国家法律秩序的一般原则进行裁判。

② 参见王利明:《论法律思维》,载《中国法学教育研究》2012 年第 2 期。

③ 参见[德]齐佩利乌斯:《法学方法论》,金振豹译,法律出版社 2009 年版,第 94 页。

④ 参见张其山:《司法三段论的结构》,北京大学出版社 2010 年版,第 110 页。

而,很多案件的实际效果却会超出个案的控制范围。正如拉伦茨所言,“法院主张其裁判符合现行法。换言之,它认为它的解释适切,其漏洞补充是必要的,依其所提出的理由是正当的,其中也包含如下主张:每件同类案件均应依其所提标准裁判之,因此,借其说理的内容,法院的裁判常能超越其所判断的个案,对其他事件产生间接的影响”。[①] 法官的任务在于适用法律解决纠纷而非创造法律,必须出于对待决案件处理的需要方可进行规则创设。同时,法官可以因为裁判需要而能动司法,但绝对不能脱离个案而创制普遍适用的法律规则,法官必须基于有争议双方当事人的案件,而不是对抽象的事实制定一般性规则。[②] 司法机关只能就个案“尝试地”作法律漏洞填补,[③]而不能侵犯立法权制定的对“一般案件”均发生效力的普遍规则。即便是在普通法系国家,法官拥有很大的自由裁量权,甚至有“法官造法”之说,但法律规则的确立和成文法的解释都必须通过具体判例来实现,法官不得脱离具体案件抽象地去解释法律或抽象地去制定类似于法律形式的规范。[④] 总而言之,法官填补法律漏洞的权力限于个案,主要是要求法官在个案中填补法律漏洞的规则不具有超越个案的拘束力,特别是法官不得在判决说理论证时作出拘束其他案件或同类案件的宣示性声明。众所周知的“洛阳种子案”,法官在判决中对河南省人大制定的地方性法规某条款宣告无效的表述即违反了该原则,导致判决的拘束力超出了个案的范围。[⑤]

三、非必要不可创设原则

法官在遇到疑难案件时的首要工作是法律发现,在穷尽制定法仍不能发现可资裁判适用的法律规范并尝试通过解释方法和常用漏洞填补方法等制定法内的方法仍不能满足案件需要时,方可进行创造性维度的漏洞填补。这是为了保障立法机关的权力,也是为了维持法院自身的权威。法官进行创造性填补的时机在德国法上称为“法律紧急状态”。何为“法律紧急状态”?梅迪库斯认为,法官不能够在自己对法律政策期望价值或者必要内容作出不同于立法者的判断时即认为存在这种紧急状态。[⑥] 对于紧急

---

① [德]卡尔·拉伦茨:《法学方法论》,陈爱娥译,商务印书馆2003年版,第300页。

② 参见孔祥俊:《法律解释方法与判解研究》,人民法院出版社2004年版,第60页。

③ 参见黄茂荣:《法学方法与现代民法》,法律出版社2007年版,第447页。

④ 参见董皞:《司法解释之管见》,载《政法论坛》1997年第6期。

⑤ 参见河南省洛阳市中级人民法院民事判决书,(2003)洛民初字第26号。

⑥ 参见[德]迪特尔·梅迪库斯:《德国债法总论》,杜景林、卢谌译,法律出版社2004年版,第124页。

状态的认定,法官必须有把握得到广泛的合意,特别是有把握得到法学界显著多数的同意。也就是说,紧急状态并非依靠法官个人的价值判断标准进行认定,而应当得到社会民众特别是法学界广泛的合意,这种判断应该符合社会的主流价值观,特别是符合法律职业共同体的整体认知。拉伦茨认为:“只要没有误导法官依自己的想象来操纵法律,在法官的裁判过程中,个案正义的追求仍旧是一种妥当的因素……然而,因为它经常诱使法官超越明定的法规范,以自己认定的正义观来代替法定标准,它又是危险的。”①非必要不可创设原则正是为了避免法官个人权力恣意对法治可能造成的危害。前文所述“高空抛物”系列案件的裁判中,很多法官进行了裁判规则创设。社会民众多是对“类案异判”的结果表示不满,却鲜有质疑法官创设裁判规则的声音。主要原因在于,法学界显著多数认为法律在面对此类案件时出现了真正的紧急状态,在立法无法及时完成应对的情况下,法官有权创设规则以完成案件裁判。相反,前文创设“意思主义”物权变动规则案中,法律并未出现紧急状态,法官作出的裁判规则创设即违背了该原则。

四、充分说理论证原则

指引和预测是法律的两大主要功能,这两种功能的实现均要求法律必须像游戏规则一样在游戏开始之前被确定。波斯纳法官指出,公平和正义基本的要求是根据争执事实发生时已有的法律来审判,而不是根据争执事实或事件发生时必然都不知道的、事后制定的法律来审判。② 法官进行漏洞填补时所使用的裁判规则往往是事后才制定完善的,这在很大程度上减损了裁判结果的正当性。这种做法会使法律丧失可预测性,引起人们对行为后果不确定的恐慌。当事人和社会民众并非逆来顺受的法律“试验田”。裁判结果不能仅仅因为法院的权威而让人信服,它必须具有客观的正当性。法官运用事后制定的规则进行裁判,必须给出充分正当的理由,以消除人们的担心。特别是在创造性填补法律漏洞的情况下,法官在一定程度上进行着个案“造法行为”,法官必须寻找理由为其造法行为提供正当性基础。特别是法律适用者离法律越远,就越有义务对其背离的理由进行说明。③ 当事人作为司法过程的参与者,希望自己能够看得到公正的产生过程,充分的说理论证是判决结果获得实质正当性的必要手段。尤其是

---

① [德]卡尔·拉伦茨:《法学方法论》,陈爱娥译,商务印书馆2003年版,第225页。

② 参见[美]波斯纳:《法理学问题》,苏力译,中国政法大学出版社1994年版,第257页。

③ 参见[德]伯恩·魏德士:《法理学》,丁晓春、吴越译,法律出版社2013年版,第351页。

在司法公信力不够强大的环境下，法院尚无法单纯依靠自身的权威去证明裁判的正确性；相反，法院应当通过对漏洞认定、漏洞填补方法或规则创设依据等一系列过程的充分展示，使作出的判决结论符合正义的标准，经得起事后的批评和审查。《最高人民法院关于在审判执行工作中切实规范自由裁量权行使保障法律统一适用的指导意见》及上海市高级人民法院《民事裁判文书制作中援引法律条文若干问题的规范》均强调法官在疑难案件特别是漏洞填补案件判决中的说理义务，要求说明裁判依据、漏洞填补的内容与过程。其目的即要求法官将法律漏洞填补的整个操作过程通过判决书置于阳光之下，接受当事人及社会民众的评判，以提升判决结果的可接受性。

第九章　规范法律漏洞填补操作的具体措施

法官权力的独立与约束之间的矛盾无可回避。“对法律适用进行理性监督的问题,也就是方法规则的发展问题,自法和法官权力产生以来就一直是法学者研究的课题。”①就遭遇法律漏洞的疑难案件而言,其裁判过程的核心程序之一在于漏洞填补方法的选择。这就指向了方法规则的命题。法律漏洞填补方法选择的确定性影响裁判结论的正当性,而方法的多样造成了选择的困难,方法选择困境的摆脱有赖于对法官思维形成指引的方法选择规则的构建。根据不同类型法律漏洞的特征,探索法律漏洞类型与漏洞填补方法之间的关联关系并拟制对应规则,可以解决两者之间的横向对应难题。通过对立法者意图和立法计划的考察,将漏洞填补方法依照距离制定法的远近进行位序排列并拟制近距规则,可以解决多个填补方法竞争时的纵向优先问题。在规则指引下选择的填补方法具有确定性,但不意味着裁判结论因此而当然获得正当性,还需要通过对法律漏洞填补效果的预先评估完成验证。

第一节　法律漏洞填补规则之问题提出

法律出现漏洞意味着裁判缺少推理的大前提,三段论推理难以顺利完成。如果法律存在的这种欠缺并非必须交由立法者予以修补完善,则法官应当能动地在权限范围内运用漏洞填补方法完成裁判规则的构建或创设,进而完成涵摄推理。

一、漏洞填补方法选择难题

法治秩序需要法律规则稳定地统治社会,规范人们的行为方式,如果法律在实施中处于不知所谓的境地,那么法治可能就只是一个理想。② 法官是法律的执行者,其职责在于贯彻立法者的立法意图,依照立法者设定的价值判断适用法律。然而,总有一些事情在立法当时未被立法者考虑或

① [德]伯恩·魏德士:《法理学》,丁晓春、吴越译,法律出版社2013年版,第216页。
② 参见李伟:《法官解释确定性研究》,法律出版社2017年版,第72页。

者预料,这使法律必然会在应对社会纠纷时出现力所不逮的漏洞。从权力边界看,完善和修改法律当然属于立法者的职权,法官则专职司法。但现实情况却并非如此,迟来的正义并非正义,在司法效率和公正兼顾的制度要求下,法官不可能被允许每次遭遇法律漏洞都要等待新的立法或修法对其予以消除。为了顺利完成裁判,法官需要在不僭越立法权的情况下进行法律漏洞填补。正如织补毛衣破损有横丝辅助法、缠绕留丝法、横钢针法等多种方法一样,法律漏洞的填补材料和方法也有很多种。学界认可的漏洞填补方法主要有类推适用、目的性扩张、目的性限缩、依习惯补充、依法律原则补充、依比较法补充、依法理学说补充、创造性填补八种。法律漏洞填补属于高难度法律适用工作,加之各种漏洞填补方法适用的复杂性,造成法官在方法选择上的纠结。面对左右为难的境况,法官常常不得不忽略近代科学理性主义的谆谆教诲,转而求助于经验和法感完成方法的选择。然而,不同的漏洞填补方法往往指向不同甚或大相径庭的裁判结果,这使裁判的可预测性大大降低,法律适用的确定性在经验主义司法现实中变得令人惶恐不安。

二、裁判确定性的追求

在任何法律制度中,确定性都是追求的目标。① 确定性是法律的重要品格之一,也是法律生命力所在。确定性意味着法律所提供的指引是可预测的,人们将其作为行动理由并信赖和接受它所带来的法律后果。如果法律是不确定的,那么法官就不能说法律强迫他们作出了一个这样的判决并强制他们将它付诸实施。② 在现行法律体系内,依照法律规定或依据寻求“确定性的”或“正确性的”答案,是摆在每一个裁判者面前的迫切任务。不能因为无法获得百分之百的确实性,而让我们的决定完全交给无根据的决断或无理由的任性。③ 谈论法律漏洞填补行为的正确性,与讨论疑难案件是否有唯一正解并无二致,因为遭遇法律漏洞属于法律适用疑难案件之一种。卡多佐和哈特均不认为疑难案件有唯一正解。卡多佐认为,方法并非以主导地位决定结论,相反,方法是作为工具用来证成结论的,在这样一些案件中,既可以如此决定,也可以那样决定。同样可以找到言之成理的

① 参见[美]约翰·亨利·梅利曼:《大陆法系》,顾培东等译,法律出版社 2004 年版,第 49 页。

② 参见[美]朱尔斯·科尔曼、布赖恩·莱特:《确定性、客观性与权威性》,载[美]安德雷·马默主编:《法律与解释》,张卓明、徐宗立等译,法律出版社 2006 年版,第 287 页。

③ 参见舒国滢:《走出“明希豪森困境”(代译序)》,载[德]罗伯特·阿列克西:《法律论证理论——作为法律证立理论的理性论辩理论》,舒国滢译,中国法制出版社 2002 年版,第 2 页。

或相当有说服力的理由来支持这种或那种结论。哈特认为，任何时刻都可能会产生没有答案的问题——只有很多答案。① 唯一正解的首倡者德沃金认为，“在大多数案件中可以通过推理和想象的方法来求得正确答案……我们是否有理由认为某种答案是正确的，与这种答案是否可以被证明为正确的问题不是一回事”。② 由此可见，德沃金亦不否认所谓的“唯一正解”在有些时候是难以被证成的，而只是一种理想状态下的推理结果。法律本来就是一个开放的、流动的系统，人们从法律中所能捕获的确定性也只能是一种流动的确定性。③ 为消除人们因法律适用不确定引起的恐慌，实现漏洞填补中法律适用的客观性，需要在卷帙浩繁的理论研究中寻找行之有效的方法规则，但其也只是指引法官选择相对而言更为确定的方法，而非唯一正确的方法。虽然说确定性只是相对而言的，但能够获得相对确定的结论总比不可捉摸的结论更让人安心。因为，既然不确定性是不可避免的，如果一味地将这种对法律的怀疑推向一种极端，便会进一步导致司法裁判可任意地诉诸法律之外的标准。在司法过程中应当努力克服法律适用的不确定性和法官的主观性，追求相对而言稳定的处理方案，以实现社会秩序的依法治理。

三、规则拟制的遵循

法律方法论者所探讨的法律解释规则，是指法律解释方法的位序排列与选择规则，本文所讨论的法律漏洞填补规则有着相同的目的与功能，即解决漏洞填补方法的位序排列与选择问题。这种规则是从法官自身之外的视角出发，通过对法官外在行为调整来实现对其适用法律并选择方法时内心思维轨迹的规制，以外在制度的指引性约束来获得法律适用的确定性。正如陈金钊教授所言，方法规则虽然不像法律规则一样具有强制效力，但它追求的是简约方法的力量，是一种思维规则。④ 它可以指导法官思考立法者的意图、立法的整体计划，最大限度地实现方法选择的确定性，指引法官选择最为妥当的方法，提升裁判结论的正当性。笔者认为，漏洞填补方法的位序是可以进行排列的，其与法律漏洞类型之间的对应关系也是客观存在的。法官应当受到法律的拘束，即使是立法机关的原因导致法律

---

① 参见[英]哈特：《法律的概念》，许家馨、李冠宜译，法律出版社 2011 年版，第 138 页。

② [美]德沃金：《法律帝国》，李常青译，中国大百科全书出版社 1996 年版，前言第 2 页。

③ 参见李可：《法律解释方法位序表的元规则》，载《政法论丛》2013 年第 4 期。

④ 参见陈金钊：《法律解释规则及其运用研究（上）——法律解释规则的含义与问题意识》，载《政法论丛》2013 年第 3 期。

出现漏洞,法官也没有理由得出与立法意图或计划毫无因果关系甚至相违背的结论。换言之,法官在进行法律漏洞填补时,其追求的结论确定性应当是源于立法者的意图或计划。法官选择的漏洞填补方法如果来自制定法之内,那么这种方法的运用所展现的裁判规则应当与立法者的意图相一致;如果法官在制定法内未能发现可供运用的方法,而必须借助超越制定法的方法,则这种方法已经无从体现立法者的意图,因为此时连立法者的意图都是缺位的。但并不能认为此时的法官可以完全取而代之,以立法者的身份创设规则并进行裁判,在超越制定法的漏洞填补过程中,法官所进行的法律续造应当与整体法秩序相一致。简言之,法官在选择漏洞填补方法时应将立法者的意图和计划作为基本的遵循。

第二节　法律漏洞填补规则之具体拟制

法律规则本身并不是天然存在的,它是为了规范人的行为而由人根据目的依照特定的程序而拟制的。法律规则具有规范性和概括性,它从人们的行为中抽象出行为模式向人们提供行为的标准、样式和方向。法律漏洞填补规则是为了规范法官的裁量行为而人为拟制,旨在指引法官选择与法律漏洞类型相匹配的漏洞补充方法。

一、规则拟制基础

法律漏洞填补规则的任务是完成法律漏洞与填补方法的对应关系以及确定填补方法之间的优先关系。拟制规则的工作主要包含三项任务:一是根据法律适用过程中规则与事实的调适情况,以填补法律漏洞为目的进行漏洞分类;二是探索法律漏洞类型与漏洞填补方法之间的对应关系,以确定可以用于填补待处理法律漏洞的方法;三是对可以用来填补待处理法律漏洞的多个方法进行排列,以确定优先顺序。学界对于法律漏洞有不同的分类在第四章已详细描述。从司法实践调研情况来看,现有分类尚不能对法官的填补操作提供有价值的理论支撑。究其原因,主要是分类本身存在不足:一是分类标准不精细,导致原本具有不同特征的法律漏洞被划归同一类型,掩盖了不同漏洞之间的差别,这也成为法律漏洞类型难以与方法形成关联的主要原因。二是分类思路未转变,研究者习惯从认识论的角度探究法律规范本身存在的欠缺,为立法者提供避免或减少漏洞的建议,鲜有从方法论视角观察法律规范在应对具体案件事实时的表现情况,研究法律漏洞的相对性,对法官的漏洞填补方法选择提供对策。面向司法实践的法律漏洞分类，应当从寻求确定性的外部视角出发，超脱于法官的心理过程，着眼于通过怎样的外在程序性因素来影响、制约乃至控制法官的主观思维过程，使法官朝向正确方向前行，不至于沦陷在恣意、错误、鲁莽和草率等思维泥沼之中。① 因此，本书以法律规范与案件事实的不调适程度为标准对法律漏洞进行分类，将法律漏洞分为规则空缺、规则不周、规则冲突和规则悖反四种。如果将法律漏洞比作病症，那么漏洞填补方法就如医病之药。探索四种法律漏洞与八种漏洞填补方法之间的关联，依照法律漏洞类型选择适当的填补方法以实现对“症”下“药”，是本书欲拟制的漏洞填补规则的主要功能所在。

二、横向对应规则

每种漏洞填补方法有着不同的适用条件，并不是任何一种漏洞填补方法都可以适用于任何类型的法律漏洞。这就需要一种与漏洞类型相关联的规则以解决哪个(些)方法可以填补哪类法律漏洞的问题，这个规则笔者称为“对应规则”。该规则具体内容包括(见表1)：

(1)规则空缺漏洞对应的方法。规则空缺意味着法律未作规定，那么除目的性扩张和目的性限缩方法因无适用基础外，类推适用、依习惯填补、依法律原则填补、依比较法填补、依法理学说填补、创造性填补六种方法均可用于此类漏洞的填补。其中依法律原则填补应当分为两种情况：一是仅有原则P可供适用，而且没有与P相冲突的原则存在，此时适用原则P；二是有原则P1与P2可供适用，但两者之间有冲突，此时需要法官在P1和P2之间进行衡量，然后决定适用哪个原则。②

(2)规则不周漏洞对应的方法。规则不周是因法律作出过于宽泛或过于狭窄的规定，亦即规定不够周延，需要以目的性限缩对本不应当包含的内容进行剔除，或者以目的性扩张对本应包含的内容予以接纳。

(3)规则冲突漏洞对应的方法。法律规则发生冲突时，往往无法很清楚地确定在两个互不兼容的法条中何者应该得到贯彻。③ 从逻辑上看，规则冲突会产生择其一规则适用或规则相互废止两种后果，相应地需要两套解决方案。A方案：依法律原则择其一而用之。至于如何选择应当适用的规则，则应在法律原则的指引下结合对不同规则指向的不同利益的衡量取

---

① 参见季卫东：《法治秩序的建构》，中国政法大学出版社1999年版，第88~90页。

② 参见梁迎修：《法律原则的适用——基于方法论视角的分析》，载《华中师范大学学报(人文社会科学版)》2007年第6期。

③ 参见[德]英格博格·普珀：《法学思维小学堂——法律人的6堂思维训练课》，蔡圣伟译，北京大学出版社2011年版，第64页。

舍来完成。依照法律原则完成规则选择之后，冲突即归消除。B 方案：依法律原则补充。如果 A 方案无法执行，便出现了规则相互废止而均无法适用的僵局案件，此时形成的漏洞在表面上等同于规则空缺，但实质上却有不同。因为规则冲突漏洞是原本有规则但不可适用，后者是原本就缺少规则。黄茂荣认为，规则冲突漏洞属于不可化解的规范矛盾，该矛盾所牵涉的法条互相将对方废止时，只能依法律的一般原则来填补。[①] 此处用来填补漏洞的原则并非任意一项可具体化的原则，而应当是相互冲突的规则共同指向的法律原则。如果冲突的规则指向多个法律原则，那么法官应权衡规则之上法律原则的分量，进而选择分量重的法律原则。

(4)规则悖反漏洞对应的方法。规则悖反，是指当法律在个案适用中产生严重不正义的、违反事物本质的裁判结论的情形，如果机械地依法裁判会造成处理结果与社会期望、民众朴素正义观相抵触的后果。此时，为了修正法律缺陷并获取良好的法律效果，需要实定法向正义作出让步，裁判者应着眼于具体正义，根据法律原则创设既有规则的限制性例外。[②] 因为法律原则代表立法者的整体计划，规则悖反的认定标准是看规则是否与法律精神、法律原则相违背，是否违反法律正义达到"不可容忍的程度"。当规则被确认出现悖反漏洞时，意味着规则被法律原则所废止，法律原则自然成为填补漏洞的依据。

表 1　漏洞类型与填补方法对应关系示意(对应规则)

填补方法	漏洞类型			
	规则空缺	规则不周	规则冲突	规则悖反
类推适用	√	×	×	×
目的性扩张	×	√	×	×
目的性限缩	×	√	×	×
依习惯填补	√	×	×	×
依法律原则填补	√	×	√	√
依比较法填补	√	×	×	×
依法理学说填补	√	×	×	×
创造性填补	√	×	×	×

① 参见黄茂荣：《法学方法与现代民法》，法律出版社 2007 年版，第 396~397 页。

② 参见陈林林：《裁判的方法与进路——司法论证理论导论》，中国政法大学出版社 2007 年版，第 158 页。

三、纵向排序规则

对应规则可以解决法律漏洞类型与填补方法的对应关系,但经过关联对应后发现:规则冲突漏洞和规则悖反漏洞都仅能通过法律原则予以填补或化解;规则不周漏洞需要运用目的性扩张或目的性限缩予以填补,具体方法选择视规则过窄或过宽而定。此三种类型的漏洞在对应规则适用后,即可解决漏洞填补方法的选择问题。唯有规则空缺漏洞对应类推适用、依习惯填补、依法律原则填补等六种填补方法。有多种填补方法可供适用不代表法官可以任意选择一种或多种方法,相反,法官只能选择其中一种填补方法。这就需要解决多种填补方法之间的优先问题,也即位次排列。法律解释方法与漏洞填补方法不同,是因两类方法对制定法脱离程度的可计量性不同。法律解释方法中,除文义解释最忠实于文本、距离制定法最近并获得优先地位外,其他如当然解释、反对解释、扩张解释、限缩解释等方法对文本的忠实程度则难以用统一的标准进行衡量,这也是解释方法排序未能成功的根源所在。漏洞填补方法已超越了法律文本文义可能的射程范围,但各方法之间最可计量的差别在于其对制定法意图和计划的"脱离"程度,各方法亦因此而处于不同的位序。考夫曼(Arthur Kaufmann,1923—2001)指出,法律获取过程对制定法或立法意图的扩张程度依次为数字概念、(相对)单义的词语、可能文义、制定法的目的、类比/反向推论、法官的自由法律续造、立法。随着扩张度的不断增加,法律获取的理性逐次降低。[①] 即越接近制定法、越符合立法意图和计划的方法理性程度越高,位序越靠前。将各种填补方法依照距离制定法远近进行位序排列,谓之近距规则。在对各方法进行位序排列之后,前位方法因比后位方法具有更强的正当性和可预测性而获得优先地位。相互竞争的方法应依该规则由前至后依次进行选择,亦即当前位方法存在时,不可选用后位方法。

法源理论支持上述位次排列标准。在依法裁判原则的要求下,裁判者要尽可能全面地发掘既有法律渊源,以尽可能最大限度地兼顾受法律约束与实现正义。[②] 成文法国家法源通常包含法律、习惯和法理三个位阶。我国《民法典》第 10 条明确规定了法律和习惯两个位阶的法源,法理仍未进

---

① 参见[德]阿图尔·考夫曼:《法律获取的程序——一种理性分析》,雷磊译,中国政法大学出版社 2015 年版,第 186 页。

② 参见孙海波:《裁判对法律的背离与回归:疑难案件的裁判方法新论》,中国法制出版社 2019 年版,第 129 页。

入我国正式法源范畴,仍归属制定法之外的非正式渊源。有学者主张,大陆法系国家多确立了“法律、习惯、法理”三位阶法源体系,我国应当确定“法律、习惯、依基本原则确立的规则(补充性法源)”三位阶法源体系。[①]该学者系将法源体系中距离制定法更远的“法理”替换为距离制定法更近的“法律原则”。2018 年,最高人民法院发布的《释法说理指导意见》第 13 条规定,法官运用法律、司法解释之外的说理依据为:指导性案例;最高人民法院发布的其他规范性文件;公理、情理、经验法则、交易惯例、民间规约、职业伦理;立法材料;采取法律解释方法时使用的材料;法理学说以及其他论据。法理学说被安排在最后,印证了其属于第三位阶法源的地位。法律、习惯、法理正如法源序列中由近及远的三个坐标,框定了各种方法中所使用的法源的位置。法律是漏洞填补方法中使用的法源的起点,而创造性填补则因法源的缺失而属于远点。其中,类推适用、目的性扩张、目的性限缩均系对法律的转用或变通适用,最能实现制定法的意图,最具有确定性。在没有法律可供转用或变通适用的情况下,进入第二位阶法源——习惯的寻找。习惯或行业惯例如同法律一样不可能覆盖社会生活的全部,在寻找未果的情况下,则进入制定法内最后一道防线——法律原则的辖区。至于法律原则和外国法对制定法的脱离程度,前者属于国内制定法中具体规则的统帅,而后者虽为制定法,但其并不对国内事项产生任何强制拘束力。质言之,法律原则属于制定法计划之内,而外国法已显然超越了国内制定法的计划。此后,则进入第三位阶法源“法理学说”领域,法理学说已超越国内外制定法,属于效力最微弱的非正式法源。创造性填补方法之所以距离制定法最远,系因法官“所运用的素材不能找到已具构成要件之形式的规范以供攀附援引”[②],不得已而将自己置于立法者位置依循正义标准与良心而创设规则以为适用,已经很难求证这种规则创造是否符合立法意图和计划。

梁慧星教授在其著作中对填补方法的介绍顺序为:①依习惯→②类推适用→③目的性扩张/限缩→④反对解释→⑤依比较法→⑥依民法原则→⑦创造性填补。[③] 王利明教授认为,法律适用的基本规律之一,是具体规定优先于抽象规定适用。因为越具体的规定与案件的联系性就越密切,其对

---

① 参见于飞:《民法总则法源条款的缺失与补充》,载《法学研究》2018 年第 1 期。

② 黄茂荣:《法学方法与现代民法》,法律出版社 2007 年版,第 503 页。

③ 参见梁慧星:《裁判的方法》,法律出版社 2012 年版,第 212~247 页;梁慧星:《民法解释学》,法律出版社 2015 年版,第 273~286 页。

案件的针对性就越强。一般来说，在填补法律漏洞时，首先应当寻求法律体系内部的填补方式。但法律体系内部的填补，是指如果可以找到规范依据，法官应当尽可能寻找规范来适用，而不宜采用习惯法、比较法等制定法外的填补方法来创设新的规则。各填补方法对制定法的脱离程度依次为：①类推→②目的性扩张/限缩→③基于习惯法对漏洞的填补→④基于比较法对漏洞的填补→⑤基于法律原则对漏洞的填补。① 刘士国教授将填补方法分为制定法内和制定法外两大类；前者依次为类推适用、目的性限缩、目的性扩张、反对解释四种；后者依次为依习惯填补、依诚信原则填补、依比较法填补、依学理填补四种。②

讨论至此，笔者认为，具有竞争关系的六种法律漏洞填补方法之间的位次应为：①类推适用→②依习惯填补→③依法律原则填补→④依比较法填补→⑤依法理学说填补→⑥创造性填补。各种填补方法应依照位次优先适用。有人会提出这样的疑问：既然类推适用是第一位的，那么所有规则空缺漏洞都运用类推适用不就可以了？答案是否定的。因为类推适用的前提是有可供类推的规则，现实情况并非每个空缺的规则都有可供类推适用的规则。同样，排在第二位的习惯，也不是每个待决事项都有可供适用的习惯作为裁判依据，之后的方法亦如此。另外，目的性扩张与目的性限缩方法因功能与该六种方法不同，与该六种方法处于不同的向度，经过讨论，笔者认为各方法之间的位序及关系如图1所示。

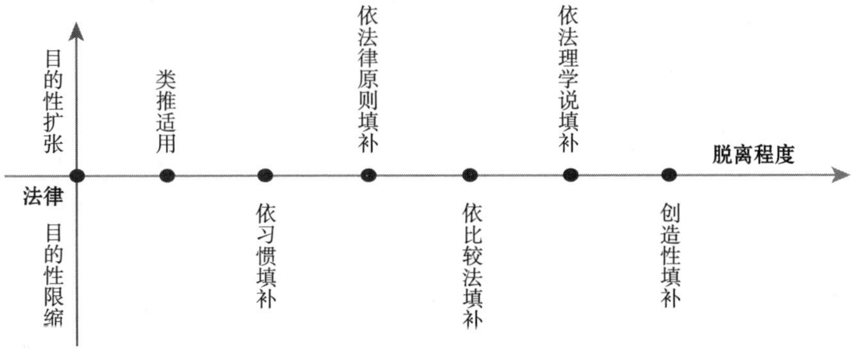

图1　漏洞填补方法之间位序与关系（近距规则）

---

① 参见王利明：《法律解释学》，中国人民大学出版社2011年版，第460～461页。

② 参见刘士国：《法律漏洞及其补充方法》，载人大法律评论编委会主编：《人大法律评论》2010年卷第1辑，第209～226页。反对解释属于立法者计划安排范围，且解释并未超出文本文义的射程，因此反对解释属于狭义的法律解释方法而非漏洞填补方法，此观点为当前通说。

第三节 法律漏洞填补规则之适用检验

对于法律方法的运用而言,没有这些形式规则的指导和限制,就没有司法正义。[①] 正是因为受到这些形式的约束和限制,才能够最大限度地实现法官对漏洞填补方法选择和裁判结论的确定性。本书拟制的两个规则可以指引法官进行填补方法的选择,有助于对法官裁量权进行规范并实现裁判尺度的统一,提升法律适用的安定性。不可忽视的是与安定性共存的机械性,规则指引下的填补方法选择及相应的漏洞填补效果并不一定都是理想的。疑难案件的法律适用完全有可能始于一个错误甚至是严重的错误,而后却仍然能够通过恰当的过程将错误剔除。[②] 为避免规则指引下的方法选择过于机械而导致错误裁判,必须在方法选择之后、作出最终裁判结果之前进行检验。检验标准则是考量判决可能产生的法律效果、经济效果、社会效果及其统一性。

一、法律效果的审查

法官裁判的正确性存在于与法律的一致性之中,可被精确地审查。[③] "法秩序的完整性要求我们尽力从法律上回答所有的问题,尽可能通过法律思想去填堵实证法中的种种漏洞。"[④]为了得出妥当的判决,法官可以在必要的时候填补法律漏洞,特别是在紧急案件中,法官在无法获取立法机关帮助的情况下,可以创设新的规则甚至背离不正义的法律而作出裁判,但这些行为必须符合整体法秩序。司法裁判必须以法律作为判断是非的基本依据,若法院裁判无法为社会民众提供某种确定性,无法实现司法形式正义的要求,那么司法得以存在的理由也会从根本上被消解。[⑤] 法官应当服从法律的法治原则要求,在漏洞填补过程中必须把法律效果置于各种效果的首要位置。法律效果具有基础性地位,法律效果的实现是法律所规定的权利义务在具体案件中得以转化为当事人之间的权利义务,法律所追求的价值与目的融入社会日常生活形态之中。一份法律效果良好的判决

---

① 参见魏治勋:《法律解释的原理与方法体系》,北京大学出版社 2017 年版,第 178 页。

② 参见陈洪杰:《论法律续造的方法》,载《法律科学(西北政法大学学报)》2010 年第 6 期。

③ 参见[德]阿图尔·考夫曼、温弗里德·哈斯默尔主编:《当代法哲学和法律理论导论》,郑永流译,法律出版社 2013 年版,第 275 页。

④ [德]卡尔·恩吉施:《法律思维导论》,郑永流译,法律出版社 2014 年版,第 197 页。

⑤ 参见杜月秋:《论裁判的正当性基础——以法律效果和社会效果的相互关系为视角》,载《法律适用》2007 年第 3 期。

要求法律规范的字面意义及其内在精神在该份判决中得到完整体现。法律出现漏洞时，无法直接考证法官是否作出了符合法律规定的裁判，此时，应当挖掘制定法所蕴含的立法目的和立法计划，将创设的裁判规则融入法律体系之中进行衡量，考察裁判结果与法律意图、法律精神、法律价值的吻合程度。

二、社会效果的预判

裁判作为一项社会活动根植于社会生活中，裁判结果必然会对社会生活产生种种影响，特别是裁判中创设的规则，甚至会影响社会秩序的构建或人们行为的方式，这些影响即为裁判的社会效果。社会效果是社会各界和人民群众对法院裁判的评价和认可的程度，其强调的是司法结果要到达的实体正义，要符合社会的主流价值和整体利益，获得公众的认可和尊重。裁判结果不仅承载个案的正义价值，而且承载着社会的道义性诉求，应当积极回应社会关切，与社会的主流价值观相吻合，这些都是隐藏在法律规则之后的要素。① 法律由代表人民意志的立法机关制定，其本身是社会民众意志的集中体现，立法过程中的价值判断很大程度上是基于社会效果的考量而确定的。司法最主要的任务是实现立法的目的，司法裁判必须最大可能地获取社会公众的认同。依照法社会学的观点，"一个社会的法律的全部合法性最终必须而且只能基于这个社会的认可"②。为此，最高人民法院从战略高度提出了法律效果与社会效果相统一的司法政策，将法律效果和社会效果有机统一起来，强调法官在法律适用过程中对社会价值的考量，成为我国当代司法的应有之义和显著特征。③ 与精英话语对合法性的追求不同，大众话语更倾向于法律适用的妥当性。在新时代法治背景下，如何有限地释放大众话语，并以此缓解合法性与妥当性之间的冲突，不仅成为一个重大的理论问题，而且要求法律实践必须对之作出回应。越来越多的司法实践表明，民众期待正在不断地参与司法实践当中，尤其是在法律存有漏洞的场合，民众期待正在越来越多地迫使法官对此予以谨慎处理。④ 社会效果主要包括社会稳定和公众认同两大方面。社会稳定是法院在审判过程中必须考虑的社会效果之一，社会稳定很大程度上源于具有示

---

① 参见邱水平：《论执法实践中坚持法律效果、社会效果与政治效果的统一》，载《法学杂志》2016 年第 10 期。

② 苏力：《面对中国的法学》，载《法制与社会发展》2004 年第 3 期。

③ 参见孔祥俊：《论法律效果与社会效果的统一——一项基本司法政策的法理分析》，载《法律适用》2005 年第 1 期。

④ 参见吴丙新：《法律漏洞补充理论的三个基本问题》，载《法制与社会发展》2011 年第 2 期。

范效应的个案纠纷的妥当解决、家庭邻里矛盾的化解等。从一系列重大社会影响案件所引发的争论可以看出，如果疑难案件的裁判结果招致社会公众的普遍不满，这个案件的公正性将受到强烈的质疑，如“南京彭宇案”。相反，如果案件裁判结果受到社会一致的称赞，即使案件的处理进行了规则创设甚至背离了现行法律规则，其正当性也会获得理所当然的认同和证成任务的减轻，如“无锡胚胎案”“泸州二奶遗赠案”等。把社会效果作为检验裁判结论标准之一不是凭空的，是基于如上经验教训和理论分析提出来的。如果裁判结果与社会主流价值观相一致，则必然有助于增加判决的说服力，降低上诉率和资源消耗，节约司法成本及当事人的诉讼成本。裁判社会效果的反馈对象是社会公众，其实际的效果必然是在裁判公布以后才发生的，此前对社会效果的判断只能是预判，这种预判可能会出现与实际效果不一致的情形。这要求法官必须将社会效果作为法律效果的内置命题，做到从理性的角度看待社会效果，寻求社会效果应该主要通过法律来实现，只有在特殊的情况下，在一定的范围内，在规则和程序的导向下才可以变通适用法律。[①] 这种定位厘清了中国语境下法律适用应该如何通过考量裁决的社会影响或效果进行裁判的基本理念。[②] 要纠正对判决社会效果追求优先于法律效果的错误认识，应当是在追求法律效果的同时兼顾社会效果，切不可因为片面追求社会效果而牺牲法律效果。

三、经济效果的评估

如果在进行法律效果和社会效果考量之后仍然无法检验预设裁判结论的正当性，则可以借用经济分析的方法进一步验证。如波斯纳所言，“此时我们应当将关注的焦点从判决的合法性转向判决的科学性，放弃追求唯一正确的答案转而寻求较佳的答案”。[③] 此处的较佳即指经济效果。成本收益分析是经济学最常用的方法，其目标是追求效率的最大化，以期用最小的成本获取最大的收益。法律作为一种社会公共物品，在运行过程中必然有成本的支出，这种成本称为法律的社会成本。法律的社会成本包含私人成本和公共成本两部分；收益则是指法院通过法律实施而带来的稳定的社会秩序和当事人通过诉讼所维护的自己的合法权益。依成本收益分析方法，以最小的成本获取同样的收益或者以同样的成本获取更大的收益被

① 参见江必新：《在法律效果之内寻求社会效果》，载《中国法学》2009 年第 3 期。

② 参见杨知文：《基于后果评价的法律适用方法》，载《现代法学》2014 年第 4 期。

③ ［美］理查德·波斯纳：《法律的经济分析》（第 7 版），蒋兆康译，法律出版社 2012 年版，第 435 页。

认为是经济的。“既然两可案件的判决不能避免‘实体意义上的错判风险’,那么,如果错误地剥夺一方当事人的利益比错误地剥夺另一方当事人的利益会造成更大的效用损失,司法者就应当选择一种损失较小的错误……疑案的判决应有利于预期错判损失与证明成本之和较高的一方当事人。”[①]这是桑本谦教授提出的关于疑案判决的“海瑞定理ⅡG”,它对裁判过程中的三个变量,即实际错判损失、错判概率以及证明成本进行比较,论证了疑案案件在经济学层面的目标——预期错判损失与证明成本之和最小化。该定理同样可以用来评估法律漏洞案件的经济效果。法律漏洞案件的处理应当计算错判可能带来的损失,裁判结果应当尽量降低当事人的诉讼成本和支出,因为损失的大小决定着成本的高低。这种经济学思维在司法实践中多有体现。例如,对于是否属于法院受理范围存有争议的案件,法官通常会作出不予受理裁定以降低诉讼成本;对于既可直接改判亦可发回重审的案件,二审法官通常会直接改判,尽量少发回重审,同样是考虑节约成本,减轻诉讼负担。需要着重提及的是证明成本,虽然通常情况下证明成本不会带来过重的经济负担,但在疑难案件中证明成本有时会高得惊人,甚至会超过诉讼标的额。因此,法律漏洞案件在裁判时很有必要对当事人可能的胜败及成本进行经济上的评估。

① 桑本谦:《疑案判决的经济学原则分析》,载《中国社会科学》2008 年第 4 期。

第十章　超越权限的法律漏洞与法外空间事项应对

法官拥有独立裁判的权力，但仅限于权限范围之内的事项。超越权限范围之外的纠纷处理，法官应当慎之又慎。一种情况是法律存有漏洞，但漏洞填补超越法官或法院权限。对于涉及政治、国家政策、社会重大利益问题的事项或超越个案影响的法律漏洞，此类案件应由最高人民法院进行个案批复、司法解释或由立法机关进行解释或裁决。另一种情况是待决纠纷属于法外空间事项或系“有意义的沉默”。法外空间的事项通常比较容易判断，立案阶段的审查会将绝大多数不属于法院受案范围的法外空间事项阻挡在法院大门之外，但难免会有一些难以甄别的案件进入诉讼程序，此类案件考验法官对法外空间事项的判断能力。“有意义的沉默”并非法律漏洞，法官无权填补，笔者在第三章已通过无名氏交通意外死亡的起诉主体为例进行解释，在此不再赘述。

第一节　“三联彩石山庄案”：超越法官权限的漏洞填补

“三联彩石山庄案”涉及多方主体之间重大利益冲突，现行法律规范无法为该案提供妥当的裁判方案，成为法律适用疑难案件，且其中涉及的法律漏洞填补已超越法官在个案中的权限。济南市中级人民法院在省、市两级党委、政府司法处置小组的正确领导下，针对案件中的法律适用问题向最高人民法院请示，获得个案答复后，运用法治思维及法律方法在法律框架内对该案纠纷成功予以化解。案件处理过程涉及漏洞填补权力主体之间的配合，法律解释、利益衡量、漏洞填补、结果导向思维等多种法律方法的运用，系国内法院近年来以法治方式解决社会重大群体性纠纷的典型案例。

一、案情与裁判

（一）基本案情

中国工商银行股份有限公司济南历下支行（以下简称工行历下支行）与山东三联集团有限责任公司（以下简称三联集团）借款合同纠纷一案，

山东省济南市中级人民法院于2011年9月2日作出的(2011)济民四商初字第48号民事调解书已经发生法律效力。调解协议确认三联集团欠工行历下支行借款本息共计约5000万元,所有欠款应于约定日期前全部清偿。因三联集团未按照调解书履行还款义务,工行历下支行向济南市中级人民法院申请执行,济南市中级人民法院于同年10月13日向三联集团发出执行通知书,责令其履行法律文书确定的义务。执行过程中查明,2009年以来,济南市两级法院共受理以三联集团为被执行人案件共计143件,合计执行标的额12.26亿元;以山东三联城市建设有限责任公司(以下简称三联城建)为被执行人案件共计154件,合计执行标的额6.9亿元;以三联集团、三联城建同为被执行人案件共计63件,合计执行标的额4.06亿元;以其他三联集团关联公司为被执行人案件共计464件,合计执行标的额11.27亿元。上述案件共计824件,总计执行标的额34.49亿元。三联集团所有的彩石山庄房地产项目系主要可供执行财产,该项目占地2000多亩,拟建设白领公寓、水晶花园等四个住宅小区共计2000余套房屋。2006年至2007年,在未取得预售许可证的情况下,三联集团与1724名购房户签订房屋买卖合同出售房屋2100余套,并向每个购房户收取总房款30%~100%不等的房款。后因资金链断裂,彩石山庄房地产大部分项目未能开工建设,少部分完成了地基部分施工。项目包括位于山东省济南市经十东路以南、虎山以北,A1~A6地块、B1地块(水晶花园)、B2东地块、B2西地块(尚华居、绿松苑)、B3地块(白领公寓)、C地块共计979亩土地,约111,890平方米的地上建筑物。该项目资产负债及抵押情况为:(1)取得土地时欠失地农民土地征收补偿款约4.04亿元。(2)向山东省国际信托有限公司、齐鲁银行股份有限公司和工行历下支行抵押贷款获取项目启动资金7.2亿余元。(3)济南长兴建设集团有限公司等多个施工单位持生效法律文书享有对项目地上建筑物建设工程价款优先受偿权。(4)该项目部分房产尚未建成,已取得预售许可证并进行销售;大部分房产尚未开发,但已进行内部预售;购房户已交纳全部或部分购房款,购房款及利息等损失合计约6亿元。因资金链断裂,三联集团无力继续开发案涉房地产项目,工程自2005年左右停止开发至2012年未再恢复施工,属于“烂尾”楼盘,项目大部分工程根本未动工,甚至可以说是“烂头”楼盘。鉴于此情况,银行、购房户及其他债权人纷纷至法院起诉,要求三联集团归还借款、交付房屋以及承担违约责任等,各种债务如雪球般越滚越大,三联集团已无力回天。案涉项目涉及失地农民、银行、承包人、购房户等多方债权主体切身利益,而三联集团现有可供执行财产远不能清偿全部债务。

（二）债权分配顺序之争

因该案待分配债权远远超过可供执行的房地产项目价值，而各债权人享有的债权性质不同，导致执行分配顺序产生争议，而执行分配顺序直接决定债权人的债权能否实现。依照《合同法》第286条①及《最高人民法院关于建设工程价款优先受偿权问题的批复》（法释〔2002〕16号文，以下简称《批复》）②规定，承包人的建设工程优先受偿权先于抵押权及其他债权，但不得对“已经支付全部或大部分购房款的购房户购买的房屋”行使优先受偿权。质言之，依现行法律规定确定的相关债权清偿顺序为：（1）已经支付全部或大部分购房款的购房户对已建成房屋的交付请求权；（2）承包人建设工程优先受偿权；（3）银行等抵押权人的抵押权；（4）其他债权。本案特殊之处在于：房地产项目未完工，房屋买卖合同履行不能，购房户交付房屋请求权无法实现，只得主张开发商三联集团返还购房款并支付违约金。如此一来，购房户所享有的购房款返还请求权究竟属于第一位次应优先保护的债权还是第四位次的“其他债权”，对于购房户而言效果截然不同。如果认定购房款返还请求权等同于房屋交付请求权，则可给予购房户优先保护；反之，购房户的购房款则处于最末清偿位次。购房户因期待交房无望，退还购房款也变得可望而不可即，为维护自己的合法权益，众购房户多次聚集在省、市政府等相关部门进行群体上访，要求政府出面予以解决，严重影响了社会稳定。该案引起省市委，省、市两级政府的高度重视，省、市两级政府为此专门成立司法处置领导小组并组织法院等相关部门研究处理方案。

虽然绝大多数购房户尚未提起诉讼要求交付房屋或返还购房款，但因执行过程中的财产分配方案直接影响购房户的利益，不对购房户的利益进

---

① 《民法典》第807条。

② 根据《合同法》第286条的规定，在发包人未支付工程款的情况下，承包人就建设工程拍卖所得价款享有优先受偿权。2002年，上海市高级人民法院就该法条的适用问题向最高人民法院请示，最高人民法院作出批复，内容为：“你院沪高法〔2001〕14号《关于合同法第286条理解与适用问题的请示》收悉。经研究，答复如下：一、人民法院在审理房地产纠纷案件和办理执行案件中，应当依照《合同法》第286条的规定，认定建筑工程的承包人的优先受偿权优于抵押权和其他债权。二、消费者交付购买商品房的全部或者大部分款项后，承包人就该商品房享有的工程价款优先受偿权不得对抗买受人。”《批复》形成于2002年，此时，批复尚非司法解释种类之一，批复的效力仅及于个案，对其他案件的处理不具有强制拘束力。2007年，最高人民法院颁布《关于司法解释工作规定》，将个案批复纳入司法解释之中。基于法不溯及既往的原则，2002年的《批复》不能当然取得司法解释的地位。但司法实践中，法院在审理同类案件时均会依照此前生效的批复处理，之前的批复实际上与司法解释的效力并无二致。2020年12月23日，最高人民法院法释〔2020〕16号文决定，废止上述《批复》。

行考虑显然有失妥当。[①] 在司法处置领导小组统一调度、汇总资料后，济南市中级人民法院组织对相关债权的优先顺序进行研究。对于购房款返还请求权与建设工程优先受偿权、抵押权的分配顺序形成了两种不同观点：

第一种观点认为，购房款返还请求权应当优先保护。理由为：建设工程优先受偿权、抵押权均属于企业经营利益，而购房款返还请求权属于购房户的生存利益，两者相较，生存利益应当优先保护。如果购房户的利益不能优先保护，实际上相当于以购房户的购房款清偿开发商债务，这将导致市民因担心市场风险而不敢购买预售房屋，最终抑制房地产消费需求。本案开发商除土地使用权和未建成的房屋外无其他财产可供执行，一旦承包人行使建设工程优先受偿权、银行等抵押权人行使抵押权，可供执行的财产拍卖或变卖所得价款甚至不足以偿付承包人和抵押权人，购房户的购房款根本无法返还。因此，从利益衡量的角度看，如果对强大的经营者利益优先于弱势购房户的利益进行保护，是不公平的。

第二种观点认为，建设工程优先受偿权、抵押权应优先分配。理由有二：其一，从现行法律规定看，该两项权利均属于担保物权，具有法定优先性；而购房款返还请求权则属于合同债权，依据民法基本原理，物权应优先于债权。其二，工程款表面上看是企业经营收益，但实际上其中很大一部分系施工单位工人工资，而工资是工人及其家庭维持生活的保障，即便从利益衡量的角度考虑，工人及其家庭成员的生存利益亦不次要于购房户的利益。

二、案件中的裁判难题

（一）法律解释难题

《合同法》第 286 条规定了承包人的建设工程优先受偿权，但未明确规定其他债权的位序，出现规则不周的漏洞。《批复》则是为了解决购房户的房屋交付请求权与承包人的建设工程优先受偿权之间的冲突，对弱势的购房户房屋交付请求权给予了“对抗建设工程优先受偿权”的特别保护。由此可见，《批复》本来即为弥补《合同法》第 286 条出现规则不周漏洞而作出，为何应对该案时再次出现困难？

该案的小前提（事实）已确定：因楼盘停止建设，房屋买卖合同无法继续履行，购房户只得主张返还购房款及利息而不能请求交付房屋。通过法律获取，与该案相关的裁判大前提为《批复》，即承包人的优先受偿权可以

① 参见郝清民、刘乐：《房地产业与银行业的投资者情绪与风险传染》，载《大连理工大学学报（社会科学版）》2016 年第 4 期。

对开发商享有权利的建筑物行使，但不得对购房户已购买的房屋行使。该案事实不能被《批复》顺利涵摄，即无法通过现行法律确定购房款返还请求权与建设工程优先受偿权的清偿顺序。这种规则与事实的不调适成为该案出现两种不同观点的根本原因。“此时困扰法官的是如何在法条拘束与个案衡量之间取得平衡，也即如何以‘合法的形式不适用本应依法适用的法规’。换句话说，此类案件是否成为‘疑难案件’端赖于法官对于法律适用后果的考量。”①两种观点分别出于不同的后果考量：第一种观点是通过对结果的预判，认为如果不给予购房户以优先保护，则立法者原初赋予购房户对抗承包人的计划不能很好地实现。法官应当在对规则进行修补的基础上作出裁判。第二种观点则是严格依照现有法律进行裁判，《批复》中购房户可以对抗承包人的权利仅限于房屋交付请求权，而不包括购房款返还请求权，因此，优先保护购房款返还请求权没有法律依据。两种观点实质分歧在于：严格执行现行法律是否出现结果不公正？法律是否对于应当包含的情形——购房户不能请求交付房屋时的购房款返还请求权——未予包含？

（二）利益衡量难题

如果在某种意义上法律不足以决定某个案件的结果，以致法官必须在法律上可接受的结果之间进行选择，这种选择方式会改变“胜诉方”或“败诉方”，那么这个案件就是一个疑难案件。② 就本案而言，如果严格按照现行法律进行推理，购房户的购房款返还请求权不属于优先保护范围，应划归其他债权。如此一来，购房户很可能会“房财两空”。因此，建设工程优先受偿权保护建设工程合同中相对弱者（承包人）的目的得以实现，但从该案处理后果看，这种目的之实现却建立在对购房户利益的“间接掠夺”之上。究竟是选择维护法律的普遍正义，让购房户成为“败诉方”，还是追求个案正义，使购房户成为“胜诉方”，是裁判者需要进行选择的难题。当以上两种利益发生冲突而现有法律规范无法给出利益保护的位序时，不同的利益取舍会产生不同的裁判结论。梁慧星先生认为，关于某问题有 A、B 两种解释的情形，解释者究竟选择其中哪一种解释，只能依据利益衡量决定。③ 利益衡量不拘泥于形式正义的樊篱，可以纠正乃至避免机械适用法

---

① 赵英男：《法律的开放结构与疑难案件的成因——兼论语义学方法于法理论研究中的限度》，载《西部法学评论》2016 年第 5 期。

② See Lawrence B. Solum, “Indeterminacy”, in Dennis Patterson (ed.), *A Companion to Philosophy of Law and Legal Theory*, Blackwell Publishing Ltd., 2010, p. 480-482.

③ 参见梁慧星：《民法解释学》，法律出版社 2015 年版，第 316~317 页。

律所导致的偏差,实现司法裁判的实质正义。利益衡量的重点在于对更为重要利益的判断和保护,亦即“两利相权取其重”,以达到通过法律的实施最大可能地增进社会整体利益的目的。在出现重大利益冲突的情况下,“法官应主动地就案件中各种利益进行比较衡量,然后基于一定的价值判断对法律进行解释,最终确立合理的准则以解决利益冲突”。① 其中最为困难的环节在于利益排序,即确定“一种法益较他种法益是否具有明显的价值优越性”②。该案发生冲突利益为购房户的购房款返还请求权与承包人建设工程优先受偿权、银行的抵押权。理论通说认为,“人身权利要高于财产权利,健康权利要高于娱乐权利,生存权利要高于经营权利,言论自由要高于经济利益等”③。法院经研究后认为,就利益归类而言,承包人、银行对应的利益为经营权利,购房户对应或间接对应的利益为生存权利,两者归属不同的利益层次。如此,以利益衡量方法,裁判者获得了对购房户返还购房款请求权优先保护在正当性上的支持。但无法回避的问题是:建设工程优先受偿权、抵押权属于担保物权,具有法定的优先性;而购房款返还请求权属于债权,不具有法定优先性。也就是说,严格依法裁判将出现使本应优先受到法律保护的利益失于保护的不妥当结果,而作出对购房户购房款返还请求权优先保护的裁判则没有法律依据。特别是,如果建设工程优先受偿权、抵押权次于购房款返还请求权获得清偿,则意味着承包人、银行等债权人近 10 亿元法定优先的债权被出乎意料地剥夺,落入没有保障的一般债权之中,承包人、银行必将因利益遭受重大损失而不服法院的裁决。

三、案件的裁判思路

通过利益衡量选择了对购房户的利益优先进行保护,不等于裁判就获得了法律依据。因为,利益衡量无法直接化解形式正义和实质正义产生的冲突并提供具体的、可供裁判适用的法律规范,其仅为法官发现或创设规则提供理论上的支持,而推理的完成则必须建立在具体的法律规范之上。

(一)裁判规则构建的权力主体转移

经过利益衡量,法官认为,购房户购房款返还请求权应当优先得到承认,但是《批复》中购房户据以对抗承包人的权利对象为“商品房”,亦即购

① 陈金钊等:《法律方法论研究》,山东人民出版社 2010 年版,第 507 页。

② [德]卡尔·拉伦茨:《法学方法论》,陈爱娥译,商务印书馆 2003 年版,第 285 页。

③ 马平川、赵树坤:《利益衡量的主导取向与方法论特征》,载陈金钊、谢晖主编:《法律方法》第 17 卷,山东人民出版社 2015 年版,第 85 页。

房户仅在所购商品房已建成的情况下，方可以交付房屋请求权对抗承包人的优先受偿权。按照文义解释，购房户返还购房款请求权显然无法包含在房屋交付请求权之内；即使运用扩张解释方法对"商品房"的文义进行扩张，亦无法获得上述解释效果。如果认为应对购房款返还请求权给予与商品房交付请求权同等的保护，则很可能是因该案"商品房无法实际交付"的特殊事实超出了《批复》制定者的预料而未在《批复》中顾及。① 该案相互冲突的利益无法同时得到满足，法官自行对相互冲突的利益进行评判存在极大风险。此处的风险既可能是法官涉嫌逾越司法权边界、僭越立法权的风险，也可能是来自"被优先利益"一方当事人的不满和指责。济南市中级人民法院经审判委员会讨论后，决定将案涉法律适用问题层报最高人民法院进行请示。

济南市中级人民法院提交的《关于因开发商未建房屋而应返还购房者的购房款能否优先受偿的意见》（以下简称《请示报告》）主要内容为：

> 当前，济南两级法院受理的以开发商为被执行人的案件中，多数案件存在人数众多的购房者交付全部或者部分款项后，由于开发商的原因致使房屋未建成，应当返还消费者购房款的情形。此类案件中，开发商往往除土地使用权和未建成的工程外无其他财产可供执行，而且土地通常都设有抵押权，一旦承包人行使建设工程优先权、抵押权人行使抵押权，土地使用权和未建成的建设工程拍卖或变卖所得价款，仅能用于偿付承包人和抵押权人的债权，无法返还购房者的购房款或只能返还很少部分。购房者倾其所有购置房产，最终既未取得房产又未收回购房款。目前，已经发生多起因购房者要求优先返还购房款引发的群体上访事件，干扰了国家机关正常的工作秩序，严重影响了社会稳定。
>
> 关于购房者因开发商未建房屋而应当返还的购房款能否优先受偿的问题，我们研究后认为，购房者交付购买商品房的全部或者大部分款项后，在房屋未建成的情况下，购房者享有的返还购房款的权利，应优先于承包人享有的工程价款和抵押权人的抵押权。理由如下：

① 2002年《批复》作出时，我国房地产市场处于兴起阶段，市场管理较为严格，尤其是对于商品房的预售有严格的条件限制，要求开发商完成相当的工程量后方可进行预售。并且，由于市场竞争环境尚不激烈，开发商市场风险较小，预售的房屋通常可如约交付。本案中，三联集团主要是向单位内部职工销售，在未办理预售许可证的情况下已经进行内部认购，脱离了政府部门的监管，最终形成未建先售而致无法交付房屋的特殊情况。最高人民法院在作出《批复》时难以预料到此类情况的发生。

1. 购房者享有的返还购房款的权利，优先于承包人享有的工程价款和抵押权人享有的抵押权，是《批复》应有之义。《批复》第2条规定："消费者交付购买商品房的全部或者大部分款项后，承包人就该商品房享有的工程价款优先受偿权不得对抗买受人。"由此可见，当消费者交付购买商品房的全部或大部分款项后，作为买受人的消费者享有的权利，优先于承包人就该商品房享有的工程价款。结合《批复》第1条看，作为买受人的消费者的权利，当然也就优先于抵押权。作为买受人的消费者的权利到底包括哪些？应当以房屋是否建成为标准分类讨论。当房屋建成后，作为买受人的消费者，享有要求开发商履行合同的权利，消费者因合同履行而取得房屋，消费者取得房屋的权利优先于承包人的建设工程优先权和抵押权人的抵押权；当房屋未建成时，作为买受人的消费者，享有解除与开发商之间的商品房买卖合同的权利，消费者因解除合同而取得购房款及其损失的权利，也优先于承包人的建设工程优先权和抵押权人的抵押权。由于《批复》并未明确规定"商品房"究竟为建成后实际存在的商品房，还是尚未建成的商品房，因此，将《批复》规定的"商品房"理解为"建成后的商品房"和"未建成的商品房"并不违反《批复》的规定。

2. 购房者享有的返还购房款的权利，优先于承包人享有的工程价款和抵押权人的抵押权，符合《批复》的立法本意。《批复》之所以规定消费者买受人享有优先权，是基于以下理由：第一，相对于承包人而言，消费者是弱者。《批复》对于承包人利益与消费者利益的保护，偏重消费者。第二，消费者的利益属于生存利益，而承包人的利益属于经营利益，生存利益应当优先保护，而经营利益应当退居其次。如果允许承包人行使其优先权，无异于用消费者的资金清偿开发商的债务，等于开发商将自己的债务转嫁给广大消费者，严重违背优先保护消费者的法律政策。第三，消费者人数众多，优先保护消费者的利益有益于维护社会稳定。在房屋未建成的情况下，受害的购房者往往是一个群体。对大多数购房者而言，购买房屋需要花费大半生的积蓄。如果房子没建成，购房款也未返还，那就意味着购房者的积蓄将付之东流。在这种情况下，极易产生恶性群体事件，非常不利于社会秩序的稳定。因此，确认购房者享有的返还购房款的优先权对于维护社会稳定大局具有重要意义。而且，无论房屋是否最终建成，消费者与承包人的地位差别总是存在的。在两种情况下，消费者的利益都应得到优先保护。

3. 购房者享有的返还购房款的权利，优先于建设工程优先受偿权和抵押权，符合“后发生的费用先受偿”的原则。对于已经或接近破产的主体而言，必须花费一定的费用才能最大限度地维护全体债权人的共同利益，法律应当规定这部分后来发生的费用优先受偿，否则，就不会有人愿意花费这部分费用，最终损害的是全体债权人的利益。例如，《中华人民共和国企业破产法》规定，破产财产优先清偿破产费用和共益债务；又如，《中华人民共和国海商法》规定，有两个以上海事请求的，后发生的先受偿。通常而言，房地产开发遵循以下流程：开发商取得土地使用权→通过抵押土地使用权取得银行贷款→承包商进行工程建设→购房者购买房屋。因此，项目投入资金的顺序依次是开发商→银行→承包商→购房者。当前三者的资金尚无法建成房屋时，前三者的资金都面临巨大的风险，而购房者的资金进入后，有可能实现建成房屋的目标。也就是说，购房者的资金可能使前三者均受益。那么，当购房者的资金投入后也无法建成房屋时，其应当以“后发生的费用”为由享有优先受偿权。

4. 购房者享有的返还购房款的权利，优先于承包商享有的工程价款和抵押权，符合过错原则。过错，即责任。任何人都应当为自己的过错承担相应的责任，这是法律的基本原则。在银行、承包商、购房者三者之中，对于开发商未能建成房屋，银行的过错最大，承包商次之，购房者最轻。通常而言，相较于承包人和购房者，金融机构最先介入开发项目。作为专业的贷款方，银行须对开发商的资信状况进行严格的考察，并应在贷款发放后对贷款的实际使用情况进行监管。因此，银行最有能力了解开发商和项目的实际情况。承包商作为专业的法人，有能力根据项目进度判断开发商的资信状况，并可采取诸如停工等措施以控制交易风险。购房者控制风险能力最弱，也无有效的措施可供采取。基于过错即责任的原则，过错最小的购房者亦应当优先受偿。

（二）裁判规则的权威确立

《请示报告》经山东省高级人民法院审判委员会讨论后层报最高人民法院，最高人民法院执行局经研究后于2014年7月18日作出〔2014〕执他字第23、24号复函（以下简称《答复》）：

山东省高级人民法院：

你院在办理有关案件中，就"开发商未建成房产时购房者的购房款能否优先于建筑工程价款和土地使用权抵押债权受偿问题"答复如下：

一、《批复》第一条规定：人民法院在审理房地产纠纷案件和办理执行案件中，应当依照《中华人民共和国合同法》第二百八十六条的规定，认定建筑工程的承包人的优先受偿权优于抵押权和其他债权。第二条规定：消费者交付购买商品房的全部或者大部分款项后，承包人就该商品房享有的工程价款优先受偿权不得对抗买受人。上述两个条文明确规定了房屋买受人的权利优先于建筑工程承包人的优先受偿权与抵押权人的抵押权，体现了优先保护处于相对弱势地位的房屋买受人的精神。

二、基于《批复》保护处于弱势地位的房屋买受人的精神，对于《批复》第二条"承包人的工程价款优先受偿权不得对抗买受人"的规定，应当理解为既不得对抗买受人在房屋建成情况下的房屋交付请求权，也不得对抗买受人在房屋未建成等情况下的购房款返还请求权。

三、综合考虑《批复》的立法目的、相关制度的衔接、各方主体的利益平衡等多种因素，我院认为你院审判委员会的多数人意见更符合《批复》的精神，处理结果更为妥当。我院原则同意你院审判委员会的多数人意见。

四、请你院依照《批复》的规定与精神，以你院审判委员会的多数人意见为基础，结合具体案情依法妥善处理相关案件。同时注意以下几个问题：

1. 对于房屋买受人主张的违约金是否优先保护问题，你院应当在兼顾建筑工程承包人、抵押权人等各方当事人合法权益的基础上妥善处理，避免相关主体之间的利益失衡。

你院请示问题涉及相关案件中大量房屋买受人的利益保护，关系社会稳定的大局，山东省委、省政府一直予以密切关注。你院要紧紧依靠山东省委的领导，积极争取山东省政府的支持，坚持司法为民，严格把握法律规定与政策精神，针对可能出现的问题制定相应预案，依法妥善处理相关案件，切实防止出现社会性群体事件，依法保护各方当事人的合法权益。

……

二〇一四年七月十八日

《答复》在《请示报告》对《批复》文本含义理解的基础上，阐述了《批复》的目的与精神，运用目的性扩张方法将本未包含于《批复》中的购房户购房款返还请求权扩张至优先保护的范围之内，认同了济南市中级人民法院审判委员会多数意见指向的裁判规则。至此，该案通过个案答复的形式强化了新构建的裁判规则的效力。[①] 在此基础上，济南市中级人民法院研究决定对"三联彩石山庄案"实施整体处置，对于进入和未进入诉讼的案件一并登记，统一制定分配方案；对未进入诉讼的案件达成调解的，以司法确认形式进行。2014 年 10 月 30 日，济南市中级人民法院委托拍卖公司对彩石山庄房地产项目整体拍卖。上述资产最终以 16.296 亿元拍卖保留价成交，在拍卖款分配阶段对购房户的购房款及利息优先进行了分配。[②]

四、多种法律方法的综合运用

在经历集体讨论、立法目的探究、利益衡量、请示与答复之后，案件中缺失的裁判规则被补充性地重构。该案也印证了这样一种观点：法律方法的运用不是某种单一方法的运用，而是法律方法综合运用的过程。法律方法在司法实践中的运用往往交织在一起……仅仅依靠法官一元解释是远远不够的，还需借助价值衡量、法律论证等方法。[③] 需要注意的是，法律方法的综合运用绝不是多多益善，更不能随心所欲，而应在谙熟各种方法的功能及适用条件的前提下，遵循相应的规则有序适用。

（一）结果导向思维：预设适当的裁判效果

在法官应依法判案的法治原则下，法条主义的依法判案模式系法官行为的官方主流司法决策理论，这意味着裁判应当是在法律指引下作出的，即通过正向推理获得。就该案而言，经过法律发现，法官经正向推理得出购房户返还购房款请求权不属于具有优先地位的债权，自然应当归属被优

① 据悉，《答复》在形成过程中存在激烈的观点冲突，反对一方认为《答复》中确定的处理方式系对"物权优于债权"一般原则的例外，这在一定程度上动摇了物权法定原则，其正当性以及与整体法秩序的统一性需要从法理上进行深入论证。

② 其中，水晶花园、白领公寓 1746 户购房户中的 1724 户已通过人民调解、司法确认的方式与三联集团达成调解协议，分别向济南市中级人民法院指定的济南市历下区人民法院和济南市市中区人民法院申请执行。济南市中级人民法院通过上述两家法院向 1724 户购房户返还购房款项约 8.2 亿元。尚华居、绿松苑 405 户购房户中绝大多数已与三联集团达成调解协议。至此，"三联彩石山庄案"成功完成司法处置。截至 2016 年 6 月，全国各地共有 50 余家地方政府部门、法院先后来济南市中级人民法院学习经验。从社会各界反映与评价来看，该案取得了良好的社会效果。最高人民法院将此案确定为"全国确保公正司法典型案例"并写入 2016 年《最高人民法院工作报告》，相关内容为：山东省济南市法院依法审慎处置"彩石山庄项目案"，维护了 2000 多名购房户的合法权益，有效盘活了资产。

③ 参见王瑞君：《罪刑法定的实现与法律方法的综合运用》，载《东岳论丛》2008 年第 4 期。

先的"其他债权"。然而,从法律适用的后果考量,法官预判如此裁判必将带来极大的社会不稳定风险,社会效果不理想。该案最终的处理方式正是在对此结果进行事先考量并否认的情况下形成的。这种逆向推理被称为结果导向思维,即"依据司法判决可能产生的效果,即先入为主地首先确定案件的结论,然后再按图索骥,寻求支持案件结论的路径,为案件结论的正当性寻找依据"①。这是结果非此即彼的疑难案件中法官经常采用的裁判方法。英美法系国家亦不例外。"法官和陪审团通常是根据他们个人的信念和情感来断案的,只是在实际上已经这样断案后才到书面法律中寻找合法理由。"②结果导向思维属于先得出结论、后寻找依据的逆向推理,即先"执果"后"索因",以裁判结果倒推法律规范。济南市中级人民法院在处理该案之前对可能的不同结果进行预判及选择,进而寻找支持预选的裁判结论的依据,以使结论具备合法性。从实用主义和经验主义的角度出发,"对于利益冲突的化解,其目标应当是尽可能多地满足一些利益,同时使牺牲和摩擦降低到最小程度"③。《答复》第4条中提到的"关系社会稳定的大局""切实防止出现社会性群体事件"等内容,说明最高人民法院在作出答复时对该案可能带来的社会效果给予充分关注,这种思维亦是"将牺牲和摩擦降低到最小程度"的结果追求的反映。《答复》对影响社会稳定的多数个人的利益优先保护,很大程度上是为了实现法律效果与社会效果的统一。从《请示报告》及《答复》的内容看,无论是直接应对案件的济南市中级人民法院还是宏观指导案件的最高人民法院,对于案件后果的考量均贯穿裁判规则构建的全过程。

(二)狭义法律解释方法:确认法律漏洞并辅助构建规则

在狭义法律解释方法无法解决案件中法律适用的争议时,法律适用进入漏洞填补阶段,但这不意味着填补操作过程中排除狭义的法律解释方法的适用。因为,在发现漏洞的过程中,必须借助狭义的解释方法进行漏洞识别。④ 就本案而言,涉及两种狭义的法律解释方法的适用。第一种为扩张解释的适用。《批复》规定购房户对"商品房"享有对抗建设工程优先受偿的权利,法官尝试通过扩张解释将这种权利扩张至"未建成的商品房",但发现这种解释已经超出了"商品房"文义能够达到的射程范围,扩张解释无法达至目的。因此扩张解释的运用确认法律出现漏洞,同时,使法官

① 孔祥俊:《司法理念与裁判方法》,法律出版社2005年版,第30页。

② [美]唐·布莱克:《社会学视野中的司法》,郭星华等译,法律出版社2002年版,第3页。

③ [美]E.博登海默:《法理学:法律哲学与法律方法》,邓正来译,中国政法大学出版社2004年版,第416页。

④ 参见王利明:《法律解释学》,中国人民大学出版社2011年版,第449页。

更加确信本案漏洞的补充不宜自行完成，而应将权力移交最高人民法院。第二种为目的解释的适用。任何法律均有其立法目的，解释法律应以贯彻、实践立法旨趣为其基本任务。因此，“对法律的解释应当服务于法律的目的”①。任何人于解释法律时须想到的基本问题是：为何设此规定，立法目的何在？在追寻立法目的过程中，立法旨趣之探求是阐释法律疑义之钥匙。② 由此可见，目的解释的功用在于维护法律意欲维护的利益与秩序，实现立法目的。法官对于立法目的之考察至关重要，因为裁判结果只有符合立法目的才不至于偏离法的整体秩序。陈金钊教授称：“目的性解释方法使得法官在发展、完善法律中发挥着重要作用。通过目的作为中介，法官与立法者、法律文本之间的沟通，使得法律的目的在个案中进一步清晰化。”③正确填补法律漏洞离不开目的解释的指引。就该案而言，法官综合考量各种因素后认为，《批复》意图在于优先保护购房户的利益，而非仅限于购房户交付房屋的请求权。《请示报告》和《答复》均围绕上述目的展开。《请示报告》第 1 条中的“是《批复》应有之义”、第 2 条中的“符合《批复》的立法本意”等表述，反映了法院对《批复》目的之探究。《答复》中“体现了优先保护处于相对弱势地位的房屋买受人的精神”“综合考虑《批复》的立法目的”等表述，说明最高人民法院作出的《答复》同样深入地考察了《批复》的目的与精神。

(三)目的性扩张：构建具体裁判规则

可以看出，无论是《请示报告》还是《答复》，均努力对《批复》的文义进行扩张：一是将“商品房”解释为不仅包括“已经建成的商品房”，也包括“未建成的商品房”；二是将购房户“交付房屋请求权”解释包含“购房款返还请求权”。最终目的是实现将《批复》中承包人的工程价款优先受偿权不得对抗买受人对商品房请求权之规定，解释为“承包人的工程价款优先受偿权既不得对抗买受人在房屋建成情况下的房屋交付请求权，也不得对抗买受人在房屋未建成等情况下的购房款返还请求权”。这种解释属于广义的法律解释，但这种解释显然已不仅是对文义的扩张，还是在对立法目的考察基础上进行的超越文义的扩张。目的性扩张的出发点是消解文义与其目的之间的紧张关系，文义表达范围过于狭窄，拘泥于文字的适用法律不能达到所追求的调整目标，必须根据可认识的规范目的来扩大条文的含义。《批复》中，“承包人就该商品房享有的工程价款优先受偿权不得对

---

① [德]齐佩利乌斯：《法学方法论》，金振豹译，法律出版社 2009 年版，第 71 页。

② 参见王泽鉴：《民法实例研习・基础理论》，台北，三民书局 1981 年版，第 142 页。

③ 陈金钊：《法律解释学——权利(权力)的张扬与方法的制约》，中国人民大学出版社 2011 年版，第 190 页。

抗买受人”的含义是清楚的，即购房户可以据以对抗承包人建设工程优先受偿权的标的物为“商品房”。如果将“商品房”扩大解释包含“购房款”是难以让人信服的。

该案处理过程中借助了最高人民法院和省、市两级党委与政府的力量，从形式上看，法院好像未坚守独立审判，但实际上这非但不是对法治的背离，反而是对法治方式的丰富和新贡献。理由有二：一是法官独立进行裁判，不等于孤立进行裁判。对于重大且涉及社会群体性利益的疑难案件的处理，发挥审判委员会集体智慧或向最高人民法院请示系符合法律和司法解释规定的路径。法官从裁判结果的妥当性出发，预判案件的最优处理方案，在发现没有可供裁判的法律依据且相应规则的创设已超出法官个案法律漏洞补充权限边界时，将案件的法律适用问题层报最高人民法院作出答复，避免了遭受司法擅断指责的风险。二是司法是解决纠纷的主要手段，但法治社会的建设不是凭法院一己之力可以完成的。法治思维要想发挥作用离不开法律机制、体制的配合，没有法律机制、体制等保障性措施的合作，仅仅依靠法治思维还难以实现法治。①

第二节　“处罚依据冲突案”：超越法院权限的漏洞应对

在行政审判领域，当据以裁判的法律规范发生冲突时，法官应当首先运用《立法法》规定的三种法律规范冲突选择规则对冲突予以化解。当法律规范冲突选择规则无法发挥效用时，即形成规则冲突漏洞。行政法属于公法，法官无权径行对行政法领域的冲突漏洞进行处理并作出裁判。设区的市地方性法规与省政府规章条款之间的冲突即属于规则冲突漏洞，法官应当依照法定程序层报最高人民法院处理。当然，行政法律规范冲突既存在于立法场域，也存在于行政执法及司法场域，是三大场域并行存在的一个问题。单一依靠立法者、执法者或司法者均非解决法律规范冲突的正确途径。② 应当根据案件实际情况、法律规范冲突的性质与发现时点，结合不同机关的权力分工采取相应的解决路径。

一、案情与裁判

（一）基本案情

2016 年 9 月 26 日，济南市槐荫区城市管理行政执法局（以下简称槐

① 参见陈金钊：《法学意义上的法治思维》，载《国家检察官学院学报》2017 年第 1 期。

② 参见刘志刚：《法律规范冲突的解决方法》，载《政法论丛》2014 年第 5 期。

荫执法局)接到济南市槐荫区园林绿化管理局毁坏绿地的移送单,于9月28日制作立案呈批表,呈批表载明:当事人在案发地点破坏占用绿地。2016年9月27日、9月29日,槐荫执法局对济南市经十西路2518号济南豪仕汽车销售服务有限公司(以下简称豪仕公司)展厅北侧进行两次勘验,确认豪仕公司占用两块绿地,其中辅道南侧占用286.9平方米,辅道北侧占用46.5平方米。2016年9月29日,槐荫执法局向豪仕公司下达济槐城执责改字〔2016〕第0312064号《责令限期改正通知书》,责令豪仕公司停止违法行为并于2016年10月8日前改正。2016年11月3日,槐荫执法局再次进行现场勘验,确认辅道北侧占用的46.5平方米绿地已恢复。同年12月1日,槐荫执法局制作案件调查终结报告,处理建议:"当事人擅自占用城市绿地286.9平方米,易地补建代建费为每平方米1450元,建议按易地补建代建费三倍处以罚款,即对当事人处罚款1,248,015元;树木补偿费为76121.52元,建议按五倍处以罚款,即对当事人罚款380,607.6元。建议合并处罚款1,628,622.6元。"案经听证,2017年4月21日,槐荫执法局作出济槐城执处字〔2016〕第03349号《行政处罚决定书》,决定对豪仕公司罚款1,628,622.6元。豪仕公司不服提出行政复议申请。2017年8月4日,济南市槐荫区人民政府作出济槐政复决字〔2017〕95号《行政复议决定书》,以程序违法为由对上述行政处罚决定予以撤销。2017年8月24日、10月25日,槐荫执法局进行现场勘验,确认豪仕公司对占用的辅道南侧286.9平方米绿地进行了恢复,铺设了绿化草皮,种植绿化木槿20株,但未按照原有绿化层次种植白杨、金银木等绿化树木。2017年11月8日,槐荫执法局向豪仕公司下达济槐城执责改字〔2017〕第0312107号《责令限期改正通知书》,责令其停止违法行为,于2017年11月11日前恢复原状并接受处理。2017年12月6日,槐荫执法局作出济槐城执处字〔2016〕第03271号《行政处罚决定书》(以下简称03271号行政处罚决定),决定依照《济南市城市绿化条例》第54条对豪仕公司罚款1,248,015元。豪仕公司提起诉讼,请求撤销03271号行政处罚决定。理由为:豪仕公司已将绿地恢复,占用绿地的事实并不存在。行政处罚只能由法律、行政法规制定,槐荫执法局对其实施处罚的法律依据应该是法律和行政法规,而不应是《济南市城市绿化条例》,03271号行政处罚决定适用法律不当。槐荫执法局辩称,03271号行政处罚决定认定事实清楚,调查笔录、现场勘验笔录、现场勘验照片等证据可以证实豪仕公司未办理相关审批手续占用城市绿地286.9平方米的事实;依据《济南市城市绿化条例》作出处罚决定,适用法律正确。①

（二）裁判要旨

法院生效判决认为,人民法院审理行政案件,以法律、行政法规、地方性法规、自治条例和单行条例为依据;对于合法有效的规章,应当予以参照。2017 年 12 月 6 日,槐荫执法局作出 03271 号行政处罚决定时,济南市人民代表大会常务委员会（以下简称市人大常委会）于 2012 年颁布的《济南市城市绿化条例》与山东省人民政府（以下简称省政府）于 1999 年颁布的《山东省城市绿化管理办法》均有效。二者关于“擅自占用城市绿地”行为罚款的计算方式不同,导致适用不同的法律规范产生不同的法律后果,出现法律规范冲突。《济南市城市绿化条例》（2012 年）为地方性法规,《山东省城市绿化管理办法》（1999 年）为省政府规章,两者无法适用法律规范冲突选择规则进行选择。根据《最高人民法院关于审理行政案件适用法律规范问题的座谈会纪要》（以下简称《座谈会纪要》）第 2 条第 3 款“地方性法规与部门规章冲突的选择适用”第 6 项规定,不能确定如何适用法律规范的,应当中止行政案件的审理,逐级上报最高人民法院按照规定报请有权机关处理。从该规定可知,在无法确定相互冲突的法律规范如何选择适用时,人民法院无权自行判断并作出选择。司法机关无权进行判断的法律规范冲突,执法机关当然无权自行从中选择执法依据。槐荫执法局在未解决法律规范冲突的情况下,径行作出行政处罚,属于法律适用错误。综上所述,一审法院以法律适用错误为由,撤销槐荫执法局作出的 03271 号行政处罚决定,并无不当。②

二、法律规范冲突的确认

法律规范冲突,是指针对同一案件事实,有两个法条赋予彼此相互排斥的法律效果。③ 行政法律规范冲突,是指在行政诉讼中,对同一行政行为或者法律关系存在两个以上的行政法律规范,适用不同的法律规范将导致不同裁判结果的情形。行政法律规范冲突属于法律规范冲突的一种类型,除发生领域有其特殊性外,在构成要件及化解方法上与其他法律规范冲突并无二致。形成真正的法律规范冲突应当具备四个构成要件:其一,待决事实由不同的法律规范规定,此为形式要件;其二,不同的法律规范均现行有效,此为前提要件;其三,不同法律规范均可适用于待决事实,此为事实

---

① 山东省济南市槐荫区人民法院行政判决书,(2018)鲁 0104 行初 52 号。

② 山东省济南市中级人民法院行政判决书,(2019)鲁 01 行终 12 号。

③ 参见[德]卡尔·拉伦茨:《法学方法论》,陈爱娥译,商务印书馆 2003 年版,第 194 页。

要件;其四,适用不同的法律规范产生不同或相互冲突的法律后果,此为实质要件。① 唯有四个要件同时具备,方可确定法律规范冲突真实存在;缺少任一要件,均不构成真正的法律规范冲突。对于该案是否构成真正的法律规范冲突,应对上述要件逐一进行审查。首先,《济南市城市绿化条例》(2012 年)第 54 条规定:“违反本条例第三十三条规定,擅自占用城市绿地的,由城市管理行政执法部门按易地补建绿地代建费的三倍以上五倍以下处以罚款。”《山东省城市绿化管理办法》(1999 年)第 32 条规定:“未经批准,擅自占用城市绿化用地的,由城市绿化行政主管部门责令限期退还、恢复原状,并可处 1 万元以上 10 万元以下的罚款;造成损失的,应当承担赔偿责任。”两法条均是对擅自占用绿地行为应承担的法律责任的规定,符合法律规范冲突的形式要件。其次,两法条设定的罚款计算方式或数额不违反《中华人民共和国行政处罚法》关于地方性法规、省政府规章行政处罚设定权限的规定;并且,03271 号行政处罚决定作出时,两法均有效,符合法律规范冲突的前提要件。再次,豪仕公司占用绿地的行为发生于济南市区,在两法空间效力覆盖范围之内,两法均可适用于待决事实,符合法律规范冲突的事实要件。最后,两法条关于“擅自占用城市绿地”行为罚款的计算方式不同,前者系以补建绿地代建费的 3~5 倍计取罚款数额,罚款数额未作上限限定;后者规定在 1 万~10 万元作出处罚,罚款上限为 10 万元。槐荫执法局依照前者作出高达 1,248,015 元的罚款,但若依照后者作出处罚,罚款数额至多为 10 万元。适用两法条的法律效果不一致且无法进行调和,符合法律规范冲突的实质要件。经四个构成要件逐一比对,可以确认本案形成真正的法律规范冲突。

不同法律规范的法效果不同且彼此相互排斥,那么一般而言只有其中之一可以适用,否则就会在逻辑上产生悖论。② 因此,当确认法律规范冲突出现时,在行政机关作出行政行为或人民法院作出裁判之前,必须解决何者有效、何者无效的问题,否则执“法”与司“法”均将陷入无“法”可依的困境。质言之,《济南市城市绿化条例》(2012 年)第 54 条与《山东省城市绿化管理办法》(1999 年)第 32 条其一应被认定有效,另一个则应被认定无效。被认定有效的,将会作为执法或者司法的依据。当然,还有一种极为特殊的情况是,两者相互废止、均被认定无效。该案有一个较为隐蔽的问

---

① 参见郑毅:《行政法规范冲突及其解决机制——以内部冲突为例》,载《行政论坛》2013 年第 3 期。

② 参见雷磊:《法律规范冲突的含义、类型与思考方式》,载陈金钊、谢晖主编:《法律方法》第 7 卷,山东人民出版社 2008 年版,第 251 页。

题需在此申明：槐荫执法局在进行行政处罚以及豪仕公司在听证和诉讼过程中，均未提及《山东省城市绿化管理办法》(1999 年)第 32 条规定的适用问题。也就是说，法律规范冲突的解决并非双方争议焦点，那么法官是否也可以对此予以回避？答案是否定的。因为，法院对行政行为的合法性进行审查，应当遵循主动审查和全面审查原则，对行政行为适用法律是否正确、程序是否合法进行审查。行政行为适用法律是否正确，必然涉及所适用法律的效力问题，法律规范冲突的后果将导致相互冲突的法律规范之一被认定无效，那么主动审查法律规范冲突问题便成为行政审判工作的应有之义。

三、法律规范冲突的化解尝试

如前所述，法律规范冲突时，如果适用不同的法律规范会产生不同的法效果，就“必须探究这两种法效果是否应并行适用，或此一法效果会排除另一法效果的适用，假使法效果间相互排斥，那么只有其中之一得以适用”①。选择其一适用是运用法理推导出的方案，但如何选择应当适用的法律规范却非易事，因为“往往无法很清楚地确定，在两个互不兼容的法条中何者应该得到贯彻”②。前文已提及，《立法法》规定了三种法律规范冲突选择规则：一是“上位法优于下位法”规则，即对发生冲突的法律规范进行位阶高低排序，优先适用效力位阶高的法律；二是“新法优于旧法”规则，即如果发生法律冲突的两法由同一机关制定，则优先适用新法；三是“特别法优于一般法”规则，即如果发生冲突的两法效力位阶相同，但其中之一在时间、空间、对象或者事项上具有特殊性，则优先适用该特别法。在此三种法律规范冲突选择规则中，“上位法优先规则是绝对并且单向制约其他两种规则，其他两种规则对上位法优先规则不能进行反制约”③。简言之，上位法优先规则在三种规则中优先适用，只有上位法优先规则无法适用的情况下，方可适用其他两种规则。因为，新法优先规则和特别法优先规则的适用必须以同一机关制定、位阶相同为前提，对于两个机关制定的位阶不同的规范性文件，则因不具备适用前提而不能适用。④

回到本案，从《立法法》的规定看，《立法法》对于部分不同立法机关的

---

① ［德］伯恩·魏德士：《法理学》，丁晓春、吴越译，法律出版社 2013 年版，第 146 页。
② ［德］英格博格·普珀：《法学思维小学堂——法律人的 6 堂思维训练课》，蔡圣伟译，北京大学出版社 2011 年版，第 64 页。
③ 余文唐：《法律冲突三大适用规则关系论——兼论新普旧特法冲突的适用模式》，载《法官文丛》2008 年第 1 期。
④ 参见陈运生：《法律冲突解决的方法论》，中国政法大学出版社 2018 年版，第 271 页。

立法给予了效力位阶排序，但对于部门规章与地方性法规、行政法规与自治条例、省政府规章与设区的市地方性法规等并未给予位阶排序。《立法法》第89条规定地方性法规的效力高于本级和下级地方政府规章，但据此规定仅可得出省政府规章和设区的市地方性法规均低于省人大地方性法规的结论，而无法推导出前两法之间的效力位阶高下。从制定机关的权力层级看，《济南市城市绿化条例》(2012年)的制定机关为市人大常委会，《山东省城市绿化管理办法》(1999年)的制定机关为省政府，两制定机关性质不同，前者为立法机关，后者为行政机关。虽然两机关的共同上级为省人大，但两机关本身并无直接的隶属关系；因此，两机关权力层级不存在当然意义上的高下之分。从理论研究情况看，学界对两法的效力位阶争议较大，目前并未形成通说观点。有学者针对该问题专门撰文论证，最终只是非常谨慎地认为"可接受程度更高一些的判断结论是'设区的市地方性法规效力高于省级政府规章效力'"，同时，该学者非常无奈地认为此结论"并未解决结论本身所附带的三个逻辑困境"。① 可见，通过逻辑推理或是法理论证获取两法效力位阶的做法亦是无功而返。其实，从《立法法》第72条第3款"省、自治区的人民代表大会常务委员会在对报请批准的设区的市的地方性法规进行审查时，发现其同本省、自治区的人民政府的规章相抵触的，应当作出处理决定"的表述中可以得知，《立法法》仅规定了立法审查时设区的市地方性法规与省政府规章发生冲突的裁决机关——两法制定机关的共同上级省人大常委会作出处理，而未计划对两法的效力位阶进行设定。上述讨论表明，关于对《济南市城市绿化条例》(2012年)和《山东省城市绿化管理办法》(1999年)进行效力位阶排序的尝试宣告失败。可以确定，上位法优先规则无法发挥效用。因两法制定机关不同，新法优先规则和特别法优先规则亦不具备适用前提。该案发生冲突的地方性法规与省政府规章无法通过三种法律规范冲突选择规则予以化解，成为不可通过司法权化解的法律规范冲突漏洞。

四、法律规范冲突漏洞的报请裁决程序

立法权与司法权是不同性质的权力。立法权是法律制定权，主要包含制定、修改和废止法律的权力。司法权是判断权，是法官在职权范围内依照一定的程序，将立法机关制定的法律适用于具体案件的权力。从辩证统

① 参见郑泰安：《设区的市地方性法规与省级政府规章效力等级辨析——基于讨论规则的视角》，载《法学论坛》2018年第1期。

一的角度看,两者是相辅相成的。正如有学者指出,“立法者为司法者提供了法律操作工具,司法者为立法者制定的法律提供适用平台,且法官可以借助司法理性弥补立法之瑕疵及创造性地延展立法者的立法能力”[①]。但是,立法权和司法权又有着明显的不同。权力行使顺序上,立法权在先,司法权在后;权力强弱对比上,立法权处于主动指挥地位,司法权处于被动服从地位,立法权通过其制定的法律对司法权形成远程控制。因此,立法权与司法权存在可以识别的权力边界,各自不得逾越权限范围。特别是司法权不得通过个案裁判侵入立法权。具体而言,对案件进行裁判的法官享有法律选择适用权,即法官在裁判案件时,对于发生冲突的法律规范能够按照选择规则直接决定如何取舍和适用的,当然可以直接选择应当适用的法律规范,无须一概报请有权机关裁决。[②]《最高人民法院关于裁判文书引用法律、法规等规范性法律文件的规定》(法释〔2009〕14 号,以下简称《引用规范性文件规定》)第 7 条规定:“人民法院制作裁判文书确需引用的规范性法律文件之间存在冲突,根据立法法等有关法律规定无法选择适用的,应当依法提请有决定权的机关做出裁决,不得自行在裁判文书中认定相关规范性法律文件的效力。”该规定明确了法官对法律规范冲突问题处理的权限边界,确定法官对行政法律规范冲突解决的两种处理方式——自行选择适用和报请裁决,自行选择适用在前,报请裁决在后。即法官首先应当依据三种法律规范冲突选择规则进行法律选择适用,无法选择适用时,应当诉诸裁决机制或者提请有权机关审查决定的程序,不得越俎代庖。[③] 该案中,涉案的法律规范冲突问题无法选择适用,已超出司法权处理范围,进入立法权决定领域,必须报请有权机关裁决。这一界限,从行政诉讼法并未将规章以上的规范性文件纳入司法审查的范围可获印证。如果未意识到此权限的边界,而由法官在个案中直接予以裁决,则僭越了不属于司法领域的权力。

关于设区的市地方性法规与省政府规章冲突的程序性裁定规则,亦即如何报请以及报请哪个机关进行裁决,《立法法》、其他法律及《引用规范性文件规定》均未作出明确规定。可供参照适用的是《座谈会纪要》第 2 条第 3 款第 6 项规定,逐级上报最高人民法院按照《立法法》第 86 条(修订

① 宋远升:《立法者论》,法律出版社 2016 年版,第 108 页。

② 参见孔祥俊:《论法官在法律规范冲突中的选择适用权》,载《法律适用》2004 年第 4 期。

③ 参见孔祥俊:《论法官在法律规范冲突中的选择适用权》,载《法律适用》2004 年第 4 期。

后为第95条)第1款第2项①的规定报请有权机关处理。因此,法官应将法律规范冲突问题层报最高人民法院进行处理。在报请处理的材料中,应当阐明法律规范冲突要点及由此产生的法律后果,并提出倾向性的处理意见或解决建议。② 之所以说《座谈会纪要》相关规定仅可供参照适用,是因为《立法法》第95条仅规定地方性法规与部门规章冲突的裁决机关为国务院,但未规定地方性法规与省政府规章发生冲突时的裁决机关。这说明,国务院并非设区的市地方性法规与省政府规章冲突的当然裁决机关。依据《立法法》第72条规定,可以获知设区的市地方性法规与省政府规章在立法审查时的冲突裁决机关为省人大常委会。根据权力法定原则,两法在司法过程中的冲突裁决机关亦应当为省人大常委会。因此,《座谈会纪要》中规定的报请裁决方式并不能直接适用于该案的冲突情形。法律规范冲突的报请裁决问题属于法律适用问题,这决定审理案件的法院应当依照《司法解释工作规定》中个案请示的规定,将法律规范冲突问题层报最高人民法院处理。当然,这一层报程序与《座谈会纪要》规定的程序相一致。有所不同的是,最高人民法院在接到请示之后的处理程序存在多重选择。是否可以直接以司法解释形式作出个案批复?③ 是否可参照地方性法规与部门规章的冲突处理方式报请国务院裁决?是否可将案件报请全国人大常委会并由其移交法律规范冲突所在省的省人大常委会作出处理?如果最终交由省人大常委会裁决,那么为了简化程序、提高效率,审理案件的法院可否径行或层报省高级人民法院后由省高级人民法院报请省人大常委会作出裁决?这些关于裁决主体和程序方面的问题尚有待进一步研究。

五、法律规范冲突漏洞的报请裁决主体

行政权与司法权同样是性质不同的权力,彼此独立,有着各自的权力范围。行政执法是行政权的重要组成部分。行政执法,是指行政主体依照法律、法规、规章的规定,对具体事件作出处理并直接影响相对人权利义务

---

① 《立法法》第95条第1款第2项规定:"地方性法规与部门规章之间对同一事项的规定不一致,不能确定如何适用时,由国务院提出意见,国务院认为应当适用地方性法规的,应当决定在该地方适用地方性法规的规定;认为应当适用部门规章的,应当提请全国人民代表大会常务委员会裁决。"

② 参见陈有西:《论行政诉讼中的法律规范冲突及其冲突规范》,载《行政法学研究》1994年第4期。

③ 如果最高人民法院认为属于司法解释范围或者已经就类似问题征求过有关机关意见,最高人民法院将会直接作出个案批复或答复。参见王贵松:《法院对法律冲突问题的应对:现状与前瞻》,载《法商研究》2010年第2期。

的行政行为。简言之,行政执法就是执行和实施法律。行政审判中的司法权的主要功能是监督和评价行政执法。这种监督权体现在人民法院对行政机关作出的行政行为合法性与合理性的审查之上。既然谓之"审查",那么,人民法院对法律适用当然享有相较于行政机关更高的决定权和裁量权。法律冲突对法律秩序造成的影响在于其不确定性,而法律条文选择适用的确定性是法律适用统一的基础,[①]将法律规范冲突问题报请有权机关裁决是实现法律适用确定性的重要制度保障。因此,司法机关无权进行处理的法律规范冲突,执法机关当然无权自行选择执法依据,而必须在报请有权机关作出处理之后,再行依照被裁决为有效的法律规范作出行政行为。该案中,槐荫执法局在未解决法律规范冲突的情况下,径行适用相互冲突的法律规范之一作出行政处罚,无论其在作出行政处罚时是否发现《山东省城市绿化管理办法》(1999 年)作出了与《济南市城市绿化条例》(2012 年)不同的规定并形成法律规范冲突,该处罚决定均违反处罚法定原则,属于法律适用错误。因为,在法律规范冲突未解决的情况下,相互冲突的法律规范均处于效力待定状态,而处罚法定原则要求据以作出行政处罚的法律依据必须是明确且合法有效的。

根据《中华人民共和国行政诉讼法》第 70 条的规定,如果行政行为适用法律错误,人民法院判决撤销并可判决被告重新作出行政行为。那么,法律规范冲突未处理的情况下,法院可否径行作出撤销行政处罚并责令重新作出行政行为的判决,将法律规范冲突问题交由行政机关解决?对此问题形成正反两种观点。支持观点认为,行政处罚属于行政执法行为,行政机关在执法过程中当然享有理解、解释法律的权力以及在法律规范冲突时报请有权机关作出裁决的责任。行政机关在重新作出行政处罚之前,应先行自行解决法律规范冲突问题。笔者持反对观点,理由为:行政行为已经进入司法审查程序,此时,法院负有解决法律规范冲突并明确法律适用的责任,回避该问题属于怠于履行法定职责。法院对行政行为的合法性进行审查,其判断标准是具有法律效力的法律、法规和规章,在法律规范发生冲突时,据以判断行政行为是否合法的依据并不确定。法院必须首先解决法律规范冲突问题,确定相互冲突的法律规范的效力,而后方可依据有效的法律规范判断行政行为是否合法,而不应仅以法律规范冲突未处理为由推定行政行为适用法律错误。客观面对法律规范冲突的现实,及时化解甚至从根本上消除法律规范冲突才是符合法治精神、对法律负责的做法。由是

① 参见应勇:《推进法律适用统一 促进法律有效实施》,载《法律适用》2012 年第 3 期。

观之，对于法律规范冲突问题的报请裁决主体应根据“谁遇到、谁负责”的原则确定。详言之，在执法期间发现，由行政机关处理，行政机关不得故意视而不见坐等纠纷发生后将难题交给法院；在司法过程发现，由审理案件的法院层报最高人民法院作出处理，而不得回避问题仅撤销行政行为，将法律规范冲突问题退回行政机关。该案情况较为特殊，法院并未将法律规范冲突问题层报最高人民法院，因为两法条已在诉讼过程中经制定机关修改一致，①原有的冲突问题不复存在。法院判决撤销行政处罚决定后，行政机关依照任一法律规范重新作出行政处罚，均会得出同样的结论。

第三节 “北雁云依案”：超越司法解释权限的漏洞填补

“北雁云依案”因法律对公民姓名权行使的限度规定不明，产生了规则不周漏洞。姓名权属于公民的基本权利，对该问题的解释已超越司法权限范围，审理法院将相关事项层报最高人民法院请示，继而由最高人民法院报请全国人大常委会进行立法解释，避免了法官自行填补法律漏洞带来的不确定性风险。该案系中华人民共和国成立以来第一件因司法个案引发民法立法解释的案件，请示过程长达 4 年，虽然延迟了裁判到来的时间，却体现了司法机关、最高立法机关对公民权利的尊重和涉及人权法律问题的慎重态度。法官以立法解释作为裁判依据，使判决结论获得了权威性和正当性的同时，通过司法个案推动了立法的发展和完善。判决作出后，该案被遴选为指导性案例（第 89 号），《姓名权立法解释》作为第 1015 条编入《民法典》。该案以一己之力明晰了公民姓名权的行使限度，以具体的方式提示了立法解释和司法解释之间的权限边界，称其为中国法治进程中的一座里程碑亦不为过。此为该案例最富司法智慧的贡献，值得称赞发扬。但是，《姓名权立法解释》表述不够明确加之立法说明的欠缺，造成对《姓名权立法解释》的理解产生新的歧义，法官将姓氏创设不当归入姓氏选择范围，使原本简单的法律推理再次演变为复杂的法律论证，判决说理偏离立法本意而呈现压服的效果。此乃该案例中颇具迷惑性的瑕疵，应予

① 2018 年 1 月 24 日，根据山东省人民政府令第 311 号，《山东省城市绿化管理办法》通过修订，其中第 32 条改为第 26 条，内容未作修改。2018 年 7 月 27 日，山东省第十三届人民代表大会常务委员会批准《济南市人民代表大会常务委员会关于修改〈济南市城市绿化条例〉等三件地方性法规定的决定》，该修改决定将《济南市城市绿化条例》第 52 条、第 54 条、第 55 条合并为第 50 条，内容为：“违反本条例第三十条、第三十二条、第三十三条规定，占用城市绿地或者临时占用城市绿地超过批准期限的，由城市管理行政执法部门处以一万元以上十万元以下罚款；造成损失的，应当承担赔偿责任。”

澄清指正。该案既有宏观上因法律漏洞引发的请示与解释,又有微观上对《姓名权立法解释》的再解释与争论;既是私权与公权之间近距离的一次博弈,更是两者之间至关重要的一次对话。运用方法论对该案展开解析、注释和批评,阐明其中蕴含的法律思想、裁判策略、价值判断与法律方法,总结经验与不足,有助于推动理论与实践的交流,加速法律方法论的落地。

一、案情与裁判

2009 年 1 月 25 日,吕某某、张某某之女出生。因酷爱中国传统文化特别是古典诗词歌赋,夫妇二人决定给爱女起名为"北雁云依"①,其中"北雁"是姓,"云依"是名,并以该姓名办理了新生儿出生证明。2009 年 2 月,吕某某前往济南市公安局历下区分局燕山派出所(以下简称燕山派出所)为女儿申请办理户口登记,民警告知其女儿应当随父姓或母姓,"北雁云依"不符合姓名登记要求。吕某某坚持以"北雁云依"为姓名为女儿申请户口登记,燕山派出所遂依照《婚姻法》第 22 条之规定作出拒绝办理户口登记的行政行为。吕某某不服,作为法定代理人以"北雁云依"为原告向济南市历下区人民法院提起行政诉讼。法院开庭审理后认为案件涉及法律适用问题需要请示,遂于 2010 年 3 月 11 日裁定中止审理并将相关问题层报最高人民法院。最高人民法院审判委员会经研究后认为:"姓名权涉及公民的基本权利,公民如何依法正确行使该项权利,直接影响到公民基本权利的保障和社会管理秩序的维护,需要有法律的明确规定和正确指引。当前在司法部门以及学术界所持的两种不同观点,均有其一定的法律依据和现实基础。鉴于公民姓名权问题的复杂性、社会敏感性和现实普遍性,已非司法手段所能妥善处理,只有上升到法律解释的高度才能获致根本解决。"②为正确理解和适用法律,最高人民法院向全国人大常委会提出"对《民法通则》第九十九条以及《婚姻法》第二十二条的规定作出法律解释"的议案。

2014 年 11 月 1 日,第十二届全国人大常委会第十一次会议通过了

① "北雁云依"之父酷爱古文学,他解释了名字的寓意:山东地属北方,汉代李延年作有《李延年歌》诗一首:"北方有佳人,绝世而独立。一顾倾人城,再顾倾人国……""北"即来自此诗。"雁"是指鸿雁,《摸鱼儿·雁丘词》一词中"问世间,情为何物,直教生死相许"的创作灵感就来自大雁。"云"是指云彩,在古诗词中频频使用;"依"则来自《诗经》中的"昔我往矣,杨柳依依"。参见王家梁:《"北雁云依"户口登记遭拒案开庭,主体是否适格成法庭辩论焦点》,载《法制日报》2010 年 1 月 29 日,第 5 版。

② 蔡小雪:《因公民起名引起立法解释之判案解析》,载《中国法律评论》2015 年第 4 期。

《姓名权立法解释》,该解释认为:

> 公民依法享有姓名权。公民行使姓名权属于民事活动,既应当依照民法通则第九十九条第一款和婚姻法第二十二条的规定,还应当遵守民法通则第七条的规定,即应当尊重社会公德,不得损害社会公共利益。在中华传统文化中,"姓名"中的"姓",即姓氏,体现着血缘传承、伦理秩序和文化传统,公民选取姓氏涉及公序良俗。公民原则上随父姓或者母姓符合中华传统文化和伦理观念,符合绝大多数公民的意愿和实际做法。同时,考虑到社会实际情况,公民有正当理由的也可以选取其他姓氏。基于此,对民法通则第九十九条第一款、婚姻法第二十二条解释如下:
>
> 公民依法享有姓名权。公民行使姓名权,还应当尊重社会公德,不得损害社会公共利益。
>
> 公民原则上应当随父姓或者母姓。有下列情形之一的,可以在父姓和母姓之外选取姓氏:
>
> (一)选取其他直系长辈血亲的姓氏;
>
> (二)因由法定扶养人以外的人扶养而选取扶养人姓氏;
>
> (三)有不违反公序良俗的其他正当理由。
>
> 少数民族公民的姓氏可以从本民族的文化传统和风俗习惯。

《姓名权立法解释》作出后,法院恢复审理并作出判决。判决认为,公民原则上应当随父姓或者母姓,选取第三姓应有不违反公序良俗的正当理由。其中,不违反公序良俗是选取其他姓氏时应当满足的最低规范要求和道德义务,存在其他正当理由要求在符合上述条件的基础上,还应当具有合目的性。姓氏主要来源客观上的承袭,承载了对血缘的传承、对先祖的敬重、对家庭的热爱,重视和尊崇姓氏的传承是我国优秀的文化传统,符合主流价值观念,是中华民族向心力、凝聚力的载体和镜像。父母仅凭个人喜好愿望随意选取姓氏甚至恣意创造姓氏,会增加社会管理的风险性和不确定性,极易造成社会管理混乱,无利于社会和他人,有违公序;会冲击文化传统和伦理观念,违背社会善良风俗和一般道德要求,有违良俗。原告父母自创"北雁"为姓氏、以"云依"为姓名给女儿办理户口登记的理由是该四字取自著名的中国古典诗词,寓意父母对女儿的美好祝愿。此理由仅凭个人喜好愿望,具有明显的随意性,不属于《姓名权立法解释》第 2 款第 3 项所规定的正当理由。对原告"北雁云依"要求确认被告燕山派出所拒绝以“北雁云依”为姓名办理户口登记行为违法的诉讼请求，不予支持。[①]

二、困境：超越文义的规则空缺

就该案待决事实而言，可供法官直接适用的法律规定有二：一是《民法通则》第99条第1款规定公民享有姓名权；二是《婚姻法》第22条规定子女可以随父姓，也可以随母姓。公安机关应否对“北雁云依”一名进行登记，无论是涉案的双方当事人、不同层级的法院乃至最高人民法院，在进行讨论时均未达成一致意见，全国人大常委会最终通过的《姓名权立法解释》亦是多数意见而非一致意见。对立的双方均给出了相应的理由。

肯定一方理由如下：其一，从法律解释角度看，《婚姻法》第22条规定子女可以随父姓或母姓，而非必须随父姓或母姓。《民法通则》第99条规定的姓名权是公民最重要的民事权利之一，对于民事权利的行使而言，法律没有禁止即可为。行政机关的权力有边界，行政权不能过多地对个人权利进行干涉。公安户政部门对姓名的选取和变更作出太多的限制，姓名权就无法实现。其二，从社会发展与管理角度看，作为倡导个性化的社会，对公民如何选取姓氏不应作过多的限制。只要确定每个人单独的身份号码，无论取什么姓名，都不会影响社会管理。目前基层警力不足，没必要付出那么多力量对姓名选取进行审查。实践中，只有极少数人愿意选取父母姓氏之外的其他姓氏，允许其改姓，也不会增加太多的社会管理成本，不会对公共利益带来太大的影响。其三，从民族传统传承角度看，目前中国的姓氏传承体现不出社会地位的传承，而且同姓的来源也复杂，体现不出血脉的延续。允许公民选取第三姓氏，这是人格自由的体现。

否定一方理由如下：其一，从法律解释层面看，《婚姻法》第22条是法律对子女姓氏问题作出的专门规定，该条规定子女可以随父姓，也可以随母姓，没有规定可以随第三姓。行政机关应当依法行政，法律没有明确规定的行为，行政机关就不能实施，原告和行政机关都无权对法律作出扩大化解释，这就意味着子女只能随父姓或者随母姓。法律确认姓名权是为了使公民能以文字符号即姓名明确区别于他人，实现自己的人格和权利。姓名权和其他权利一样，受到法律的限制而不可滥用。其二，从社会管理层面看，姓名权作为一项民事权利或者基本人权，在给予保护的同时也要受到法律的限制。如果允许任意选取其他姓氏，难以确定家族的传承，就会丧失姓氏的社会功能，也会给社会管理带来麻烦，不利于保护文化传统。

---

① 山东省济南市历下区人民法院行政判决书，(2010)历行初字第4号。

中华民族代代相承的姓氏文化，通过族谱记载家族发展史，如果随意改变姓氏，族谱就难以续写，家族史到此为止。个人的姓氏虽然有自然人的属性，但也有社会属性。公民既享有个人自由，也有遵守社会规范的责任和义务。其三，从传统伦理层面看，公民选取姓氏涉及社会文化传承或者伦理问题。子女随父姓或者随母姓，体现了中国十几亿人口的主流思维。中国的姓氏文化标志着血缘关系和宗族关系。子女随父母的姓是血缘遗传的信号，从而保持了自然血亲构成的传承性，增强了家族亲情观念和宗族群体意识。姓氏本身代表一个群体，这是一个群体在社会领域的一个符号，反映血缘关系。新生婴儿随父姓、随母姓是中华民族的传统习俗，这种习俗标志着血缘关系，随父姓或者随母姓，都是有血缘关系的，可以在很大程度上避免近亲结婚。但是选择第三姓则与这种传统习俗及姓的本意相违背。对极少数人选取其他姓氏进行限制不会产生太大的社会问题。①

本案特殊之处在于，原告享有的私权利与被告行使的公权力分属不同的领域，遵循不同的原则。原告主张公民的权利是神圣的，依照法无禁止即自由原则，在法律没有禁止公民自行选择姓氏的情况下，应当可以自由行使。被告主张私权利应当有边界，法律虽然对公民选择第三姓没有禁止性规定，但依照法无授权不可为原则，被告亦未依法获得对第三姓进行登记的职权。从法理上讲，公民基本权利的受制约性与其不受侵犯性相伴而生、相辅相成。“自由是秩序的目的，秩序是自由的保障。”②私权利的自由必定是有边界和限制的，而不是绝对的自由，这种限制主要来自行政管理权。该案实质上就是现行法律对于公民姓名权行使的边界与限制规定不明，出现法律规则空缺漏洞。上述两种观点均基于《民法通则》及《婚姻法》关于姓名权的规定，力图通过解释方法获取结论，但两方均发现仅通过法律规范本身难以完成内部证成并说服对方，在此情形下，两方均寻求社会学、伦理学、经济学、管理学等学科理论进行外部证成，以增强解释结论的正当性。但是，裁判正当性获取应当源自涵摄推理。双方论证理由的重心已偏离司法过程转而走向立法层面，显现出超越个案的价值判断。这也成为济南市历下区人民法院决定向最高人民法院进行请示的深层原因。

---

① 上述两种观点归纳自原、被告诉辩意见，山东省高级人民法院与最高人民法院内部讨论意见，以及全国人大常委会法制工作委员会的调研报告、上会报告。

② 宋天一、陈光斌：《从“北雁云依案”看“姓名决定权”与社会公序的价值冲突——兼论公序良俗的规制》，载《法律适用》2019 年第 6 期。

三、出路：诉诸权威的规则拟制

《全国人民代表大会常务委员会关于加强法律解释工作的决议》(1981年)规定：关于法律、法令条文需要进一步明确界定或者补充规定的，由全国人大常委会负责；审判工作中法律、法令的具体应用问题，由最高人民法院负责。由此看来，由个案引发的法律适用问题通常应当由最高人民法院负责解释。《司法解释工作规定》明确，各级法院对“自己认为需要”的案件可以层报最高人民法院进行解释。在司法实践旺盛需求的推动下，经过多年的发展，最高人民法院作出的司法解释既有针对个案法律适用的解释、对法律价值的补充等，亦有对法律漏洞的填补、规则的创设等准立法活动。在立法存在欠缺的情况下，司法解释对法律的完善起到重要的辅助作用。司法机关在个案中的创造性司法以及最高人民法院的创造性解释，获得了社会的肯定和立法机关的默许。该案中，法院在审理案件时发现，现行法律对于公民姓名权特别是姓氏选择权规定不明确，利用法律解释方法无法获得唯一的结论，法律确实出现了漏洞。绝大多数案件中，法官可以进行漏洞填补并完成裁判，但该案涉及的姓名权属于公民的基本权利。并且，此类案件在司法实践中一直存在较大争议，案件的裁判结果会在全国范围内产生示范效应进而影响同类案件的处理。该案属于社会影响重大的疑难案件，已超越法官个案裁判权，应层报最高人民法院请示。依照惯常做法，最高人民法院如果认为请示事项属于司法解释范围或者已就类似问题征求过有关机关意见，将会作出个案批复或答复。

司法权是判断权，不同于立法权。最高人民法院的司法解释权在本质上也是司法权，不能超越权限边界侵蚀立法权。凡属涉及公民基本权利的案件，在相关法律不是很明确、容易产生歧义的情况下，只有作为最高立法机关的全国人大及其常委会才有权对相关法律问题作出解释。① 法律保留要求行政机关对行政相对人的自由与权利进行限制时，必须有明确的法律依据。而在我国，这种法律只能由全国人大及其常委会制定，所以法律保留就意味着全国人大保留。② 基本权利是法律保留事项，只有法律才能对基本权利进行合理界定，由立法机关进行解释确保了法律的一般性价值。对涉及公民基本权利事项的解释交由权威机关作出，可以避免司法机关解释的恣意，防范由此带来的裁判不确定性风险，通过去价值化及援引权威

---

① 参见叶泉：《北雁云依案体现司法认真对待权利》，载《新农村商报》2017年11月29日，第2版。

② 参见刘练军：《姓名登记规范研究》，载《法商研究》2017年第3期。

性论据来减少外界不必要的诘难。[①] 姓名权系公民基本权利,涉及政治、国家政策与社会重大利益,相关价值判断取舍必将产生重大深远的社会影响。最高人民法院认为请示事项已超出司法解释权限范围,故向全国人大常委会提出立法解释请求。

全国人大常委会经过详细调研及讨论后认为:"实践中,有关部门、学术界和当事人对上述规定的理解和执行不尽一致,一些地方制定的规范性文件标准也不同,人民法院在审理此类案件时遇到一些实际困难。针对现实问题,对民法通则和婚姻法的相关规定释明法律含义,是必要的。"[②]在确定报请解释事项属于立法解释范围后,全国人大常委会对公民姓氏选择问题作出了《姓名权立法解释》。法院在对该事项的处理上表现的理性克制,并未为了追求司法效率而擅自进行价值判断取舍,而是付出了足够的耐心,给予人权和立法权足够的尊重,恪守了司法权的中立姿态。该案之所以入选指导性案例,非在于判决说理之精彩,而在于其裁判策略之宏远。"事实上,《姓名权立法解释》中关于姓氏选择的规定无法从既有的法律条款中推演出来,全国人大常委会实际上是进行了法律的补充,而非法律解释。"[③]承办法官在承受巨大审限指责压力的情况下,等待立法解释消除法律漏洞,这非但不是面对困境拒绝裁判的逃避,反而体现了法官追求公平正义的担当和勇气。

四、批判:偏离意图的释法谬误

但对该案的评析不应限于赞同。唯有吹毛求疵式的批判,才能指正其间隐藏的谬误和偏差,砥砺其成长为经得住真理检验的经典案例,为司法实践提供正确的指引参照,向法学研究释放出更丰富的知识信息。作为指导性案例,其权威地位不言而喻,显赫的身份标签使理论界和实务界对裁判正确性不敢置喙,相关研究大多聚焦于"正当理由""公序良俗"两不确定概念的解释和定义之上。但是,从法解释学的角度进行推敲,本案存在判决结果正确但对《姓名权立法解释》适用不当的错误,对此谬误予以澄清,非常必要,因为这将直接影响《民法典》第1015条的理解适用。法官说

---

① 参见杨铜铜:《论不确定法律概念的体系解释——以"北雁云依案"为素材》,载《法学》2018年第6期。

② 参见《全国人民代表大会常务委员会关于〈中华人民共和国民法通则〉第九十九条第一款、〈中华人民共和国婚姻法〉第二十二条的解释(草案)》的说明。

③ 黄泷一:《姓氏选择、公序良俗与法律解释——最高法院第89号指导案例与姓名权立法解释评述》,载《法治研究》2018年第5期。

理重点是原告之父以“北雁”作为女儿姓氏的理由是否违反公序良俗。从《姓名权立法解释》条文内容看，在父姓和母姓之外选择姓氏并不被禁止，只是需要符合三种情形之一，原告给出的理由显然不符合前两种情形，因此法官认为，应以第三种情形中的标准进行判断，即是否具有“不违反公序良俗的其他正当理由”。如果原告给出的理由符合公序良俗，则其理由正当；反之则不正当。在此论证逻辑基础上，法官将原告的理由归结为“个人喜好”，并论证该理由“增加社会管理的风险性和不确定性，极易造成社会管理混乱，无利于社会和他人，有违公序”；“会冲击文化传统和伦理观念，违背社会善良风俗和一般道德要求，有违良俗”，进而认定原告的理由违反公序良俗不具有正当性。

对于法律条文的理解必须通过文本入手，在对文字含义理解不一时，则应结合体系和语境进行融贯解释。回顾《姓名权立法解释》文本内容，在对文本认真阅读的基础上，如下解读应可接受：其一，从文义上解释，“选取”意为从一群、一批既有事物、限定范围内进行挑选，而“创设”则产生了从无到有的新事物，两词语义显然不同，不可相互替代，前者亦无法包含后者。其二，从体系上解释，《姓名权立法解释》第 2 款与所属三项连贯理解可知，公民选取姓氏的范围限于父姓、母姓及父姓和母姓之外的“姓氏”，特别是该款第 1、2 项表述为“其他直系长辈血亲的姓氏”“法定扶养人以外的人扶养而选取扶养人姓氏”，均强调选择范围为姓氏，并且姓氏的主体明确指向了特定的人。① 因此认为“选取”姓氏，意味着既可以从现有姓氏中选择，也可以从汉字中选择的观点，严重欠缺体系思维，导致概念混淆。其三，以当然解释分析，《姓名权立法解释》对于可以选取第三姓的情形作了“列举条款+一般条款”的规定方式，第 1、2 项中所列举的两种理由直接被确认为正当，第 3 项与前两项在逻辑上属于并列关系，因此第 3 项中的“其他正当理由”应与前两项理由具有标准一致性和程度相当性。但是姓氏创设行为的自由度、对社会秩序的冲击力显然甚于姓氏选择，对该行为当然应作更严苛限制，要求其给出更强理由，而非等同视之。其四，从目的上解释，《姓名权立法解释》是基于个案请示而作出的针对性法律适用解释，其首要目标应当是解答待决问题。如果全国人大常委会认为，“北雁”系姓氏选择行为，则会对其理由正当性以列举或概括式的表达作出明确回应，而不会将其置入需要进行再解释的一般条款第 3 项之中，使法官在接

① 汉字有数万，常用字数千，如果任由公民在汉字中选择姓氏，姑且不论三字以上的组合，仅单字和两字的组合，其数量即以亿计，登记机关对其理由正当性的审查将成为不可能完成的任务。

到《姓名权立法解释》后仍一头雾水、不明所以。

经由上述分析可以认定，法官因未能体系化解读《姓名权立法解释》，导致对立法意图理解出现偏差，进而不当适用《姓名权立法解释》第2款第3项作出裁判。对立法意图的正确理解是：《姓名权立法解释》对于公民选择姓氏进行了严格限制，并给定了非常有限且明确的选择范围，依照“明示其一排除其他”的立法原则可知，全国人大常委会对于姓氏创设行为的态度是明确的——禁止姓氏创设。[①] 这一立法态度从《姓名权立法解释》正式条款之前的表述中，亦可获得证实。“北雁”并非既有姓氏，不包含在可选择的姓氏范围。原告之父以“北雁”作为女儿姓氏属于姓氏创设行为，并非立法解释中允许的姓氏选择行为。法官仅需认定“北雁”系姓氏创设，为法律所禁止，即可径行驳回原告的诉讼请求，而无须讨论理由的正当性。法院判决理由主要论证了姓氏创设行为冲击社会秩序及中国传统文化，因而“个人喜好”作为选择理由不具备正当性，不应获得支持。照此说理逻辑，无论原告给出何种理由，均会被认定违反公序良俗，不属于正当理由。实际上，法官是论证了姓氏创设行为的不正当性，而非个人喜好理由的不正当性。法官在判决书中使用了“创造”和“创设”，遗憾的是法官未对创设与选择行为的性质与法律效果进行区分。退一步讲，如果认为“北雁”属于姓氏选择，那么原告之父陈述的理由果真违反公序良俗吗？笔者不敢苟同判决理由，不少学者亦持否定观点。如蔡小雪法官列举的其他正当理由就包含“父母取于古诗词中的某些字为姓，表达对子女的祝福”[②]，即蔡小雪法官认为，以“北雁”为姓氏不违反公序良俗。胡建淼教授认为，“北雁云依”之取名无非是个美好祝愿，还够不上有伤社会风化。[③] 刘练军教授认为，将“北雁”作为自己的姓氏，无论如何都不会对公共秩序或社会公德造成某种不利或损害，更不可能严重违反法律伦理学的内在原则。姓名登记机关和法院一致反对“北雁”之姓氏，且后者以公序良俗的名义，误会公序良俗可谓深矣。[④] 之所以反对判决的释法说理，是因为判决中的不

① 通过法律文本及立法资料对立法意图进行揣测，往往会出现“一千个读者，一千个哈姆雷特”的窘境。为确保对立法意图探究的客观性，笔者询问了当时全国人大法工委民法室负责立法解释相关起草人员，得到了如下答复：立法解释对姓氏创设持禁止态度，因而在条文表述时刻意使用了“选取”一词。笔者阅读了当前核心期刊发表的论文，查阅了部分已出版的民法典评注类著作，尚未发现有关于该立法解释（现《民法典》第1015条）中立法者对姓氏创设行为态度的探究，或者姓氏创设与姓氏选择的区分研究。

② 蔡小雪：《因公民起名引起立法解释之判案解析》，载《中国法律评论》2015年第4期。

③ 参见胡建淼：《取名北雁云依的风波——中国首例取名权行政诉讼案》，载微信公众号“法治咖啡屋”2020年11月9日，https://mp.weixin.qq.com/s/rMgvM61ruD_9amQPDO7IBQ。

④ 参见刘练军：《姓名登记规范研究》，载《法商研究》2017年第3期。

当法律适用会误导类似案件的审理并将相关研究引入错误方向，尤其是关于姓氏选择权中“公序良俗”“正当理由”等不确定概念的内涵界定和司法认定标准问题。

五、余论

有人以“法不溯及既往”为由对该案提出批评，认为《姓名权立法解释》发生于立案之后，法官以事后立法作为裁判依据对当事人而言是不公平的。此批评脱离司法实际，思维过于教条。其一，立法解释是对既有法律的解释、澄清和补充，系被解释、被澄清、被补充法律文本的附属，而非新制定的法律。因此，法不溯及既往原则不可适用。其二，法治社会禁止法官拒绝裁判，在待决案件因出现法律漏洞而产生不同结论时，法官自行作出漏洞填补与寻求权威解释获得裁判依据两种方案相较，何种方案更具正当性？答案不言自明。特别是案件涉及公民基本权利，且案件的裁判会产生远超个案的示范效应时，法官对法律漏洞的填补必须要有敏锐的权限边界意识，务必审慎行事。回到该案，如果在立法解释时增加“禁止公民创设姓氏”作为第 1 款，或在第 2 款第 3 项文本之前加上“选取其他特定人姓氏的，应当”的定语对选取姓氏的范围进行更明确的限定，自可避免误解。期待上述分析能够起到法条评注作用，帮助准确理解法条意图与含义。分析至此，理应见好就收，但仍有一假设需添附文末，供有兴致者讨论。设若原告之父在进行姓名登记时或在起诉时主张以“北”为姓，以“雁云依”为名，法官可得径行驳回请求吗？笔者的回答是：依据本文分析，此时法官则应当在确定“北”是否既有姓氏①以及何者姓氏的基础上，听取理由，再以公序良俗为标准判断理由的正当性。亦即此情形下，《姓名权立法解释》第 2 款第 3 项方具备适用条件。

第四节　“悼念权纠纷案”：超越法律管辖范围事项的处理

前文已讨论，待决案件缺乏相应法律规定并不等同于出现法律漏洞。如果相关纠纷属于法外空间事项，则不应归法律调整，相应纠纷不属于法院管辖范围，法院对原告的起诉不应予以立案受理；如果已受理，法官则应

---

① “北”属于姓氏，是一个人数极少的汉姓，但源流众多。其一源于蚩尤之姜姓；其二由北郭等汉族复姓简化而来；其三源于古癸北部落，出自虞帝第三妃癸北氏，属于以祖先名字为姓；其四源于古玄菟郡，出自高句丽民族，属于因地为姓且汉化改为氏；其五出自张姓，避祸，改为北姓；其六源于古邶国，出自上古商朝大夫北伯的封地，属于以国名为氏。

在审查后，裁定驳回起诉。

一、案情与裁判

郑某某与赵某某夫妇共生育四个子女，分别为长子郑某甲、次子郑某乙、三女郑某丙、小女郑某丁。2013 年 11 月 12 日，郑某某去世，因赵某某对其长子郑某甲不满，故赵某某要求郑某乙、郑某丙及郑某丁不将郑某某去世的消息通知郑某甲。随后，在郑某甲未到场参加葬礼的情况下办理了郑某某的丧葬事宜，在郑某某的墓碑上亦未刻上郑某甲及其家人的名字。后郑某甲得知父亲去世的消息，认为郑某乙、郑某丙及郑某丁是为侵占老人遗产而故意不告知其父亲去世的消息，故诉至法院，请求依法判令三被告向其公开赔礼道歉并赔偿精神损害抚慰金 3 万元。一审法院认为，百善孝为先，孝顺老人是中华民族的传统美德，孝顺的首要做法就是顺，即顺从老人的意愿。郑某甲与其父母之间存在复杂的家庭矛盾，在郑某某刚刚去世、赵某某正经历丧夫之痛且不同意通知郑某甲参加郑某某葬礼及在墓碑上刻上郑某甲名字的情况下，三被告出于其母亲赵某某的身体状况等因素考虑，按照长幼有序的传统观念，遵从其母亲赵某某的意愿办理郑某某的丧葬事宜，不通知郑某甲参加郑某某的葬礼及在墓碑上刻上原告郑某甲的名字，该做法具有一定的合理性。故郑某甲不参加葬礼及不在墓碑上刻上郑某甲的名字系其母亲赵某某的意愿，对郑某甲的诉讼请求不予支持。① 郑某甲不服提出上诉。二审法院则认为，郑某甲主张三被告未向其通知父亲去世的消息，使其未能参加葬礼、未让其处理父亲后事、未在墓碑上刻上其名字等，其所主张的事项为社会风俗、习惯及道德规范所调整，而不应由法律规范进行调整，郑某甲的该部分请求并非人民法院受理民事案件的范围。②

该案中，一、二审法官对案件性质存在根本的不同认识。一审法官在面对案中纠纷时，对于悼念权的性质未作深入探讨，自然而然地将其作为民事权利之一进行保护，以侵权行为的构成要件作为裁判基础，认为三被告未履行通知义务存有过错，三被告的行为致原告未能参加父亲葬礼，原告因此遭受了精神痛苦，且三被告行为与原告的损害后果之间存在因果关系，故被告的侵权行为成立。同时，法官考虑案件的特殊情况，即原告与父母之间存有矛盾，原告的母亲不希望其参加父亲葬礼，三

① 山东省济南市槐荫区人民法院民事判决书，(2015)槐民初字第 1283 号。

② 山东省济南市中级人民法院民事判决书，(2016)鲁 01 民终 800 号。

被告系遵从母亲意愿而未履行通知义务，故该不通知行为存在合理性。换言之，法官认为，纠纷产生系因原告存在过错，故三被告存在免责事由，可免除侵权责任。二审法官则从请求权的基础（法律上的依据）出发，认为悼念权虽系当事人的正当权益，但非法律权利，由此产生的纠纷不应由法律规范进行调整，该案不属于法院受理民事案件的范围，因此裁定驳回原告的起诉。

二、两审观点冲突之本质

本案争议的核心在于悼念权的性质。两级法院之所以作出截然不同的裁判结果，其根本争点并不在于三被告是否侵犯了原告的权益，而在于原告所享有的悼念权是否为法律权利、应否归属法律调整范围。所谓的悼念权源于悼念活动。悼念是逝者亲人、朋友对逝者表达怀念、哀思、不舍之情的行为，悼念活动通常通过一定的仪式举行，亦可以单纯通过默哀等心理活动完成。悼念权，是指公民基于亲属关系或者亲密社会关系，举行或参加对死者表示缅怀、纪念的仪式的权利。但是，悼念权的概念仅存在于理论学说之中，我国现行法律对此并未有明确规定，这造成悼念权在法律层面上的性质模糊。有学者认为，悼念权属于其他人格权，理由是《最高人民法院关于确定民事侵权精神损害赔偿责任若干问题的解释》第1条规定有“其他人格利益”，是对未明确规定的人格权的概括表述，悼念权即应属此范围，应作为其他人格权予以保护。另有学者认为，悼念权并非一个独立的权利，是身份权的一个内容，属于派生身份权的性质。[①] 该观点同样存在于实务界。[②] 无论悼念权属于人格权抑或身份权，只要认为悼念权属于人身权，则其应归属法律保护的权利范围。对于裁判法律依据缺失的问题，杨立新教授认为，悼念的权利受到侵害是应该得到保护的。虽然法律没有明文规定，但是可以适用习惯。[③] 即悼念权属于法律应当进行保护的权利，法律未给予明文保护，属于法律漏洞，法官应当在考察风俗习惯的基础上，从习惯中提取裁判规则进而完成推理。

一审法官发现悼念权在法律上未设规定的欠缺后，认为该欠缺违反了立法者的计划，属于法律漏洞。该侵权行为所侵犯的权利——悼念权——在法律上无明文规定，但可以适用习惯进行裁判。对于悼念活动的风俗习惯，通常认为，共同的尊亲属去世的时候，与其共同生活的晚辈卑亲属有义

---

① 参见杨立新：《民事裁判方法》，法律出版社2008年版，第239页。

② 参见李源国、袁楠：《悼念权的权属辨析》，载《人民司法》2011年第8期。

③ 参见杨立新：《民事裁判方法》，法律出版社2008年版，第239页。

务去通知不知道此事的其他晚辈卑亲属以及其他亲属。违背此项义务,就要承担侵权责任。① 从简短的一审判决理由中可以看出,一审法官对于该悼念通知习惯是认可的,并认为三被告系负有通知义务的卑亲属,其负有通知原告的义务。但是,一审法官必然想到了如下一系列裁判难题:诸如,多个知情卑亲属中,究竟谁负有通知义务?哪些人属于应当参加悼念活动的人?应在何时以何种方式进行通知?侵权的损害程度、后果如何确定?若判决被告承担责任,案件是否可以取得好的社会效果?如此一系列复杂的问题均要从风俗习惯中去提取规则,哪怕只有一个环节出现不同认识,判决结果均将走向不确定。这些问题显然阻却了法官最终作出侵权判决的步伐。一审法官的裁判理由是否正当在所不论,但从最终的裁判结果可以看出,法官通过对结果的预判,感觉让被告承担侵权责任是不经济、不正义和不妥当的。因为法律适用的目的在于解决纠纷,维护社会的良好秩序。而该案即便判决被告构成侵权并承担赔礼道歉、赔偿损失的责任,该判决也无法让被告继续履行通知义务,更不可能使未参加葬礼的原告重新参加葬礼。即法院的判决难以实现化解矛盾并恢复良好的家庭关系、构建和谐社会秩序的目的。一审法官正是基于对裁判结果的逆向考量,寻找理由作出了与正常推理相反的判决结果,其始终未放弃悼念权为自然人之法律权利的主张。就该案所讨论的悼念权而言,悼念活动并非新生事物,此类纠纷与其他家庭纠纷一样司空见惯,立法者对此不可能无法预见。但是,现行法律、司法解释均未有提及此权利,由此可见,立法者并非不能通过立法有效进行规范,而是认为不应由法律进行调整。因此,虽然从表面看,法律于此无规定,但这种欠缺并未违反立法者的计划,法律不存在漏洞。

三、悼念权作为权利之否定

法律仅指由政府发布的规则,其他如个人伦理、合约、社会规范和非政府组织规范等都称为非正式规范。② 法律与习惯等其他民间非正式规范均系纠纷解决的依据,只是角色与分工不同而已。该案一审法官难以完成自我说服的根本原因在于:泛化了民事权利,将悼念权视为民事权利之一并欲通过法律进行救济,而不是撒手将悼念权交予风俗习惯等民间规范。法律对非法律纠纷的不当介入所带来的副作用是显而易见的。“一方面,它

① 参见杨立新:《民事裁判方法》,法律出版社 2008 年版,第 239 页。

② 参见[美]罗伯特·C. 埃里克森:《无需法律的秩序》,苏力译,中国政法大学出版社 2016 年版,第 133 页。

破坏了原来人与人之间的信赖关系,破坏了作用于其中的有序的民间规范、习惯和惯例,因而增加了纠纷解决的成本;另一方面,它所预置的纠纷解决规则并不一定是适合双方当事人的最佳选择。"①

(一)法社会学视角的预判

从法社会学的角度看,就悼念权而言,它很难构成必须由法律调整、并且能够得到强制性判决的"人格权利"。试想,如果一个人对自己的父母长辈孝敬、关心,会至于连其死活都不知悉或无从知悉?即便负有通知义务的人未进行通知,其仍可以通过其他亲属或朋友知悉。如果一个人和负有通知义务的亲属关系融洽,负有通知义务的亲属会不通知吗?显然不会。况且,我国有"死者为大"的传统风俗,亲属之间的矛盾在死者丧事面前一般都暂时搁置。因此,负有通知义务的亲属故意欺凌其他亲属而不进行告知的,只是极少数情况。未能接到参加葬礼通知的人在为人处世、亲友往来方面必有不妥之处。该案原告与父母存在矛盾,导致其母亲不愿意让其参加父亲的葬礼,三被告系尊重母亲意愿而未履行通知义务。如果判决三被告向未参加葬礼的原告赔礼道歉,不仅无法化解兄弟姐妹之间的矛盾,反而可能会让他们反目成仇、老死不相往来。更会让不明真相的人形成一种误解:没有承担养老送终责任的人反而是道德上的胜利者,进而鼓励"恶人先告状",也许他原本就不愿意参加,但其反而可以通过诉讼洗清自己的"冤屈"。这并不是法律所期望的。"法院如果不对权利作必要的限制,就使一些本不需要法律解决的道德问题变成法律问题。"②法律调整范围的扩张不仅压缩了道德、风俗习惯的空间,同时有违司法裁判被动原则,不利于节约司法资源。

(二)法经济学视角的评估

从法经济学的角度看,悼念权不应通过诉讼进行救济。诉讼是有成本的,这种成本既包括当事人付出的时间、金钱成本,亦包括法院付出的时间、人力和司法资源成本。埃里克森(Robert C. Ellickson)认为,标的额较大的纠纷或者技术方面复杂的问题,当事人一般会选择交给法律处理;反之,人们一般会选择非正式救济方式。③ 特别是对于紧密关系的社会群体而言,非正式规范可以节约交易费用,促进人们的合作。因为关系紧密的

---

① 张其山:《无需法律的秩序》,载谢晖、陈金钊主编:《民间法》第12卷,厦门大学出版社2013年版,第90页。

② 萧萧、辉子:《法律应否给道德留下空间　"悼念权"案引发的思考》,载《法制日报》2001年12月26日,第7版。

③ 参见[美]罗伯特·C.埃里克森:《无需法律的秩序》,苏力译,中国政法大学出版社2016年版,第272页。

人之间的交往与合作是经常的、持续发生的，而非偶然的，这种重复性会让他们在相互的交往中评估交易的成本，综合计算自己的得失，并通过自力救济进行调整。家庭成员之间的交往比社会群体成员之间的交往更为频繁密切，因此各成员大多会努力促进团结、增进合作、减少成本。“兄弟阋于墙，外御其侮”，即是中国古人对家庭成员之间易于克服矛盾形成合作关系的描述。诉讼往往要投入大量的时间，短则几个月，长则一两年甚至更久。而风俗习惯等非正式规范相对于法律解决家庭纠纷而言则要快捷得多，可大大节约时间与财力成本。“涉及非正式控制的各方一般比法律专业人士发现事实快的多。非正式司法常常是立等取货（same-day justice）。”① “因此，法律只以有限的社会控制为它的范围，大部分社会控制仍留给血亲集团的内部纪律、共同体的伦理习惯和宗教组织去处理。”②悼念权之类纠纷通过诉讼进行解决是非常不经济的。一方面，其侵权损失仅限于精神损害，标的额很小，然而诉讼投入的各项成本却与其他民事纠纷案件并无太大差异。有些不理智的当事人甚至不惜花重金聘请律师去打赢官司，目的却仅在于“争口气”，这种意图借助诉讼去获得道德上胜利的策略所付出的成本与获取的收益显然是不成比例的。另一方面，当事人之间系亲属关系，进入诉讼后，大多情况下意味着感情彻底破裂，如果在法官主持下进行调解，即便实现化解纠纷的目的，各方当事人投入的诉讼成本亦无法挽回。所以，从经济学的角度进行考量可以发现，诉讼是一个昂贵的纠纷解决机制，并非任何纠纷都适宜通过法律解决。

（三）实证法学视角的评价

社会有序运行的重要标志是每个人都能够妥当地管理好自己的事务，在与他人的交往中实现利益交换的平衡，以民间规范促进合作、减少纠纷。“如果法律制定者对那些促进非正式合作的社会条件缺乏眼力，他们就可能造就一个法律更多但秩序更少的世界。”③因此，生活中很多事项必须依靠法律之外的习惯等民间规范来维护。“只有从社会公共利益与基本社会公德中可以推导出来的人格权利，才是法律应当保护的权利。”法官在处理具体案件时需要充分认识到法律所调整的社会关系的界限，只有对应被法律所调整范围的事项才能进行法律上的处理。作为法官，更应该充分认识

---

① ［美］罗伯特·C. 埃里克森：《无需法律的秩序》，苏力译，中国政法大学出版社 2016 年版，第 272 页。

② ［美］罗斯科·庞德：《通过法律的社会控制》，沈宗灵译，商务印书馆 1984 年版，第 10 页。

③ ［美］罗伯特·C. 埃里克森：《无需法律的秩序》，苏力译，中国政法大学出版社 2016 年版，第 304 页。

到法律的局限性，把握好法律适用的范围，不能无限放大法律的适用空间。否则，不仅不利于抑制司法权力的扩张，而且也会造成司法资源的浪费。就本案而言，在立案时，法院就应当将其排除在民事纠纷受案范围之外。[①]

四、悼念权纠纷之解决方法

结合前文论述的法律漏洞的特征，可见法内空间与法外空间的判断标准为：立法者的计划。简言之，当法律存有欠缺时，若该欠缺属于立法者计划之内，即立法者认为不应当属于法律调整范围，则相应事项属于法外空间；反之，则属于法律漏洞（法内空间）。法律未对悼念权进行规范，并不违反立法者的计划。传统上，人们普遍接受此权益属于道德权益，归属法外空间范围，因此一直由道德、习惯等民间法进行调整。并非所有应当保护的权益均应当明确为法律权利，悼念权不属于由法律保护的范围。此结论可能有违普通人朴素的公平正义理念，不容易获得广泛接受，因为这会使悼念权等利益从形式上落入无从救济的境地。但是，从民法理论看，民事权利归于法律进行调整，未构成权利但仍然要进行保护的对象称为"利益"，这些利益虽然不归法律调整，但可以通过道德、习惯等其他社会规范进行调整。

该案一审法官即因错误判断了法律漏洞与法外空间，进而造成错误判决。一审法官虽然没有支持原告诉讼请求，但仍然不当创设了法律意义上的悼念权，系对自由裁量权和漏洞补充权力的错误使用。二审法官并未被一审法官的思路所左右，亦未依照惯性思维去审查一审判决结果的正确与否，而是直接抓住问题的核心，准确将该案纠纷归属于法外空间，将法律"伸出去的手"果断收回。

"上帝的归上帝，恺撒的归恺撒。"诚如苏力教授所言，在任何社会，最大量的纠纷一定是通过立法（包括习惯法）、行政这类政治行动，通过仲裁、调解、互惠甚至相互忍让等社会机制，以及在现代工商社会通过保险这类市场机制予以回应的，不可能指望法院来大包大揽。法院只是正义的最后一道防线，最后一道，并不是最正义的防线，也不是最坚强的防线。[②] 法律不是万能的，这不意味着我们需要更加周全的法律。恰恰相反，社会生

---

① 截至2020年6月28日，笔者从中国法院裁判文书网及互联网上检索到的关于悼念权或祭奠权纠纷的案件不足40件，当事人请求的精神损害抚慰金数额大多在几千元至一万元。法院对绝大多数案件均以各种理由判决驳回原告的诉讼请求，仅有几例判决被告赔礼道歉或者赔偿两三千元。

② 参见苏力：《司法改革的知识需求——波斯纳〈各行其是〉中文版译序》，载《法治现代化研究》2017年第1期。

活中的很多领域是无须或是不能通过法律进行调整的，法律应当对这些领域保持自觉与克制。法治社会的建设不仅不能寄望于法律垄断社会纠纷的解决，反而更应当尊重其他各种纠纷解决机制的发展和创新。对归属于法外空间的争议，要交由民间法以私力救济的途径予以解决。我国很多的优良社会风俗及传统并没有纳入法律规范的范畴，依然靠人们的良知和自觉有序运行，并不能因为极少人的自律出现问题，而让整个社会付出改变运行规则的成本。“将公民的悼念权由社会公德加以保护和调整，主要原因在于悼念权的存在是基于生者对已逝者的尊敬和怀念，体现了社会基本的道德伦理观念，符合我国传统的民间习惯。”[①]就该案纠纷而言，裁定驳回起诉不意味着错误的行为无须承担责任。从民间传统经验看，破坏规则的人会遭受严厉的谴责和鄙视，或者遭到从群体长期驱离的处分。[②] 该案原、被告的行为，自由身边的亲人和朋友进行评判，这些大众评审会根据自己和他人对事件是非对错的认定，对过错一方作出道德上的批评或排斥，当事人会因此而受到惩罚。因此，二审法官这种不予受理的裁判非但不是“踢皮球”，反而是将司法权拘束于制度之笼。如果当事人主动寻求家族中的长者进行协调或兄弟姐妹之间自行和解的方式予以解决，更能够从根本上化解纠纷、消除隔阂。

① 李源国、袁楠：《悼念权的权属辨析》，载《人民司法》2011 年第 8 期。

② 参见[英]哈特：《法律的概念》，许家馨、李冠宜译，法律出版社 2011 年版，第 154 页。

结　　语

《民法典》对我国民法领域中的单行法与司法解释进行编纂、修正和增补，剔除矛盾，弥补漏洞和欠缺，使我国民事立法空前完备。然而法律一经公布，便已落后于时代发展。无论立法者制定多么健全的法律，总会随着时间的推移而遭到淘汰或更新。正如王羲之在《兰亭序》中所作感慨，俯仰之间已为陈迹。我们永远无法消除法律漏洞，就像我们无法消灭病毒一样。科技发展一日千里，新兴事物不断诞生，新型法律纠纷在所难免，人工智能时代，法律必然会因为人工智能的介入而面临革新，甚至会因为与人工智能相合作的需要而发生颠覆性的革命。法官要继续面临并应对更加复杂多样的法律漏洞，这不仅是一种理论上的预判或逻辑上的论证，而且是经过各国司法实践检验过的结论。吴从周教授说，德国民法施行超过一百年，原来的不少内容经过不断的法律修正，均已不复存在，唯有方法的运用与进步，不断长存！①

法官的职业特性要求其面对法律时的态度是服从的，或者可以说法官是法律的执行者、喉舌和代言人。因此，当法律陷入困境时，法官则应义不容辞扮演起完善、弥补、修正法律的角色，对法律漏洞进行续造和填补。司法裁判所运用的主要是逻辑语言，而逻辑的方法和形式迎合了人们内心对于确定性和安宁的渴求。② 强调形式逻辑的法律方法和法律思维具有跨越时空的生命力，可以一步步通过升级迭代跟上时代的步伐。为了能够在充满不确定的科技时代保持独立思考的能力，以与时俱进的思维和技术完成愈加艰难的正义分配任务，法官必须完成自我的超越与升级。认识论和方法论则是法官思维和技术升级的现实路径。

① 参见吴从周：《台湾地区民法方法论之发展现状》，载《师大法学》2017 年第 1 期。

② 参见［美］理查德·瓦瑟斯特罗姆：《法官如何裁判》，孙海波译，中国法制出版社 2016 年版，第 21 页。

参考文献

一、中文著作

1. 柴发邦主编:《体制改革与完善诉讼制度》,中国人民公安大学出版社1991年版。

2. 陈金钊:《法律解释学:权利(权力)的张扬与方法的制约》,中国人民大学出版社2011年版。

3. 陈金钊:《法治思维及其法律修辞方法》,法律出版社2013年版。

4. 陈金钊、谢晖主编:《法律方法》(第1~34卷),山东人民出版社等。

5. 陈林林:《裁判的进路与方法——司法论证理论导论》,中国政法大学出版社2007年版。

6. 陈增宝、李安:《裁判的形成:法官断案的心理机制》,法律出版社2007年版。

7. 段厚省:《请求权竞合要论——兼及对民法方法论的探讨》,中国法制出版社2013年版。

8. 段匡:《日本的民法解释学》,复旦大学出版社2005年版。

9. 龚祥瑞:《西方国家司法制度》,北京大学出版社1993年版。

10. 顾祝轩:《民法系统论思维》,法律出版社2012年版。

11. 黄建辉:《法律阐释论》,台北,新学林出版股份有限公司2000年版。

12. 黄建辉:《法律漏洞·类推适用》,台北,蔚理法律出版社1988年版。

13. 黄茂荣:《法学方法与现代民法》,法律出版社2007年版。

14. 季卫东:《法律程序的意义》,中国法制出版社2012年版。

15. 姜福东:《法律解释的范式批判》,山东人民出版社2010年版。

16. 焦宝乾:《法律论证导论》,山东人民出版社2006年版。

17. 焦宝乾等:《法律修辞学导论——司法视角的探讨》,山东人民出版社2012年版。

18. 孔祥俊:《法律方法论》(第1~3卷),人民法院出版社2006年版。

19. 孔祥俊:《法律解释方法与判解研究》,人民法院出版社2004年版。

20. 雷鸿:《民事指导性案例研究:一个方法论的视角》,法律出版社 2013 年版。

21. 雷磊:《规范、逻辑与法律论证》,中国政法大学出版社 2016 年版。

22. 雷磊:《类比法律论证——以德国学说为出发点》,中国政法大学出版社 2011 年版。

23. 李可:《法学方法与现代司法》,知识产权出版社 2014 年版。

24. 梁慧星:《裁判的方法》,法律出版社 2012 年版。

25. 梁慧星:《民法解释学》,法律出版社 2015 年版。

26. 梁上上:《利益衡量论》,法律出版社 2013 年版。

27. 梁治平编:《法律解释问题》,法律出版社 1999 年版。

28. 林立:《法学方法论与德沃金》,中国政法大学出版社 2002 年版。

29. 刘星:《法律是什么》,中国政法大学出版社 1998 年版。

30. 刘星:《语境中的法学与法律》,法律出版社 2001 年版。

31. 刘亚猛:《追求象征的力量:关于西方修辞思想的思考》,生活·读书·新知三联书店 2004 年版。

32. 吕世伦主编:《西方法律思潮源流论》,中国人民公安大学出版社 1993 年版。

33. 沈志先主编:《法律方法论》,法律出版社 2012 年版。

34. 沈宗灵:《现代西方法理学》,北京大学出版社 1992 年版。

35. 舒国滢主编:《法理学》,中国人民大学出版社 2005 年版。

36. 舒国滢、王夏昊、梁迎修等:《法学方法论问题研究》,中国政法大学出版社 2007 年版。

37. 疏义红:《法律解释学实验教程——裁判解释原理与实验操作》,北京大学出版社 2008 年版。

38. 孙国华、朱景文主编:《法理学》,中国人民大学出版社 1999 年版。

39. 孙海波:《裁判对法律的背离与回归:疑难案件的裁判方法新论》,中国法制出版社 2019 年版。

40. 孙海波:《疑难案件与司法推理》,北京大学出版社 2020 年版。

41. 王洪:《逻辑的训诫:立法与司法的准则》,北京大学出版社 2008 年版。

42. 王洪:《司法判决与法律推理》,时事出版社 2002 年版。

43. 王利明:《法律解释学》,中国人民大学出版社 2011 年版。

44. 王利明:《法律解释学导论:以民法为视角》,法律出版社 2009 年版。

45. 王利明:《法学方法论》,中国人民大学出版社2012年版。

46. 王泽鉴:《法律思维与民法实例》,中国政法大学出版社2001年版。

47. 王泽鉴:《民法思维:请求权基础理论体系》,北京大学出版社2009年版。

48. 王泽鉴:《民法学说与判例研究》,北京大学出版社2015年版。

49. 王泽鉴:《民法总则》,中国政法大学出版社2001年版。

50. 魏胜强:《法律解释权研究》,法律出版社2009年版。

51. 吴从周:《概念法学、利益法学和价值法学:探索一部民法方法论的演变史》,中国法制出版社2011年版。

52. 吴庚:《政法理论与法学方法》,中国人民大学出版社2007年版。

53. 谢晖:《民间法的视野》,法律出版社2016年版。

54. 谢晖、陈金钊:《法律:诠释与应用——法律诠释学》,上海译文出版社2002年版。

55. 徐国栋:《民法基本原则解释》,中国政法大学出版社2004年版。

56. 严存生:《法的价值问题研究》,中国政法大学出版社2002年版。

57. 颜厥安:《法与实践理性》,台北,允晨文化实业股份有限公司1998年版。

58. 杨立新:《民事裁判方法》,法律出版社2008年版。

59. 杨仁寿:《法学方法论》,中国政法大学出版社2013年版。

60. 杨晓娜:《法律类推适用新探》,中国政法大学出版社2013年版。

61. 张其山:《司法三段论的结构》,北京大学出版社2010年版。

62. 张骐:《法律推理与法律制度》,山东人民出版社2003年版。

63. 张青波:《理性实践法律:当代德国的法之适用理论》,法律出版社2012年版。

64. 张文显:《法学基本范畴研究》,中国政法大学出版社1993年版。

65. 张志铭:《法律解释的操作分析》,中国政法大学出版社1998年版。

66. 郑成良:《法律之内的正义》,法律出版社2002年版。

67. 郑永流:《法律方法阶梯》,北京大学出版社2012年版。

68. 郑玉波:《法谚(一)》,法律出版社2007年版。

69. 郑玉波:《民法总则》,中国政法大学出版社2003年版。

70. 周升乾:《法学方法论中的体系思维》,中国政法大学出版社2008年版。

71. 朱福勇:《个案公正实现的路径依赖:以〈最高人民法院公报〉民事

案例为样本》,法律出版社 2016 年版。

72. 邹碧华:《要件审判九步法》,法律出版社 2010 年版。

二、中文译注

1. [德]伯恩·魏德士:《法理学》,丁晓春、吴越译,法律出版社 2013 年版。

2. [德]卡尔·拉伦茨:《法学方法论》,陈爱娥译,商务印书馆 2003 年版。

3. [德]卡尔·恩吉施:《法律思维导论》,郑永流译,法律出版社 2014 年版。

4. [德]拉德布鲁赫:《法学导论》,米健、朱林译,中国大百科全书出版社 1997 年版。

5. [德]迪特尔·梅迪库斯:《德国债法总论》,杜景林、卢谌译,法律出版社 2004 年版。

6. [德]伽达默尔:《真理与方法——哲学诠释学的基本特征》,洪汉鼎译,上海译文出版社 1999 年版。

7. [德]罗伯特·阿列克西:《法律论证理论:作为法律证立理论的理性论辩理论》,舒国滢译,中国法制出版社 2002 年版。

8. [德]H. 科殷:《法哲学》,林荣远译,华夏出版社 2003 年版。

9. [德]哈贝马斯:《在事实与规范之间:关于法律和民主法治国的商谈理论》,童世骏译,生活·读书·新知三联书店 2003 年版。

10. [德]齐佩利乌斯:《法学方法论》,金振豹译,法律出版社 2009 年版。

11. [德]英格博格·普珀:《法学思维小学堂——法律人的 6 堂思维训练课》,蔡圣伟译,北京大学出版社 2011 年版。

12. [德]阿图尔·考夫曼:《法律哲学》,刘幸义等译,法律出版社 2004 年版。

13. [德]阿图尔·考夫曼:《类推与"事物本质"——兼论类型理论》,吴从周译,台北,学林文化事业有限公司 1999 年版。

14. [德]阿图尔·考夫曼、温弗里德·哈斯默尔主编:《当代法哲学和法律理论导论》,郑永流译,法律出版社 2013 年版。

15. [奥]恩斯特·A. 克莱默:《法律方法论》,周万里译,法律出版社 2019 年版。

16. [美]波斯纳:《法理学问题》,苏力译,中国政法大学出版社 1994

年版。

17. [美]理查德·A. 波斯纳:《超越法律》,苏力译,中国政法大学出版社 2001 年版。

18. [美]理查德·波斯纳:《法官如何思考》,苏力译,北京大学出版社 2009 年版。

19. [美]理查德·波斯纳:《法律的经济分析》(第 7 版),蒋兆康译,法律出版社 2012 年版。

20. [美]罗纳德·德沃金:《认真对待权利》,信春鹰、吴玉章译,中国大百科全书出版社 1998 年版。

21. [美]罗纳德·德沃金:《法律帝国》,李常青译,中国大百科全书出版社 1996 年版。

22. [美]罗斯科·庞德:《通过法律的社会控制》,沈宗灵译,商务印书馆 1984 年版。

23. [美]本杰明·卡多佐:《司法过程的性质》,苏力译,商务印书馆 1998 年版。

24. [美]E. 博登海默:《法理学:法律哲学与法律方法》,邓正来译,中国政法大学出版社 2004 年版。

25. [美]阿德里安·沃缪勒:《不确定状态下的裁判:法律解释的制度理论》,梁迎修、孟庆友译,北京大学出版社 2011 年版。

26. [美]约翰·亨利·梅利曼:《大陆法系》,顾培东等译,知识出版社 1984 年版。

27. [美]唐·布莱克:《社会学视野中的司法》,郭星华等译,法律出版社 2002 年版。

28. [美]罗伯特·C. 埃里克森:《无需法律的秩序》,苏力译,中国政法大学出版社 2016 年版。

29. [美]卡尔·N. 卢埃林:《普通法传统》,陈绪纲、史大晓、仝宗锦译,中国政法大学出版社 2002 年版。

30. [美]富勒:《法律的道德性》,郑戈译,商务印书馆 2005 年版。

31. [美]彼特·古德里奇:《法律话语》,赵洪芳、毛凤凡译,法律出版社 2007 年版。

32. [英]哈特:《法律的概念》,许家馨、李冠宜译,法律出版社 2011 年版。

33. [英]丹宁勋爵:《法律的界碑》,刘庸安、张弘译,法律出版社 1999 年版。

34. [英]蒂莫西·A. O. 恩迪科特:《法律中的模糊性》,程朝阳译,北京大学出版社 2010 年版。

35. [奥]凯尔森:《法与国家的一般理论》,沈宗灵译,中国大百科全书出版社 1996 年版。

36. [法]孟德斯鸠:《论法的精神》,许明龙译,商务印书馆 2012 年版。

37. [荷]伊芙琳·T. 菲特丽丝:《法律论证原理——司法裁决之证立理论概览》,张其山、焦宝乾等译,商务印书馆 2005 年版。

三、中文论文

1. 陈春龙:《中国司法解释的地位与功能》,载《中国法学》2003 年第 1 期。

2. 陈弘毅:《当代西方法律解释学初探》,载《中国法学》1997 年第 3 期。

3. 陈洪杰:《论法律续造的方法》,载《法律科学(西北政法大学学报)》2010 年第 6 期。

4. 陈金钊:《法律方法论研究的高雅与媚俗》,载《法学论坛》2009 年第 3 期。

5. 陈金钊:《法治反对解释的原则》,载《法律科学(西北政法学院学报)》2007 年第 3 期。

6. 陈景辉:《法律解释的效力:一个难题的追问》,载《浙江社会科学》2004 年第 5 期。

7. 陈兴华、洪韬:《论物权法定原则与类推适用》,载《昆明理工大学学报(社会科学版)》2007 年第 3 期。

8. 崔建远:《我国民法的漏洞及其补充》,载《吉林大学社会科学学报》1995 年第 1 期。

9. 戴孟勇:《民法解释学在中国大陆的实务运用——一个对照观察》,载《中德私法研究》2014 年第 1 期。

10. 董皞:《司法解释之管见》,载《政法论坛》1997 年第 6 期。

11. 范进学:《"法治反对解释"吗?——与陈金钊教授商榷》,载《法制与社会发展》2008 年第 1 期。

12. 韩成军:《法律解释的创造性》,载《江海学刊》2008 年第 1 期。

13. 胡建淼:《法律规范之间抵触标准研究》,载《中国法学》2016 年第 3 期。

14. 胡云腾:《论裁判文书的说理》,载《法律适用》2009 年第 3 期。

15. 黄泽敏:《法律漏洞填补的司法论证》,载《法学研究》2020 年第 6 期。

16. 贾焕银:《社会法学派的法律漏洞观及其启示》,载《法律科学(西北政法大学学报)》2009 年第 4 期。

17. 江必新:《在法律效果之内寻求社会效果》,载《中国法学》2009 年第 3 期。

18. 姜世波:《比较法方法在司法过程中的适用》,载《法律适用》2011 年第 9 期。

19. 蒋惠岭:《目的解释法的理论及适用(下)》,载《法律适用》2002 年第 8 期。

20. 焦宝乾:《逻辑与修辞:一对法学研究范式的中西考察》,载《中国法学》2014 年第 6 期。

21. 李伟:《法官解释确定性的内外视角》,载《法律科学(西北政法学院学报)》2008 年第 2 期。

22. 梁兴国:《法律续造的合理性及其限制》,载《法律方法》第 6 卷,山东人民出版社 2007 年版。

23. 梁迎修:《法律原则的适用——基于方法论视角的分析》,载《华中师范大学学报(人文社会科学版)》2007 年第 6 期。

24. 刘风景:《例示规定的法理与创制》,载《中国社会科学》2009 年第 4 期。

25. 刘风景:《权力本位:司法解释权运行状况之分析》,载《中国青年政治学院学报》2005 年第 1 期。

26. 刘凯湘:《论民法解释之依据与解释方法之运用》,载《山东警察学院学报》2006 年第 2 期。

27. 刘正峰:《论我国法官对法律漏洞的补充与完善》,载《法学》1996 年第 8 期。

28. 刘作翔:《在民法典中应确立法律、政策、习惯三位阶规范渊源结构》,载《人民法院报》2016 年 9 月 30 日,第 2 版。

29. 钱炜江:《论民事司法中的类推适用》,载《法制与社会发展》2016 年第 5 期。

30. 屈茂辉:《类推适用的私法价值与司法运用》,载《法学研究》2005 年第 1 期。

31. 桑本谦:《法律解释的困境》,载《法学研究》2004 年第 5 期。

32. 桑本谦:《疑案判决的经济学原则分析》,载《中国社会科学》2008

年第 4 期。

33. 舒国滢:《从方法论看抽象法学理论的发展》,载《浙江社会科学》2004 年第 5 期。

34. 舒国滢:《法律原则适用中的难题何在》,载《苏州大学学报》2004 年第 6 期。

35. 苏力:《解释的难题:对几种法律文本解释方法的追问》,载《中国社会科学》1997 年第 4 期。

36. 苏力:《中国法学研究格局的流变》,载《法商研究》2014 年第 5 期。

37. 孙海波:《疑难案件否定法治吗?——依法裁判立场之重申》,载《政治与法律》2017 年第 5 期。

38. 孙笑侠:《法律人思维的二元论兼与苏力商榷》,载《中外法学》2013 年第 6 期。

39. 万毅、林喜芬:《从“无理”的判决到判决书“说理”——判决书说理制度的正当性分析》,载《法学论坛》2004 年第 5 期。

40. 王彬:《论法律解释的融贯性——评德沃金的法律真理观》,载《法制与社会发展》2007 年第 5 期。

41. 王彬:《司法裁决中的“顺推法”与“逆推法”》,载《法制与社会发展》2014 年第 1 期。

42. 王利明:《民法上的利益位阶及其考量》,载《法学家》2014 年第 1 期。

43. 王鹏翔:《目的性限缩之论证结构》,载《月旦民商法杂志》2004 年第 4 期。

44. 王瑞君:《罪刑法定的实现与法律方法的综合运用》,载《东岳论丛》2008 年第 4 期。

45. 王晓:《在规范与经验之间——法律解释语言学的语用学指向研究》,载《浙江学刊》2005 年第 5 期。

46. 魏胜强:《为判例制度正名——关于构建我国判例制度的思考》,载《法律科学(西北政法大学学报)》2011 年第 3 期。

47. 吴丙新:《法律漏洞补充理论的三个基本问题》,载《法制与社会发展》2011 年第 2 期。

48. 吴丙新:《法律漏洞的语境分析》,载《山东大学学报(哲学社会科学版)》2003 年第 5 期。

49. 熊丙万:《法律的形式与功能——以“知假买假”案为分析范例》,载《中外法学》2017 年第 2 期。

50. 许德风:《法教义学的应用》,载《中外法学》2013 年第 5 期。

51. 杨解君:《法律漏洞略论》,载《法律科学(西北政法学院学报)》1997 年第 3 期。

52. 杨知文:《基于后果评价的法律适用方法》,载《现代法学》2014 年第 4 期。

53. 姚辉:《论民事法律渊源的扩张》,载《北方法学》2008 年第 1 期。

54. 姚辉:《民事指导性案例的方法论功能》,载《国家检察官学院学报》2012 年第 1 期。

55. 余军:《法律适用中的"规则悖反"及其解决方法》,载《暨南学报(哲学社会科学版)》2013 年第 11 期。

56. 张其山:《无需法律的秩序》,载谢晖、陈金钊:《民间法》第 12 卷,山东人民出版社 2013 年版。

57. 张骐:《论寻找指导性案例的方法——以审判经验为基础》,载《中外法学》2009 年第 3 期。

58. 赵玉增:《法律方法论研究的实践面向》,载《法学论坛》2014 年第 6 期。

59. 郑永流:《出释入造——法律诠释学及其与法律解释学的关系》,载《法学研究》2002 年第 3 期。

60. 郑永流:《法律判断大小前提的建构及其方法》,载《法学研究》2006 年第 4 期。

61. 周道莺:《中国案例制度的历史发展》,载《法律适用》2004 年第 5 期。

62. 周赟:《立法语言的特点:从描述到分析及证立》,载《法制与社会发展》2010 年第 2 期。

63. 邹治:《法律漏洞的认定与填补——司法的研究视角》,中国政法大学 2008 年博士学位论文。

64. [比利时]佩雷尔曼:《法律推理》,朱庆育译,载陈金钊、谢晖主编:《法律方法》第 2 卷,山东人民出版社 2003 年版。

四、外文论著

1. Jerome Frank, *Law and the Modern Mind*, Routledge, 2009.

2. Anthony E. Boardman, David H. Greenberg, Aidan R. Vining, David L. Weimer, *Cost-Benefit Analysis: Concepts and Practice*, *Upper Saddle River*, NJ: Prentice Hall, 1996.

3. Mauro Cappelletti, *The Judicial Process in Comparative Perspective*, Oxford University Press, 1989.

4. Francis Alan Roscoe Bennion, *Statutory Interpretation: A Code*, Butterworth, 1992.

5. Neil MacComick, *Legal Reasoning and Legal Theory*, Clarendon Press, 1978.

6. Matthias Klatt, *Making the Law Explicit: The Normativity of Legal Argumentation*, Oxford and Portland, Oregon, 2008.

7. Aleksander Peczenik, *Scientia Juris: Legal Doctrine as Knowledge of Law and as a Source of Law*, Springer, 2005.

8. Aleksander Peczenik, *A Theory of Legal Doctrine*, Ratio Juris, Vol. 14, Issue 1, March 2001.

9. Aulis Aarnio, *Essays on the Doctrinal Study of Law*, Springer, 2011.

10. D. Neil MacCormick, Roberst S. Summers, *Interpreting Statutes: A Comparative Study*, Dartmouth, 1991.

11. Aharon Barak, *Purposive Interpretation in Law*, Princeton University Press, 2005.

12. Neil MacCormick, *Rhetoric and the rule of Law: A Theory of Legal Reasoning*, Oxford University Press, 2005.

13. Vepa P. Sarathi, *The Interpretation of Statutes*, Eastern Book Company, 1981.

14. Frank B. Cross, *The Theory and Practice of Statutory Interpretation*, Stanford University Press, 2009.

15. Richard T. Bowser, *A Matter of Interpretation: Federal Courts and the Law*, Campbell Law Review, Vol. 19, Issue 2 Spring 1997.

16. Jacob Scott, *Codified Canons and the Common Law of Interpretation*, 98 The Georgetown Law Journal 341 (2010).

17. Lawrence B. Solum, *The Unity of Interpretation*, 90 Boston University Law Review 551 (2010).

18. Kramer, Ernst A., *Juristische Methodenlehre*, 4. Aufl. Bern/Wien/München(Stämpfli/Beck/Manz) 2013.

19. Franz, Bydlinski Grundzüge der juristischen Methodenlehre, Wien (Facultas/WUV) 2011.

20. Franz, Bydlinski Juristische Methodenlehre und Rechtsbegriff, 2.

Aufl. Wien/New York(Springer) 1991.

21. Larenz, Cararis, Methodenlehre der Rechtswissenschaft, 6. Aufl. Berlin/New York(Springer) 1991.

22. Rolf Wank, Die Auslegung von Gesetzen, 5. , neu bearbeifefe Aufl. München(Vahlen) 2011.

后记一　感师友诸君书

集腋成裘而书以为记。吾幸以博士论文得成此书，恐贻笑大方而删削增改六载，时近付梓欣慰甚巨。才思已枯，感恩之情却如泉涌。

吾由理转文，法学根柢未深，又事司法实务，日处熙攘冗务绵绵。蒙恩师金钊先生不弃，得以窥大雅而进博。时先生自山大调任华政，而余兹泉城，况案牍盈几未可栖身。学往返沪鲁或辗转论坛，得先生雅号“车轮上的学生”，盖先生之亲近也。教无分课堂内外，学何必术业之中？言行举止，皆为模范；古今中西，无不入道。先生所教，概念至体系，知识与方法，而认识，而境界，醍醐灌顶。余所求，读书至写作，创作与课题，以发表，以出书，倾囊相授。先生之德若泰山北斗，一层一境界，一星一天地；先生之学似弱水三千，吾取一瓢，即得汪洋恣肆于文辞之中，纵横捭阖于论说之间。师母袁付平，待余如子，关怀备至。学无涯，业无竟，吾将不断求索，未敢稍怠，恐负师父师母恩情之一分。

法律生命，倚法典而重实践。余事审判日久，感之愈深。卷帙浩繁，既新且难，余之幸也。当事之人，维权求益，力逐力谏；诉讼代理，论辩推演，争其机也；同仁辨知，唇枪舌剑，唯求一公正尔。然惜乎此，成诸吾学矣。

教学相长，非为不知也。感恩母校山东大学、谢贺山东师范大学、山东财经大学、山东建筑大学、济南大学、山东政法学院等法学院及山东法官培训学院，慨赐讲台，遴择精英生员学与共。每登台授课，必博观而约取，缜思而慎解。投之以琼瑶，报之以木桃，砺练十余载，希冀未误人子弟也。

学研之难，如攀高山。前辈提携，犹登山之绳，如引路之灯。指导之悉心，赐教之周延，谆谆之声犹在耳焉。感恩梁慧星、刘作翔、谢晖、宋云峰、吴岩、刘风景、姚辉、马建红、于改之、魏治勋、杨凯、王瑞君、杨建军、吴丙新、刘军、张平华、焦宝乾、满洪杰、张海燕等诸位先生、教授。搜罗资料、翻译核校，费力劳神，感谢郝丽燕、种林、陶盈、郭蕾四位海归学者。

众人同行，方可致远。身边学术先进：纪建文、范春莹、武飞、侯学勇、赵耀彤、孙光宁、王国龙、彭中礼、王德新、刘加良、钟淑健、郝作成、朱宝丽、熊丙万、谢慧、杨知文、戴津伟、李鑫、刘康磊、吕玉赞、宋保振、杨铜铜、孙跃等。同舟共济学术小团队：吕芳、王会敏、房广亮、李宁、安然、朱奇伟、韩旭、周颖。以上诸君，才华横溢，内外兼修，皆余之楷模也。

心向往，千里始，贵人助，则能至。拙作小成，回望幸运之路，感慨系之矣。感谢法律出版社，感谢朱峰主任和苗婕编审。书稿审阅中，恰逢国社科后期招标项目发布，竟得扶持推荐以至中标，感动之情难以自已。本书主题颇为边缘，审读甚艰。大到政治方向、学术观点、框架逻辑，微至符号标点、遣词造句、文献翻译，偏颇错谬、鲁鱼帝虎在所难免，感二君明察，一一校正。

父母妻儿亲友，恩情俱重，无以为报。唯籍此之机，躬身勠力法律方法论之田，不奢建功，不求闻达，但愿奉微薄之力，砺法治之鉴，匡正义于个案。以诫以勉。

于济南经二路 1 号

2023 年 12 月 17 日

后记二　变不可能为可能

曹磊兄第一本专著付梓，找我约个后记，我有些惊诧，旋即应允。惊诧，是源于我对圈中惯例的认知：心血之作出版，多是拜请大家题词作序。找我约的虽是后记，但也是要墨刊在册的，我这般籍籍无名，纵使忝然落款，怕也不过是多费些纸墨，对于作者的大作宣发，没有分毫助益。但转念一想，又突然释怀：以我十多年来对曹兄的了解，他并非拘泥陈文之人，相反，想人之不敢想，成人之不易成，几经波折，却总能在紧要关头力挽狂澜，变不可能为可能……种种神异，邀我作后记，倒也合情合理。

变不可能为可能——是我与曹兄同门之后，当着一众好友对他作出的评价。

遥想初识之时，我和曹兄共同的好友，也是我的同事德新教授约我为曹兄备考山大博士略作指导。听闻曹兄彼时已是中院砥柱，主审民事案件，却偏要攻读法理博士，我也是有几分担忧的。且不说法理考试，理论精深，平素若无积累，考场上便无文章可做，就说山大的英文题试，题量之大，门槛之高，也足以拦下一帮有才之士。加上曹兄立志拜在恩师金钊教授门下，这历来都是山大法理厮杀惨烈之地。有这三座大山在前，一个几乎整日掩埋在累累案卷下，不磨英文、不研经典的法官，跃升博士，谈何容易。念及此，我赠给曹兄几本英文资料，推荐了法理圈几部扛鼎之作，又嘱咐他平稳心态，做好三年备考的准备，然后便只在网上偶尔为其答疑解惑、加油鼓气。只是同样令人惊诧的是，来年放榜，曹兄赫然在列。备考不足三月，竟能有此战绩，不由得让我对眼前这位即将入门的“师弟”兄刮目相看。

让我再一次惊诧的，是曹兄入陈门后的学术转型之路。依稀记得他刚读博士时，写了几篇论文给我，让我提些意见。那时他的文章多是结合案例论证，还是他亲审的案件，读来倒是有趣，却与我们惯写论文的体例、风格，甚至规范有别。我也毫不谦逊，用了批注、修订各种格式，满屏花花绿绿地返给了他，还暗自思忖，深谙裁判文书写作范式如他，囿于思维定势，何时才能顺利完成毕业所需的大小论文。然而终究是我杞人忧天了。没过多久，曹兄就先后在《法律方法》《判解研究》等刊物上发表论文。这些刊物虽是集刊，却都是同行倚重的研讨重地，又恰逢学界实证研究方法大兴，一时间，曹兄的不少文章得到了圈内方家的好评，他也如有神助般如期毕业。曹兄的学术转型不仅顺利而且华丽，自从在学术集刊上发表论文之后，短短几年，他的文章如雨后春笋，先后出现在多家C刊上，其中还不乏诸如《法学论坛》这般权威刊物。要知，一个普通高校里勤奋的教授一年怕也不过是发表三两篇文章，曹兄将他的副业经营到几近超越一众书匠好友的主业程度，让旁人啧啧称奇。我虽知博士研修那几年，他夜以继日、费心不少，但不想直面自己的倦怠矫情时，我也常在朋友小聚席间，醋意满满地打趣他定是撕开了通往平行世界的口子，召来几个维度里的分身，助他笔耕不辍、佳文频出。如果说发表文章是曹兄在小同行里的惊艳之举，那他在斩获省社科基金、司法部课题后，连获两个国家社科基金项目，简直就成了泉城学术圈里的奇迹。那种扑面而来的“豪横”到让人错乱的成功，让我们如同亲眼目睹三体人投放到地球两颗质子，既感慨我们蓬蒿之辈竟有如此神勇之人，又不禁感叹我辈之中曹兄又岂是“蓬蒿人”。自那以后，曹兄也成了高校的座上宾，几所高校纷纷邀他开堂讲座，传授申报项目的经验。虽是近水楼台，此间我却没有邀约，一是因为曹兄在我院指导学生，与许多老师相识，自由交流远比正襟危坐更加自在，再是曹兄接连立项两个重量级项目绝非偶然，除去那些我们熟知的撰写申报书时的文本处理技术，助他成功的诸如“契合法治实践需求”的思维，我们慕而不得，“经年累月积累”的经验，我们知而不能。换言之，他可以举重若轻，十年磨剑，我们却苦项目久矣，亟待成功；两相比较，在心态上，我们就早已相距千里。请他授渔，怕也“渔”不多也。

说到心态，这便是他变不可能为可能的第三重境界。相识十余年，见面或是在线，没见过曹兄疏于控制，喜怒于形。唯一一次感受到他的愤懑，还是他在裁断一起教师酒后失态辱及两年轻女子的行政处罚案件中。公开可阅的二审判决里，曹兄难掩激愤，痛斥肇事者斯文扫地、为师不尊，有理有据，大快人心，已然超越了一份全国“百优”文书的修辞水平。我查阅也参评过许多裁判文书，虽然在我的意识里，审慎而克制的修辞应当是法官裁判说理时的基准，但对那份文书，我却自我背离，很是喜欢。或许，判词里这份人间真实，是法律人理性外表下的那份温暖，也是这份温暖，让我们暂时还可以区别于机器，优越于人工智能。曹兄常说，从他审理婚姻家事以及交通事故等各类案件中，看多了人间冷暖，也见惯了悲欢离合，这也是让他能宽慰自己坦然接受人生起伏，不断砥砺前行的心理支持。说来当年一众好友把酒论道，三句不离本行，互相鼓励支持，熬到博士毕业，现如今也都已是不惑之年。职场里压力重重，回到家中也要常伴孩子左右，偶尔线下相聚，众人除了交流一下彼此的 KPI 完成度，又新增了对孩子成长问题的吐槽，间或讨论一下各种身体、心理问题的疗愈方案。唯一不变的，依旧是席间声音洪亮、推杯问盏的曹兄那份云淡风轻。我们也常常纳闷，活得如此通透清醒，又充满热情，这究竟何以可能？

答案也许就是他那“无所求”的心境吧。

是以为记。

山东师范大学法学院

2023 年 12 月 18 日